Gaston Bachelard

La poétique de la rêverie

QUADRIGE/PUF

ISBN 2 13 045669 3
ISSN 0291-0489

Dépôt légal — 1re édition, 1960
4e édition « Quadrige » : 1993, octobre

© Presses Universitaires de France, 1960
Bibliothèque de Philosophie contemporaine
108, boulevard Saint-Germain, 75006 Paris

INTRODUCTION

> Méthode, Méthode, que me veux-tu ? Tu sais bien que j'ai mangé du fruit de l'inconscient.
>
> Jules LAFORGUE,
> *Moralités légendaires,*
> Mercure de France, p. 24.

I

Dans un livre récent complétant des livres antérieurs consacrés à l'imagination poétique, nous avons essayé de montrer l'intérêt que présente, pour de telles enquêtes, la méthode phénoménologique. Suivant les principes de la Phénoménologie, il s'agissait de mettre en pleine lumière la prise de conscience d'un sujet émerveillé par les images poétiques. Cette prise de conscience, que la Phénoménologie moderne veut adjoindre à tous les phénomènes de la Psyché, nous semblait donner un prix subjectif durable à des images qui n'ont souvent qu'une objectivité douteuse, qu'une objectivité fugitive. En nous obligeant à un retour systématique sur nous-même, à un effort de clarté dans la prise de conscience, à propos d'une image donnée par un poète, la méthode phénoménologique nous amène à tenter la communication avec la conscience créante du poète. L'image poétique nouvelle — une simple image ! — devient ainsi, bien simplement, une origine absolue, une origine de conscience. Dans les heures de grandes trouvailles, une image poétique peut être le germe d'un monde, le germe d'un univers imaginé devant la rêverie d'un poète. La conscience d'émerveillement devant ce monde créé par le poète s'ouvre en toute naïveté. Sans doute, la conscience est promise à de plus grands exploits. Elle se constitue d'autant plus fortement qu'elle se donne à des œuvres de mieux en mieux coordonnées. En particulier, « la conscience de rationalité » a une vertu de permanence qui pose un difficile problème au phénoménologue : il s'agit pour lui de dire comment la conscience s'enchaîne dans une chaîne de vérités. Au contraire, en s'ouvrant sur une image isolée, la conscience imaginante a — du moins à première vue — de moindres responsabilités. La conscience imaginante considérée vis-à-vis des images séparées pourrait alors apporter des thèmes à une pédagogie élémentaire des doctrines phénoménologiques.

Mais nous voici devant un double paradoxe. Pourquoi, demandera le lecteur non averti, surchargez-vous un livre sur la rêverie avec le lourd appareil philosophique qu'est la méthode phénoménologique ?

Pourquoi, dira, de son côté, le phénoménologue de métier, choisir une matière aussi fluante que les images pour exposer des principes phénoménologiques ?

Tout serait plus simple, semble-t-il, si nous suivions les bonnes méthodes du psychologue qui décrit ce qu'il observe, qui mesure des niveaux, qui classe des types — qui voit naître l'imagination chez les enfants, sans jamais, à vrai dire, examiner comment elle meurt chez le commun des hommes ?

Mais un philosophe peut-il devenir psychologue ? Peut-il plier son orgueil jusqu'à se contenter de la constatation des faits alors qu'il est entré, avec toutes les passions requises, dans le règne des valeurs ? Un philosophe reste, comme on dit aujourd'hui, « en situation philosophique », il a parfois la prétention de tout commencer ; mais, hélas ! il continue... Il a lu tant de livres de philosophie ! Sous prétexte de les étudier, de les enseigner, il a déformé tant de « systèmes » ! Quand le soir est venu, quand il n'enseigne plus, il croit avoir le droit de s'enfermer dans le système de son choix.

Et c'est ainsi que j'ai choisi la phénoménologie dans l'espoir de réexaminer d'un regard neuf les images fidèlement aimées, si solidement fixées dans ma mémoire que je ne sais plus si je me souviens ou si j'imagine quand je les retrouve en mes rêveries.

II

L'exigence phénoménologique à l'égard des images poétiques est d'ailleurs simple : elle revient à mettre l'accent sur leur vertu d'origine, à saisir l'être même de leur originalité et à bénéficier ainsi de l'insigne productivité psychique qui est celle de l'imagination.

Cette exigence, pour une image poétique, d'être une origine psychique, aurait cependant une dureté excessive si nous ne pouvions trouver une vertu d'originalité aux variations mêmes qui jouent sur les archétypes les plus fortement enracinés. Puisque

INTRODUCTION

nous voulions approfondir, en phénoménologue, la psychologie de l'émerveillement, la moindre variation d'une image merveilleuse devait nous servir à affiner nos enquêtes. La finesse d'une nouveauté ranime des origines, renouvelle et redouble la joie de s'émerveiller.

A l'émerveillement s'ajoute en poésie la joie de parler. Il faut la prendre, cette joie, dans son absolue positivité. L'image poétique, apparaissant comme un nouvel être du langage, n'est en rien comparable, suivant le mode d'une métaphore commune, à une soupape qui s'ouvrirait pour dégager des instincts refoulés. L'image poétique éclaire d'une telle lumière la conscience, qu'il est bien vain de lui chercher des antécédents inconscients. Du moins, la phénoménologie est fondée à prendre l'image poétique dans son être propre, en rupture avec un être antécédent, comme une conquête positive de la parole. Si l'on écoutait le psychanalyste, on en viendrait à définir la poésie comme un majestueux Lapsus de la Parole. Mais l'homme ne se trompe pas en s'exaltant. La poésie est un des destins de la parole. En essayant d'affiner la prise de conscience du langage au niveau des poèmes, nous gagnons l'impression que nous touchons l'homme de la parole nouvelle, d'une parole qui ne se borne pas à exprimer des idées ou des sensations, mais qui tente d'avoir un avenir. On dirait que l'image poétique, dans sa nouveauté, ouvre un avenir du langage.

Corrélativement, en employant la méthode phénoménologique à l'examen des images poétiques, il nous apparaissait que nous étions automatiquement psychanalysé, que nous pouvions, avec une conscience claire, refouler nos anciennes préoccupations de culture psychanalytique. Nous nous sentions, en phénoménologue, débarrassé de nos préférences — ces préférences qui transforment le goût littéraire en habitudes. Nous étions, du fait du privilège donné à l'actualité par la phénoménologie, tout à l'accueil des images nouvelles que nous offre le poète. L'image était présente, présente en nous, écartée de tout le passé qui pouvait l'avoir préparée dans l'âme du poète. Sans nous soucier des « complexes » du poète, sans fouiller dans l'histoire de sa vie, nous étions libre, systématiquement libre, de passer d'un poète à un autre, d'un grand poète à un poète mineur, à l'occasion d'une simple image qui révélait sa valeur poétique par la richesse même de ses variations.

Ainsi la méthode phénoménologique nous enjoignait de mettre en évidence toute la conscience à l'origine de la moindre variation de l'image. On ne lit pas de la poésie en pensant à autre chose.

Dès qu'une image poétique se renouvelle, en un seul de ses traits, elle manifeste une naïveté première.

C'est cette naïveté, systématiquement réveillée, qui doit nous donner le pur accueil des poèmes. Dans nos études sur l'imagination active, nous suivrons donc la Phénoménologie comme une école de naïveté.

III

Devant les images que nous apportent les poètes, devant des images que nous n'aurions jamais pu imaginer nous-mêmes, cette naïveté d'émerveillement est toute naturelle. Mais à vivre passivement un tel émerveillement, on ne participe pas assez profondément à l'imagination créante. La phénoménologie de l'image nous demande d'activer la participation à l'imagination créante. Puisque le but de toute phénoménologie est de mettre au présent, en un temps d'extrême tension, la prise de conscience, il faut conclure qu'il n'y a pas, en ce qui concerne les caractères de l'imagination, de phénoménologie de la passivité. Au delà du contresens souvent fait, rappelons que la phénoménologie n'est pas une description empirique des phénomènes. Décrire empiriquement serait une servitude à l'objet, en se faisant une loi de maintenir le sujet dans la passivité. La description des psychologues peut sans doute apporter des documents, mais le phénoménologue doit intervenir pour mettre ces documents sur l'axe de l'intentionnalité. Ah ! que cette image qui vient de m'être donnée soit mienne, vraiment mienne, qu'elle devienne — sommet d'un orgueil de lecteur ! — mon œuvre ! Et quelle gloire de lecture si je pouvais, aidé par le poète, vivre l'*intentionnalité poétique* ! C'est par l'intentionnalité de l'imagination poétique que l'âme du poète trouve l'ouverture consciencielle de toute vraie poésie.

Devant une ambition si démesurée, jointe au fait que tout notre livre doit sortir de nos rêveries, notre entreprise de phénoménologue doit faire face à un paradoxe radical. Il est commun, en effet, d'inscrire la rêverie parmi les phénomènes de la détente psychique. On la vit dans un temps détendu, temps sans force liante. Comme elle est sans attention, elle est souvent sans mémoire. Elle est une fuite hors du réel, sans toujours trouver un monde irréel consistant. En suivant « la pente de la rêverie » — une pente qui toujours descend — la conscience se détend et se disperse et par conséquent s'*obscurcit*. Ce n'est donc jamais l'heure, quand on rêve, de « faire de la phénoménologie ».

En présence d'un tel paradoxe, quelle va être notre attitude ?

INTRODUCTION

Loin de tenter de rapprocher les termes de l'antithèse évidente entre une étude simplement psychologique de la rêverie et une étude proprement phénoménologique, nous en augmenterons encore le contraste en mettant nos recherches sous la dépendance d'une thèse philosophique que nous voudrions d'abord défendre : Pour nous, toute prise de conscience est un accroissement de conscience, une augmentation de lumière, un renforcement de la cohérence psychique. Sa rapidité ou son instantanéité peuvent nous masquer la croissance. Mais il y a croissance d'être dans toute prise de conscience. La conscience est contemporaine d'un devenir psychique vigoureux, un devenir qui propage sa vigueur dans tout le psychisme. La conscience, à elle seule, est un acte, l'acte humain. C'est un acte vif, un acte plein. Même si l'action qui suit, qui devait suivre, qui aurait dû suivre reste suspendue, l'acte conscienciel a sa pleine positivité. Cet acte, nous ne l'étudierons, dans le présent essai, que dans le domaine du langage, plus précisément encore, dans le langage poétique, quand la conscience imaginante crée et vit l'image poétique. Augmenter le langage, créer du langage, valoriser le langage, aimer le langage, voilà autant d'activités où s'augmente la conscience de parler. Dans ce domaine si étroitement délimité, nous sommes assuré de trouver de nombreux exemples qui prouveront notre thèse philosophique plus générale sur le devenir essentiellement augmentatif de toute prise de conscience.

Mais alors, devant cette accentuation de la clarté et de la vigueur de la prise de conscience poétique, sous quel angle devons-nous étudier la rêverie si nous voulons nous servir des leçons de la Phénoménologie ? Car, enfin notre propre thèse philosophique accroît les difficultés de notre problème. Cette thèse a en effet un corollaire : une conscience qui diminue, une conscience qui s'endort, une conscience qui *rêvasse* n'est déjà plus une conscience. La rêverie nous met sur la mauvaise pente, sur la pente qui descend.

Un adjectif va tout sauver et nous permettre de passer outre aux objections d'une psychologie de premier examen. La rêverie que nous voulons étudier est la rêverie *poétique*, une rêverie que la poésie met sur la bonne pente, celle que peut suivre une conscience qui croît. Cette rêverie est une rêverie qui s'écrit, ou qui, du moins, se promet d'écrire. Elle est déjà devant ce grand univers qu'est la page blanche. Alors les images se composent et s'ordonnent. Déjà le rêveur entend les sons de la parole écrite. Un auteur, que je ne retrouve plus, disait que le bec de la plume était un organe du cerveau. J'en suis convaincu : quand ma plume crache je pense de travers. Qui me rendra aussi la bonne encre de ma vie d'écolier ?

Tous les sens s'éveillent et s'harmonisent dans la rêverie poétique. C'est cette polyphonie des sens que la rêverie poétique écoute et que la conscience poétique doit enregistrer. A l'image poétique convient ce que Frédéric Schlegel disait du langage : c'est « une création d'un seul jet » (1). Ce sont ces élans d'imagination que le phénoménologue de l'imagination doit essayer de revivre.

Certes, un psychologue trouverait plus direct d'étudier le poète inspiré. Il ferait, sur des génies particuliers, des études concrètes de l'inspiration. Mais vivrait-il pour autant les phénomènes de l'inspiration (2) ? Ses documents humains sur les poètes inspirés ne pourraient guère être relatés que dans un idéal d'observations objectives, extérieurement. La comparaison entre poètes inspirés ferait bientôt perdre l'essence de l'inspiration. Toute comparaison diminue les valeurs d'expression des termes comparés. Le mot inspiration est trop général pour dire l'originalité des paroles inspirées. En fait, la psychologie de l'inspiration, même lorsqu'on s'aide des récits sur les paradis artificiels, est d'une évidente pauvreté. Les documents sur lesquels peut travailler le psychologue sont, dans de telles études, trop peu nombreux et surtout ils ne sont pas vraiment assumés par le psychologue.

La notion de *Muse*, notion qui devrait nous aider à *donner de l'être* à l'inspiration, à nous faire croire qu'il y a un sujet transcendant pour le verbe *inspirer*, ne peut naturellement entrer dans le vocabulaire d'un phénoménologue. Déjà tout jeune adolescent, je ne comprenais pas qu'un poète que j'aimais tant pût user de luths et de muses. Comment dire avec conviction, comment réciter en retenant un fou-rire, ce premier vers d'un grand poème :

Poète, prends ton luth et me donne un baiser

C'était plus que ne pouvait supporter un enfant champenois.

Non ! Muse, Lyre d'Orphée, fantômes du haschich ou de l'opium ne peuvent que nous masquer *l'être de l'inspiration*. La rêverie poétique écrite, conduite jusqu'à donner la page littéraire,

---

(1) « Eine Hervorbringung im Ganzen. » C'est Ernest RENAN qui donne la belle traduction que nous utilisons. Cf. *De l'origine du langage*, 3ᵉ éd., 1859, p. 100.
(2) « La poésie est quelque chose de plus que les poètes », George SAND, *Questions d'art et de littérature*, p. 283.

va au contraire être pour nous une rêverie transmissible, une rêverie inspirante, c'est-à-dire une inspiration à la mesure de nos talents de lecteurs.

Alors les documents abondent pour un phénoménologue solitaire, systématiquement solitaire. Le phénoménologue peut réveiller sa conscience poétique à l'occasion de mille images qui dorment dans les livres. Il *retentit* à l'image poétique dans le sens même du « retentissement » phénoménologique si bien caractérisé par Eugène Minkowski (1).

Notons d'ailleurs qu'une rêverie, à la différence du rêve, ne se raconte pas. Pour la communiquer, il faut l'*écrire*, l'écrire avec émotion, avec goût, en la revivant d'autant mieux qu'on la récrit. Nous touchons là au domaine de l'*amour écrit*. La mode s'en perd. Mais le bienfait demeure. Il est encore des âmes pour lesquelles l'amour est le contact de deux poésies, la fusion de deux rêveries. Le roman par lettres exprime l'amour dans une belle émulation des images et des métaphores. Pour dire un amour, il faut écrire. On n'écrit jamais trop. Que d'amants qui rentrés des plus tendres rendez-vous ouvrent l'écritoire ! L'amour n'a jamais fini de s'exprimer et il s'exprime d'autant mieux qu'il est plus poétiquement rêvé. Les rêveries de deux âmes solitaires préparent la douceur d'aimer. Un réaliste de la passion ne verra là que formules évanescentes. Mais il n'en reste pas moins que les grandes passions se préparent en de grandes rêveries. On mutile la réalité de l'amour en la détachant de toute son irréalité.

Dans ces conditions, on comprend tout de suite combien les débats vont être complexes et mouvants entre une psychologie de la rêverie appuyée par des observations sur des rêveurs et une phénoménologie des images créantes, phénoménologie tendant à restituer, même chez un modeste lecteur, l'action novatrice du langage poétique. D'une manière plus générale, on comprend aussi tout l'intérêt qu'il y a, croyons-nous, à déterminer une phénoménologie de l'imaginaire où l'imagination est mise à sa place, à la première place, comme principe d'excitation directe du devenir psychique. L'imagination tente un avenir. Elle est d'abord un facteur d'imprudence qui nous détache des lourdes stabilités. Nous verrons que certaines rêveries poétiques sont des hypothèses de vies qui élargissent notre vie en nous mettant en confiance dans l'univers. Nous donnerons, dans le cours de notre ouvrage, de nombreuses preuves de cette mise en confiance dans

---

(1) Cf. *La poétique de l'espace*, P.U.F., p. 2.

l'univers par la rêverie. Un monde se forme dans notre rêverie, un monde qui est notre monde. Et ce monde rêvé nous enseigne des possibilités d'agrandissement de notre être dans cet univers qui est le nôtre. Il y a du *futurisme* dans tout univers rêvé. Joé Bousquet a écrit :

> Dans un monde qui naît de lui, l'homme peut tout devenir (1).

Dès lors si l'on prend la poésie dans sa fougue de devenir humain, au sommet d'une inspiration qui nous livre la parole nouvelle, à quoi peut bien servir une biographie qui nous dit le passé, le lourd passé du poète ? Si nous avions la moindre inclination pour la polémique, quel dossier nous pourrions amasser touchant les excès de biographie. N'en donnons qu'un échantillon.

Il y a un demi-siècle, un prince de la critique littéraire se donnait pour tâche d'expliquer la poésie de Verlaine, poésie qu'il aimait peu. Car comment aimer la poésie d'un poète qui vit en marge des lettrés :

> Nul ne l'a jamais vu ni sur le boulevard, ni au théâtre, ni dans un salon. Il est quelque part, à un bout de Paris, dans l'arrière-boutique d'un marchand où il boit du vin bleu.

Du vin bleu ! Quelle injure pour le beaujolais qu'on buvait alors dans les petits cafés de la montagne Sainte-Geneviève !

Le même critique littéraire achève de déterminer le caractère du poète par le chapeau. Il écrit : « Son chapeau mou semblait lui-même se conformer à sa triste pensée, inclinant ses bords vagues tout autour de sa tête, espèce d'auréole noire à ce front soucieux. Son chapeau ! Pourtant joyeux à ses heures, lui aussi, et capricieux comme une femme très brune, tantôt rond, naïf, comme celui d'un enfant de l'Auvergne et de la Savoie, tantôt en cône fendu à la tyrolienne et penché, crâne, sur l'oreille, une autre fois facétieusement terrible : on croirait voir la coiffure de quelque banditto, sens dessus dessous, une aile en bas, une aile en haut, le devant en visière, le derrière en couvre-nuque (2). »

Est-il un seul poème, dans toute l'œuvre du poète, qui puisse être expliqué par ces contorsions littéraires du chapeau ?

Il est si difficile de joindre la vie et l'œuvre ! Le biographe

---

(1) Cité sans référence par Gaston PUEL dans un article de la revue : *Le temps et les hommes*, mars 1958, p. 62.
(2) Cité par ANTHEAUME et DROMARD, *Poésie et folie*, Paris, 1908, p. 351.

peut-il nous aider en nous disant que tel poème a été écrit alors que Verlaine était à la prison de Mons :

> *Le ciel est par dessus le toit*
> *Si bleu, si calme.*

En prison ! qui n'est pas en prison aux heures de mélancolie ? Dans ma chambre parisienne, loin de mon pays natal, je mène la rêverie verlainienne. Un ciel d'autrefois s'étend sur la ville de pierre. Et dans ma mémoire chantent les stances musicales que Reynaldo Hahn a écrites sur les poèmes de Verlaine. Toute une épaisseur d'émotions, de rêveries, de souvenirs croît pour moi au-dessus de ce poème. Au-dessus — non pas au-dessous, non pas dans une vie que je n'ai pas vécue — non pas dans la vie mal vécue du malheureux poète. En lui-même, pour lui-même, l'œuvre n'a-t-elle pas dominé la vie, l'œuvre n'est-elle pas un pardon pour celui qui a mal vécu ?

En tout cas, c'est dans ce sens que le poème peut amasser des rêveries, assembler des songes et des souvenirs.

La critique littéraire psychologique nous dirige vers d'autres intérêts. D'un poète elle fait un homme. Mais dans les grandes réussites de la poésie, le problème reste entier : comment un homme peut-il, malgré la vie, devenir poète ?

Mais revenons à notre simple tâche d'indiquer le caractère constructif de la rêverie poétique et, pour préparer cette tâche, demandons-nous si la rêverie est, en toute circonstance, un phénomène de détente et d'abandon comme le suggère la psychologie classique.

IV

La psychologie a plus à perdre qu'à gagner si elle forme ses notions de base sous l'inspiration des dérivations étymologiques. C'est ainsi que l'étymologie amortit les différences les plus nettes qui séparent le rêve et la rêverie. D'autre part, comme les psychologues courent au plus caractéristique, ils étudient d'abord le rêve, l'étonnant rêve nocturne, et ils donnent peu d'attention aux rêveries, à des rêveries qui ne sont pour eux que des rêves confus, sans structure, sans histoire, sans énigmes. La rêverie est alors un peu de matière nocturne oubliée dans la clarté du jour. Si la matière onirique se condense un peu en l'âme du rêveur, la rêverie tombe au rêve, les « bouffées de rêverie », notées par les psychiatres, asphyxient le psychisme, la rêverie devient somnolence, le rêveur s'endort. Une sorte de destin de chute marque ainsi une continuité de la rêverie au rêve. Pauvre rêverie que celle qui invite à la sieste. Il faut même se demander si dans cet « endormissement » l'inconscient lui-même ne subit pas un déclin d'être. L'inconscient reprendra son action dans les rêves du vrai sommeil. Et la psychologie travaille vers les deux pôles de la pensée claire et du rêve nocturne, sûre ainsi d'avoir sous son examen tout le domaine de la psyché humaine.

Mais il est d'autres rêveries qui n'appartiennent pas à cet état crépusculaire où se mélangent vie diurne et vie nocturne. Et la rêverie diurne mérite, par bien des côtés, une étude directe. La rêverie est un phénomène spirituel trop naturel — trop utile aussi à l'équilibre psychique — pour qu'on en traite comme une dérivation du rêve, pour qu'on la mette, sans discussion, dans l'ordre des phénomènes oniriques. Bref, il convient pour déterminer l'essence de la rêverie de revenir à la rêverie elle-même. Et c'est précisément par la phénoménologie que la distinction entre le rêve et la rêverie peut être tirée au clair, puisque l'intervention possible de la conscience dans la rêverie apporte un signe décisif.

On a pu se demander s'il y avait vraiment une conscience du rêve. L'étrangeté d'un rêve peut être telle qu'il semble qu'un autre sujet vienne rêver en nous. « Un rêve me visita. » Voilà bien la formule qui signe la passivité des grands rêves nocturnes. Ces rêves, il faut que nous les réhabitions pour nous convaincre qu'ils furent les nôtres. Après coup, on en fait des récits, des histoires d'un autre temps, des aventures d'un autre monde. A beau mentir qui revient de loin. Nous ajoutons souvent, innocemment, inconsciemment, un trait qui augmente le pittoresque de notre aventure dans le royaume de la nuit. Avez-vous remarqué la physionomie de l'homme qui raconte son rêve ? Il sourit de son drame, de ses effrois. Il s'en amuse. Il voudrait que vous vous en amusassiez (1). Le conteur de rêves jouit parfois de son rêve comme d'une œuvre originale. Il y vit une originalité déléguée, aussi est-il très surpris quand un psychanalyste lui dit qu'un autre rêveur a connu la même « originalité ». La conviction d'un rêveur de rêves d'avoir *vécu* le rêve qu'il raconte ne doit pas nous faire illusion. C'est une conviction rapportée qui se renforce chaque fois qu'on le raconte. Il n'y a

---

(1) Bien souvent, je le confesse, le raconteur de rêves m'ennuie. Son rêve pourrait peut-être m'intéresser s'il était franchement œuvré. Mais entendre un récit glorieux de son insanité ! Je n'ai pas encore tiré au clair, psychanalytiquement, cet ennui durant le récit des rêves des autres. J'ai peut-être conservé des raideurs de rationaliste. Je ne suis pas docilement un récit d'une incohérence revendiquée. Je soupçonne toujours qu'une part des sottises rapportées soient des sottises inventées.

certainement pas identité entre le sujet qui raconte et le sujet qui a rêvé. Une élucidation proprement phénoménologique du rêve nocturne est, de ce fait, un difficile problème. On aurait sans doute des éléments pour résoudre ce problème si l'on développait davantage une psychologie et consécutivement une phénoménologie de la rêverie.

Au lieu de chercher du rêve dans la rêverie, on chercherait de la rêverie dans le rêve. Il y a des plages de tranquillité au milieu des cauchemars. Robert Desnos a noté ces interférences du rêve et de la rêverie : « Bien qu'endormi et rêvant sans pouvoir faire la part exacte du rêve et de la rêverie, je garde la notion de décor (1). » Autant dire que le rêveur, dans la nuit du sommeil, retrouve les splendeurs du jour. Il est alors conscient de la beauté du monde. La beauté du monde rêvé lui rend un instant sa conscience.

Et c'est ainsi que la rêverie illustre un repos de l'être, que la rêverie illustre un bien-être. Le rêveur et sa rêverie entrent corps et âme dans la substance du bonheur. Dans une visite à Nemours en 1844, Victor Hugo était sorti au crépuscule pour « aller voir quelques grès bizarres ». La nuit vient, la ville se tait, où est la ville ?

Tout cela n'était ni une ville, ni une église, ni une rivière, ni de la couleur, ni de la lumière, ni de l'ombre ; c'était de la rêverie.

Je suis resté longtemps immobile, me laissant doucement pénétrer par cet ensemble inexprimable, par la sérénité du ciel, par la mélancolie de l'heure. Je ne sais ce qui se passait dans mon esprit et je ne pourrais le dire, c'était un de ces moments ineffables où l'on sent en soi quelque chose qui s'endort et quelque chose qui s'éveille (2).

Ainsi, c'est tout un univers qui vient contribuer à notre bonheur quand la rêverie vient accentuer notre repos. A qui veut rêver bien, il faut dire : commencez par être heureux. Alors la rêverie parcourt son véritable destin : elle devient rêverie poétique : tout par elle, en elle, devient beau. Si le rêveur avait « du métier », avec sa rêverie il ferait une œuvre. Et cette œuvre serait grandiose puisque le monde rêvé est automatiquement grandiose.

Les métaphysiciens parlent souvent d'une « ouverture au monde ». Mais à les entendre, il semble qu'ils n'aient qu'un rideau à tirer pour se trouver d'un coup, en une seule illumination, en

---

(1) Robert Desnos, *Domaine public*, édit. Gallimard, 1953, p. 348.
(2) Victor Hugo, *En voyage. France et Belgique*. Dans *L'homme qui rit* (t. I, p. 148) Victor Hugo écrit : « La mer observée est une rêverie. »

face du Monde. Que d'expériences de métaphysique concrète nous aurions si nous donnions plus d'attention à la rêverie poétique. S'ouvrir au Monde objectif, entrer dans le Monde objectif, constituer un Monde que nous tenons pour objectif, longues démarches qui ne peuvent être décrites que par la psychologie positive. Mais ces démarches pour constituer à travers mille rectifications un monde stable nous font oublier l'éclat des ouvertures premières. La rêverie poétique nous donne le monde des mondes. La rêverie poétique est une rêverie cosmique. Elle est une ouverture à un monde beau, à des mondes beaux. Elle donne au moi un non-moi qui est le bien du moi ; le non-moi mien. C'est ce non-moi mien qui enchante le moi du rêveur et que les poètes savent nous faire partager. Pour mon moi rêveur, c'est ce *non-moi mien* qui me permet de vivre ma confiance d'être au monde. En face d'un monde réel, on peut découvrir en soi-même l'être du souci. Alors on est jeté dans le monde, livré à l'inhumanité du monde, à la négativité du monde, le monde est alors le néant de l'humain. Les exigences de notre *fonction du réel* nous obligent à nous adapter à la réalité, à nous constituer comme une réalité, à fabriquer des œuvres qui sont des réalités. Mais la rêverie, dans son essence même, ne nous libère-t-elle pas de la fonction du réel ? Dès qu'on la considère en sa simplicité, on voit bien qu'elle est le témoignage d'une *fonction de l'irréel*, fonction normale, fonction utile, qui garde le psychisme humain, en marge de toutes les brutalités d'un non-moi hostile, d'un non-moi étranger.

Il est des heures dans la vie d'un poète où la rêverie assimile le réel lui-même. Ce qu'il perçoit est alors assimilé. Le monde réel est absorbé par le monde imaginaire. Shelley nous livre un véritable théorème de la phénoménologie quand il dit que l'imagination est capable « de nous faire créer ce que nous voyons » (1). En suivant Shelley, en suivant les poètes, la phénoménologie de la perception elle-même doit céder la place à la phénoménologie de l'imagination créatrice.

Par l'imagination, grâce aux subtilités de la fonction de l'irréel, nous rentrons dans le monde de la confiance, le monde de l'être confiant, le propre monde de la rêverie. Nous donnerons par la suite bien des exemples de ces rêveries cosmiques qui lient le rêveur et son monde. Cette union s'offre d'elle-même à l'enquête phénoménologique. La connaissance du monde réel deman-

---

(1) La formule de Shelley pourrait être donnée comme la maxime fondamentale d'une phénoménologie de la peinture. Il faut une tension plus grande pour l'appliquer à une phénoménologie de la poésie.

derait des recherches phénoménologiques complexes. Les mondes rêvés, les mondes de la rêverie diurne, en bon éveil, relèvent d'une phénoménologie vraiment élémentaire. Et c'est ainsi que nous en sommes venu à penser que c'est avec la rêverie qu'il faut apprendre la phénoménologie.

La rêverie cosmique, telle que nous l'étudierons, est un phénomène de la solitude, un phénomène qui a sa racine dans l'âme du rêveur. Elle n'a pas besoin d'un désert pour s'établir et croître. Il suffit d'un prétexte — non d'une cause — pour que nous nous mettions « en situation de solitude », en situation de solitude rêveuse. Dans cette solitude, les souvenirs eux-mêmes s'établissent en tableaux. Les décors priment le drame. Les tristes souvenirs prennent du moins la paix de la mélancolie. Et cela encore met une différence entre la rêverie et le rêve. Le rêve reste surchargé des passions mal vécues dans la vie du jour. La solitude dans le rêve nocturne a toujours une hostilité. Elle est étrange. Ce n'est pas vraiment *notre* solitude.

Les rêveries cosmiques nous écartent des rêveries de projets. Elles nous placent dans un monde et non pas dans une société. Une sorte de stabilité, de tranquillité, appartient à la rêverie cosmique. Elle nous aide à échapper au temps. C'est un *état*. Allons au fond de son essence : c'est un état d'âme. Nous disions, dans un livre antérieur, que la poésie nous apporte des documents pour une *phénoménologie de l'âme*. C'est toute l'âme qui se livre avec l'univers poétique du poète.

A l'esprit reste la tâche de faire des systèmes, d'agencer des expériences diverses pour tenter de comprendre l'univers. A l'esprit convient la patience de s'instruire tout le long du passé du savoir. Le passé de l'âme est si loin ! L'âme ne vit pas au fil du temps. Elle trouve son repos dans les univers que la rêverie imagine.

Nous croyons donc pouvoir montrer que les images cosmiques appartiennent à l'âme, à l'âme solitaire, à l'âme principe de toute solitude. Les idées s'affinent et se multiplient dans le commerce des esprits. Les images, dans leur splendeur, réalisent une très simple communion des âmes. Deux vocabulaires devraient être organisés pour étudier, l'un le savoir, l'autre la poésie. Mais ces vocabulaires ne se correspondent pas. Il serait vain de dresser des dictionnaires pour traduire une langue dans une autre. Et la langue des poètes doit être apprise directement, très précisément comme le langage des âmes.

Sans doute, on pourrait demander à un philosophe qu'il étudiât cette communion des âmes dans des domaines plus dramatiques, en engageant des valeurs humaines ou surhumaines qui passent pour plus importantes que les valeurs poétiques. Mais les grandes expériences d'âme gagnent-elles à être proclamées ? Ne peut-on se confier à la profondeur de tout « retentissement » pour que chacun, lisant des pages sensibles, participe à sa manière à l'invitation d'une rêverie poétique ? Nous croyons quant à nous — nous l'expliquerons dans un chapitre de ce livre — que l'enfance anonyme révèle plus de chose sur l'âme humaine que l'enfance singulière, prise dans le contexte d'une histoire familiale. L'essentiel, c'est qu'une image touche juste. On peut espérer alors qu'elle prendra le chemin de l'âme, qu'elle ne s'embarrassera pas dans les objections de l'esprit critique, qu'elle ne sera pas arrêtée par la lourde mécanique des refoulements. Comme c'est simple de retrouver son âme à fond de rêverie ! La rêverie nous met en état d'âme naissante.

Ainsi, dans notre étude modeste des plus simples images, notre ambition philosophique est grande. C'est de prouver que la rêverie nous donne le monde d'une âme, qu'une image poétique porte témoignage d'une âme qui découvre son monde, le monde où elle voudrait vivre, où elle est digne de vivre.

V

Avant d'indiquer plus précisément les questions particulières qui sont traitées dans cet essai, je voudrais en justifier le titre.

En parlant d'une *Poétique de la rêverie*, alors que le titre tout simple : « La rêverie poétique » m'a longtemps tenté, j'ai voulu marquer la force de cohérence que reçoit un rêveur quand il est vraiment fidèle à ses songes et que ses songes prennent précisément une cohérence du fait de leurs valeurs poétiques. La poésie constitue à la fois le rêveur et son monde. Alors que le rêve nocturne peut désorganiser une âme, propager, dans le jour même, les folies essayées dans la nuit, la bonne rêverie aide vraiment l'âme à jouir de son repos, à jouir d'une unité facile. Les psychologues, dans leur ivresse de réalisme, insistent trop sur le caractère d'évasion de nos rêveries. Ils ne reconnaissent pas toujours que la rêverie tisse autour du rêveur des liens doux, qu'elle est du « liant », bref que, dans toute la force du terme, la rêverie « poétise » le rêveur.

Du côté du rêveur, constituant le rêveur, on doit donc reconnaître une puissance de poétisation qu'on peut bien désigner comme une poétique psychologique ; une poétique de la Psyché où toutes les forces psychiques trouvent une harmonie.

Nous voudrions donc faire glisser la puissance de coordination et d'harmonie depuis l'adjectif jusqu'au substantif et établir une poétique de la rêverie poétique, marquant ainsi, en répétant le même mot, que le substantif vient de gagner la tonalité de l'être. Une poétique de la rêverie poétique ! Grande ambition, trop grande ambition puisqu'elle reviendrait à donner à tout lecteur de poèmes une conscience de poète.

Sans doute, nous ne réussirons jamais pleinement ce renversement qui nous ferait passer de l'expression poétique à une conscience de créateur. Du moins, si nous pouvions amorcer un tel renversement qui redonnerait bonne conscience à un être rêveur, notre Poétique de la rêverie aurait atteint son but.

VI

Disons donc maintenant brièvement dans quel esprit nous avons écrit les différents chapitres de cet essai.

Avant de nous engager dans les recherches de Poétique positive, recherches appuyées, suivant notre coutume de philosophe prudent, sur des documents précis, nous avons voulu écrire un chapitre plus fragile, sans doute trop personnel, sur lequel nous devons, dès cette Introduction, nous expliquer. Nous avons pris pour titre de ce chapitre : *Rêveries sur la rêverie* et nous l'avons divisé en deux parties, la première partie ayant pour titre : *Le rêveur de mots* et la seconde : *Animus et Anima*. Nous avons développé, au cours de ce double chapitre, des idées aventureuses, faciles à contredire, bien propres, nous le craignons, à arrêter le lecteur qui n'aime pas trouver des oasis d'oisiveté dans un ouvrage où l'on promet d'organiser des idées. Mais, puisqu'il s'agissait pour nous de vivre dans la brume du psychisme rêvant, ce nous était un devoir de sincérité de dire toutes les rêveries qui nous tentent, les rêveries singulières qui dérangent souvent nos rêveries raisonnables, un devoir de suivre jusqu'au bout les lignes d'aberration qui nous sont familières.

Je suis, en effet, un rêveur de mots, un rêveur de mots écrits. Je crois lire. Un mot m'arrête. Je quitte la page. Les syllabes du mot se mettent à s'agiter. Des accents toniques se mettent à s'inverser. Le mot abandonne son sens comme une surcharge trop lourde qui empêche de rêver. Les mots prennent alors d'autres significations comme s'ils avaient le droit d'être jeunes. Et les mots s'en vont cherchant, dans les fourrés du vocabulaire, de nouvelles compagnies, de mauvaises compagnies. Que de conflits mineurs ne faut-il pas résoudre quand, de la rêverie vagabonde, on revient au vocabulaire raisonnable.

Et c'est pis lorsqu'au lieu de lire je me mets à écrire. Sous la plume, l'anatomie des syllabes se déroule lentement. Le mot vit syllabe par syllabe, en danger de rêveries internes. Comment le maintenir en bloc en l'astreignant à ses habituelles servitudes dans la phrase ébauchée, une phrase qu'on va peut-être rayer du manuscrit ? La rêverie ne ramifie-t-elle pas la phrase commencée ? Le mot est un bourgeon qui tente une ramille. Comment ne pas rêver en écrivant. C'est la plume qui rêve. C'est la page blanche qui donne le droit de rêver. Si seulement on pouvait écrire pour soi seul. Qu'il est dur le destin d'un faiseur de livres ! Il faut tailler et recoudre pour avoir de la suite dans les idées. Mais, écrivant un livre sur la rêverie, le jour n'est-il pas venu de laisser courir la plume, de laisser parler la rêverie et mieux encore de rêver la rêverie dans le temps même où l'on croit la transcrire ?

Je suis — ai-je besoin de le dire ? — un ignorant en linguistique. Les mots, dans leur lointain passé, ont le passé de mes rêveries. Ils sont, pour un rêveur, pour un rêveur de mots, tout gonflés de vésanies. D'ailleurs, que chacun y songe, qu'il « couve » un peu un mot familier entre tous. Alors, l'éclosion la plus inattendue, la plus rare, sort du mot qui dormait dans sa signification — inerte comme un fossile de significations (1).

Oui, vraiment, les mots rêvent.

Mais je ne veux dire qu'une des vésanies de mes rêveries de mots : pour chaque mot masculin je rêve un féminin bien associé, maritalement associé. J'aime à rêver deux fois les beaux mots de la langue française. Bien entendu, une simple désinence grammaticale ne me suffit pas. Elle donnerait à croire que le féminin est un genre subalterne. Je ne suis heureux qu'après avoir trouvé un féminin quasi à sa racine, dans l'extrême profondeur, autant dire dans la profondeur du féminin.

Le genre des mots, quelle bifurcation. Mais est-on jamais sûr de bien faire le partage ? Quelle expérience ou quelle lumière a guidé les premiers choix ? Le vocabulaire, semble-t-il, est

---

(1) L'opinion de Ferenczi sur la recherche de l'origine des mots ne peut manquer de recevoir l'opprobre des savants linguistes. Pour Ferenczi, un des plus fins psychanalystes, la recherche des étymologies est un substitut des questions enfantines sur l'origine des enfants. FERENCZI évoque un article de SPERBER (*Imago*, 1914, I. Jahrgang), sur la théorie sexuelle du langage. On réconcilierait peut-être les savants linguistes et les fins psychanalystes si l'on posait le problème psychologique de la linguistique de la langue maternelle effective, cette langue qu'on apprend dans le giron des mères. Alors l'être est au moment où la langue se dérouille, où elle baigne encore dans les bonheurs liquides, où elle est comme disait un auteur du XVIe siècle « le mercure du petit monde ».

partial, il privilégie le masculin en traitant bien souvent le féminin comme un genre dérivé, subalterne.

Rouvrir, dans les mots eux-mêmes, des profondeurs féminines, voilà donc un de mes songes sur les vertus linguistiques.

Si nous nous sommes permis de faire confidence de tous ces vains songes, c'est qu'ils nous ont préparé à accepter une des thèses principales que nous voulons défendre dans le présent ouvrage. La rêverie, si différente du rêve, qui, lui, est si souvent marqué des durs accents du masculin, nous est en effet apparue — au delà des mots cette fois — d'essence féminine. La rêverie menée dans la tranquillité de la journée, dans la paix du repos — la rêverie vraiment naturelle — est la puissance même de l'être au repos. Elle est vraiment, pour tout être humain, homme ou femme, un des états féminins de l'âme. Nous essayons dans le deuxième chapitre d'apporter des preuves moins personnelles à cette thèse. Mais, pour gagner quelques idées, il faut aimer beaucoup les chimères. Nous avons avoué nos chimères. Qui acceptera de suivre ces chimériques indices, qui groupera ses propres rêveries en rêveries de rêveries trouvera peut-être, à fond de songe, la grande tranquillité de l'être féminin intime. Il retournera à ce gynécée des souvenances qu'est toute mémoire, très ancienne mémoire.

Notre second chapitre, plus positif que le premier, doit cependant être mis encore sous la mention générale des Rêveries de Rêveries. Nous nous servons de notre mieux des documents fournis par les psychologues, mais comme nous mêlons ces documents à nos propres idées-songes, il convient que le philosophe qui utilise le savoir des psychologues garde la responsabilité de ses propres aberrations.

La situation de la femme dans le monde moderne a fait l'objet de nombreuses recherches. Des livres comme ceux de Simone de Beauvoir et de F. J. J. Buytendijk sont des analyses qui touchent le fond des problèmes (1). Nous ne bornons nos observations qu'à des « situations oniriques », en essayant de préciser un peu comment le masculin et le féminin — le féminin surtout — travaillent nos rêveries.

Nous emprunterons alors la plupart de nos arguments à la Psychologie des profondeurs. Dans de nombreuses œuvres, C. G. Jung a montré l'existence d'une dualité profonde de la

---

(1) Simone de BEAUVOIR, *Le deuxième sexe*, Gallimard; F. J. J. BUYTENDIJK, *La femme. Ses modes d'être, de paraître, d'exister*, Desclée de Brouwer, 1954.

Psyché humaine. Il a mis cette dualité sous le double signe d'un *animus* et d'une *anima*. Pour lui, et pour ses disciples, en tout psychisme, que ce soit celui d'un homme ou celui d'une femme, on trouve, tantôt coopérant, tantôt se heurtant, un *animus* et une *anima*. Nous ne suivrons pas tous les développements que la psychologie des profondeurs a donnés à ce thème d'une dualité intime. Nous voulons simplement montrer que la rêverie dans son état le plus simple, le plus pur, appartient à l'*anima*. Certes, toute schématisation risque de mutiler la réalité ; mais elle aide à fixer des perspectives. Disons donc que pour nous, en gros, le rêve relève de l'*animus* et la rêverie de l'*anima*. La rêverie sans drame, sans événement, sans histoire nous donne le véritable repos, le repos du féminin. Nous y gagnons la douceur de vivre. Douceur, lenteur, paix, telle est la devise de la rêverie en *anima*. C'est dans la rêverie qu'on peut trouver les éléments fondamentaux pour une philosophie du repos.

Vers ce pôle de l'*anima* vont nos rêveries qui nous ramènent à notre enfance. Ces rêveries vers l'enfance feront l'objet de notre troisième chapitre. Mais, dès maintenant, il nous faut indiquer sous quel angle nous examinons les souvenirs d'enfance.

Au cours de travaux antérieurs, nous avons souvent dit qu'on ne pouvait guère faire une psychologie de l'imagination créatrice si l'on ne parvenait pas à distinguer nettement l'imagination et la mémoire. S'il y a un domaine où la distinction soit difficile entre toutes, c'est le domaine des souvenirs d'enfance, le domaine des *images aimées*, gardées, depuis l'enfance, dans la mémoire. Ces souvenirs qui vivent par l'image, dans la vertu d'image, deviennent, à certaines heures de notre vie, en particulier dans le temps de l'âge apaisé, l'origine et la matière d'une rêverie complexe : la mémoire rêve, la rêverie se souvient. Quand cette rêverie du souvenir devient le germe d'une œuvre poétique, le complexe de mémoire et d'imagination se resserre, il a des actions multiples et réciproques qui trompent la sincérité du poète. Plus exactement, les souvenirs de l'enfance heureuse sont dits avec une *sincérité de poète*. Sans cesse l'imagination ranime la mémoire, illustre la mémoire.

Nous essaierons de présenter, sous une forme condensée, une philosophie ontologique de l'enfance qui dégage le caractère durable de l'enfance. Par certains de ses traits, *l'enfance dure toute la vie*. Elle revient animer de larges secteurs de la vie adulte. D'abord, l'enfance ne quitte jamais ses gîtes nocturnes. En nous, un enfant vient parfois veiller dans notre sommeil. Mais, dans la vie éveillée elle-même, quand la rêverie travaille sur notre histoire, l'enfance qui est en nous nous apporte son bienfait. Il faut vivre, il est parfois très bon de vivre avec l'enfant qu'on a été. On en reçoit une conscience de racine. Tout l'arbre de l'être s'en réconforte. Les poètes nous aideront à retrouver en nous cette enfance vivante, cette enfance permanente, durable, immobile.

Dès notre Introduction, il nous faut souligner que dans ce chapitre sur « La rêverie vers l'enfance », nous ne développons pas une psychologie de l'enfant. Nous n'envisageons l'enfance que comme un thème de rêverie. Thème retrouvé dans tous les âges de la vie. Nous nous maintenons dans une rêverie et dans une méditation d'*anima*. Bien d'autres recherches seraient nécessaires pour éclairer les drames de l'enfance, pour montrer surtout que ces drames ne s'effacent pas, qu'ils peuvent renaître, qu'ils veulent renaître. La colère dure, les colères primitives réveillent des enfances endormies. Parfois dans la solitude, ces colères refoulées nourrissent des projets de vengeance, des plans de crime. Ce sont là des constructions d'*animus*. Ce ne sont pas des rêveries d'*anima*. Il faudrait un autre plan d'enquête que le nôtre pour les examiner. Mais tout psychologue étudiant l'imagination du drame doit se référer aux colères d'enfant, aux révoltes d'adolescence. Un psychologue des profondeurs comme est le poète Pierre-Jean Jouve n'y manque pas. Ayant à mettre une préface à des contes auxquels il a donné le titre : *Histoires sanglantes*, le poète, dans une condensation de culture psychanalytique, dit qu'à la base de ses histoires, il y a des « états d'enfance » (1). Les drames inaccomplis donnent des œuvres, des œuvres où l'*animus* est actif, clairvoyant, prudent et audacieux, complexe. Tout à notre tâche d'analyser des *rêveries*, nous laissons de côté les *projets* d'*animus*. Notre chapitre sur les rêveries vers l'enfance n'est donc qu'une contribution à la métaphysique du temps élégiaque. Après tout, ce temps de l'élégie intime, ce temps du regret qui dure est une réalité psychologique. C'est lui qui est la durée qui dure. Notre chapitre se présente donc comme une ébauche d'une métaphysique de l'inoubliable.

Mais il est difficile à un philosophe de se distraire de ses longues habitudes de pensée. Même en écrivant un livre de loisir, les mots, les anciens mots, veulent rentrer en service.

---

(1) Pierre-Jean Jouve, *Histoires sanglantes*, édit. Gallimard, p. 16.

Et c'est ainsi que nous avons cru devoir écrire un chapitre sous un titre bien pédant : « Le *cogito* du rêveur ». Dans les quarante ans de ma vie de philosophe, j'ai entendu dire que la philosophie reprenait un nouveau départ avec le *cogito ergo sum* de Descartes. J'ai dû aussi énoncer moi-même cette leçon initiale. Dans l'ordre des pensées, c'est une devise si claire ! Mais n'en dérangerait-on pas le dogmatisme si l'on demandait au rêveur s'il est bien sûr d'être l'être qui rêve son rêve ? Une telle question ne troublait guère un Descartes. Pour lui, penser, vouloir, aimer, rêver, c'est toujours une activité de son esprit. Il était sûr, l'heureux homme, que c'était lui, bien lui, lui seul qui avait passions et sagesse. Mais un rêveur, un vrai rêveur qui traverse les folies de la nuit, est-il si sûr d'être lui-même ? Quant à nous, nous en doutons. Nous avons toujours reculé devant l'analyse des rêves de la nuit. Et c'est ainsi que nous sommes arrivé à cette distinction un peu sommaire qui cependant devait éclairer nos enquêtes. Le rêveur de la nuit ne peut énoncer un *cogito*. Le rêve de la nuit est un rêve sans rêveur. Au contraire, le rêveur de rêverie garde assez de conscience pour dire : c'est moi qui rêve la rêverie, c'est moi qui suis heureux de rêver ma rêverie, c'est moi qui suis heureux du loisir où je n'ai plus la tâche de penser. Voilà ce que nous avons essayé de montrer, en nous aidant des rêveries des poètes, dans le chapitre qui a pour titre : « Le *cogito* du rêveur ».

Mais le rêveur de rêveries ne s'abstrait pas dans la solitude d'un *cogito*. Son *cogito* qui rêve a tout de suite, comme disent les philosophes, son *cogitatum*. Tout de suite, la rêverie a un objet, un simple objet, ami et compagnon du rêveur. C'est naturellement aux poètes que nous avons demandé nos exemples d'objets poétisés par la rêverie. En vivant de tous les reflets de poésie que lui apportent les poètes, le je qui rêve la rêverie se découvre non pas poète, mais je poétiseur.

Après cet accès de philosophie indurée, nous sommes revenu, dans un dernier chapitre, à un examen des images extrêmes de la rêverie sans cesse tentée par la dialectique du sujet excité et du monde excessif ; j'ai voulu suivre les images qui ouvrent le monde, qui agrandissent le monde. Les images cosmiques sont quelquefois si majestueuses que les philosophes les prennent pour des pensées. Nous avons essayé, en les revivant à notre mesure, de montrer qu'elles étaient pour nous des détentes de rêverie. La rêverie nous aide à habiter le monde, à habiter le bonheur du monde. Nous avons donc pris pour titre de ce chapitre : « Rêverie et Cosmos ». On comprendra que ce n'est pas dans un

INTRODUCTION

court chapitre qu'on peut traiter d'un si vaste problème. Nous l'avons abordé bien des fois au cours de nos recherches précédentes sur l'imagination, sans jamais le traiter à fond. Nous serions heureux aujourd'hui si nous pouvions du moins poser le problème un peu plus nettement. Les mondes imaginés déterminent de profondes communions de rêveries. C'en est au point qu'on peut interroger un cœur en lui demandant de confesser ses enthousiasmes devant la grandeur du monde contemplé, du monde imaginé en de profondes contemplations. Comme les psychanalystes, ces maîtres de l'interrogation indirecte, trouveraient de nouvelles clés pour aller à fond d'âme s'ils pratiquaient un peu la cosmo-analyse ! De cette cosmo-analyse, voici un exemple emprunté à une page de Fromentin (1). Dominique, dans les instants décisifs de sa passion, conduit Madeleine en des sites qu'il a longuement choisis : « J'aimais surtout à essayer sur Madeleine l'effet de certaines influences plutôt physiques que morales auxquelles j'étais moi-même si continuellement assujetti. Je la mettais en face de certains tableaux de la campagne, choisis parmi ceux qui, invariablement composés d'un peu de verdure, de beaucoup de soleil et d'une immense étendue de mer, avaient le don infaillible de m'émouvoir. J'observais dans quel sens elle en serait frappée, par quels côtés d'indigence ou de grandeur ce triste et grave horizon toujours nu pourrait lui plaire. Autant que cela m'était permis, je l'interrogeais sur ces détails de sensibilité tout extérieure. »

Ainsi, devant une immensité, il semble que l'être interrogé soit naturellement sincère. Le site domine les pauvres et fluentes « situations » sociales. Quel prix alors aurait un album de sites pour interroger notre être solitaire, pour nous révéler le monde où il nous faudrait vivre pour être nous-mêmes ! Cet album de sites, nous le recevons de la rêverie avec une prodigalité que nous ne trouverions pas dans de multiples voyages. Nous imaginons des mondes où notre vie aurait tout son éclat, toute sa chaleur, toute son expansion. Les poètes nous entraînent dans des cosmos sans cesse renouvelés. Durant le romantisme, le paysage a été un outil de sentimentalité. Nous avons donc essayé dans le dernier chapitre de notre livre, d'étudier l'expansion d'être que nous recevons des rêveries cosmiques. Avec des rêveries de cosmos, le rêveur connaît la rêverie sans responsabilité, la rêverie qui ne sollicite pas de preuve. Finalement imaginer un cosmos c'est le destin le plus naturel de la rêverie.

(1) E. FROMENTIN, *Dominique*, p. 179.

VII

Au terme de cette Introduction, disons en quelques mots où, dans notre solitude, sans possibilité de recours à des enquêtes psychologiques, nous devons chercher nos documents. Ils viennent des livres, toute notre vie est lecture.

La lecture est une *dimension* du psychisme moderne, une dimension qui transpose les phénomènes psychiques déjà transposés par l'écriture. Il faut prendre le langage écrit comme une réalité psychique particulière. Le livre est permanent, il est sous vos yeux comme un objet. Il vous parle avec une autorité monotone que n'aurait pas son auteur même. Il faut bien lire ce qui est écrit. Pour écrire, d'ailleurs, l'auteur a déjà opéré une transposition. Il ne *dirait* pas ce qu'il écrit. Il est entré — qu'il s'en défende ne change rien à l'affaire — dans le règne du psychisme écrit.

Le psychisme enseigné prend là sa permanence. Qu'elle va loin cette page où Edgar Quinet dit la force de transmission du Ramayana (1). Valmiki dit à ses disciples : « Apprenez le poème révélé ; il donne la vertu et la richesse : plein de douceur lorsqu'il est adapté aux trois mesures du temps, plus doux s'il est marié au son des instruments, ou s'il est chanté sur les sept cordes de la voix. L'oreille ravie excite l'amour, le courage, l'angoisse, la terreur... O le grand poème, l'image fidèle de la vérité. » La muette lecture, la lente lecture donne à l'oreille tous ces concerts.

Mais la meilleure preuve de la spécificité du livre, c'est qu'il est à la fois une réalité du virtuel et une virtualité du réel. Nous sommes placés, lisant un roman, dans une autre vie qui nous fait souffrir, espérer, compatir, mais tout de même avec l'impression complexe que notre angoisse reste sous la domination de notre liberté, que notre angoisse n'est pas radicale. Tout livre angoissant peut alors donner une technique de réduction de l'angoisse. Un livre angoissant offre aux angoissés une homéopathie de l'angoisse. Mais cette homéopathie agit surtout dans une lecture méditée, dans la lecture valorisée par l'intérêt littéraire. Alors deux plans du psychisme se scindent, le lecteur participe à ces deux plans et quand il devient bien conscient de l'*esthétique de l'angoisse*, il est bien près d'en découvrir la facticité. Car l'angoisse est factice : nous sommes faits pour bien respirer.

Et c'est en cela que la poésie — sommet de toute joie esthétique — est bienfaisante.

---

(1) Edgar Quinet, *Le génie des religions. L'épopée indienne*, p. 143.

Sans l'aide des poètes, que pourrait faire un philosophe chargé d'ans, qui s'obstine à parler de l'imagination ? Il n'a personne à tester. Il se perdrait tout de suite dans le labyrinthe des tests et contre-tests où se démène le sujet examiné par le psychologue. D'ailleurs existe-t-il vraiment dans l'arsenal du psychologue des tests d'imagination ? Y a-t-il des psychologues assez exaltés pour sans cesse renouveler les moyens objectifs d'une étude de l'imagination exaltée ? Les poètes toujours imagineront plus vite que ceux qui les regardent imaginer.

Comment entrer dans la poético-sphère de notre temps ? Une ère d'imagination libre vient de s'ouvrir. De toute part, les images envahissent les airs, vont d'un monde à l'autre, appellent et l'oreille et les yeux à des rêves agrandis. Les poètes abondent, les grands et les petits, les célèbres et les obscurs, ceux qu'on aime et ceux qui éblouissent. Qui vit pour la poésie doit tout lire. Que de fois, d'une simple brochure, a jailli pour moi la lumière d'une image neuve ! Quand on accepte d'être animé par des images nouvelles, on découvre des irisations dans les images des vieux livres. Les âges poétiques s'unissent dans une mémoire vivante. Le nouvel âge réveille l'ancien. L'ancien âge vient revivre dans le nouveau. Jamais la poésie n'est aussi une que lorsqu'elle se diversifie.

Quels bienfaits nous apportent les nouveaux livres ! Je voudrais que chaque jour me tombent du ciel à pleine corbeille les livres qui disent la jeunesse des images. Ce vœu est naturel. Ce prodige est facile. Car, là-haut, au ciel, le paradis n'est-il pas une immense bibliothèque ?

Mais il ne suffit pas de recevoir, il faut accueillir. Il faut, disent d'une même voix, le pédagogue et la diététicienne « assimiler ». Pour cela, on nous conseille de ne pas lire trop vite et de prendre garde d'avaler de trop gros morceaux. Divisez, nous dit-on, chacune des difficultés en autant de parcelles qu'il se peut pour les mieux résoudre. Oui, mâchez bien, buvez à petites gorgées, savourez vers par vers les poèmes. Tous ces préceptes sont beaux et bons. Mais un principe les commande. Il faut d'abord un bon désir de manger, de boire et de lire. Il faut désirer lire beaucoup, lire encore, lire toujours.

Aussi, dès le matin, devant les livres accumulés sur ma table, au dieu de la lecture je fais ma prière de lecteur dévorant :

« Donnez-nous aujourd'hui notre faim quotidienne... »

Chapitre Premier

RÊVERIES SUR LA RÊVERIE

Le rêveur de mots

> Au fond de chaque mot
> j'assiste à ma naissance.
> Alain Bosquet,
> *Premier poème.*

> J'ai mes amulettes : les mots.
> Henri Bosco,
> *Sites et paysages*, p. 57.

I

Les rêves et les rêveries, les songes et les songeries, les souvenirs et la souvenance, autant d'indices d'un besoin de mettre au féminin tout ce qu'il y a d'enveloppant et de doux par-delà les désignations trop simplement masculines de nos états d'âme. C'est là, sans doute, une bien petite remarque aux yeux des philosophes qui parlent le langage de l'universel, bien petite remarque aux yeux des penseurs qui tiennent le langage pour un simple instrument qu'on doit forcer à exprimer avec précision toutes les finesses de la pensée. Mais un philosophe songeur, un philosophe qui cesse de réfléchir quand il imagine et qui a ainsi prononcé pour lui-même le divorce de l'intellect et de l'imagination, un tel philosophe, quand il rêve au langage, quand les mots sortent pour lui du fond même des songes, comment ne serait-il pas sensible à la rivalité du masculin et du féminin qu'il découvre à l'origine de la parole ? Déjà, par le genre des mots qui les désignent, rêve et rêverie s'annoncent comme différents. On perd des nuances quand on prend rêve et rêverie comme deux espèces d'un même onirisme. Gardons plutôt les clartés du génie de notre langue. Allons à fond de nuance et essayons de réaliser la féminité de la rêverie.

En gros — j'essaierai de le suggérer à un lecteur bienveillant — le rêve est masculin, la rêverie est féminine. En nous servant, par la suite, de la division de la psyché en *animus* et *anima*, telle que cette division a été établie par la psychologie des profondeurs, nous montrerons que la rêverie est, aussi bien chez l'homme que chez la femme, une manifestation de l'*anima*. Mais auparavant, il faut que nous préparions, par une rêverie sur les mots eux-mêmes, les convictions intimes qui assurent, dans toute psyché humaine, la permanence de la féminité.

II

Pour investir le noyau de la rêverie féminine, nous nous confierons au féminin des mots.

Orbes des mots, murmurante mémoire

dit le poète (1).

En rêvant à notre langue maternelle, dans notre langue maternelle — peut-on vivre des rêveries dans une autre langue que cette langue confiée à la « murmurante mémoire » ? — nous croyons reconnaître un privilège de rêverie aux mots féminins. Déjà les désinences féminines ont de la douceur. Mais l'antépénultième est aussi pénétrée par cette douceur. Il est des mots dans lesquels le féminin imprègne toutes les syllabes. De tels mots sont des *mots à rêverie*. Ils appartiennent au langage d'*anima*.

Mais, puisqu'au seuil d'un livre où la sincérité de phénoménologue est une méthode, je dois dire que, croyant penser, j'ai bien souvent rêvassé sur le genre masculin ou féminin des qualités morales, tels l'orgueil et la vanité, le courage et la passion. Il me semblait que le masculin et le féminin dans les mots accentuaient les contraires, dramatisaient la vie morale. Puis, des idées où je divaguais, je passais aux noms de choses où j'étais sûr de bien rêver. J'aimais savoir qu'en français les noms des fleuves sont généralement au féminin. C'est si naturel ! L'Aube et la Seine, la Moselle et la Loire sont mes seules rivières. Le Rhône et le Rhin sont, pour moi, des monstres linguistiques. Ils charrient l'eau des glaciers. Ne faut-il pas des noms féminins pour respecter la féminité de l'eau véritable ?

Ce n'est là qu'un premier exemple de mes rêveries de mots. Car, des heures et des heures, dès que j'ai eu le bonheur d'avoir

(1) Henri CAPIEN, *Signes*, Seghers, 1955.

un dictionnaire, je me laissais séduire par le féminin des mots. Ma rêverie suivait les inflexions de la douceur. Le féminin dans un mot accentue le bonheur de parler. Mais il y faut quelque amour des sonorités lentes.

Ce n'est pas toujours aussi facile qu'on croit. Il y a des choses si solides en leur réalité qu'on oublie de rêver sur leur nom. Il n'y a pas bien longtemps que j'ai découvert que la cheminée était un chemin, le chemin de la douce fumée qui chemine lentement vers le ciel.

Parfois l'acte grammatical qui donne un féminin à un être magnifié dans le masculin est une pure maladresse. Le centaure est, certes, l'idéal prestigieux d'un cavalier qui sait bien que jamais il ne sera désarçonné. Mais que peut bien être la centauresse ? Qui peut rêver à la centauresse ? C'est bien tardivement que ma rêverie de mots a trouvé son équilibre. Lisant en rêvant dans ce dictionnaire des plantes qu'est la *Botanique chrétienne* de l'abbé Migne, j'ai découvert que le féminin songeur du mot *centaure* était la *centaurée*. Petite fleur, sans doute, mais sa vertu est grande, digne vraiment du savoir médical de Chiron, le surhumain centaure. Pline ne nous dit-il pas que la centaurée guérit les chairs disjointes ? Faites bouillir de la centaurée avec des morceaux de viande et ils se restitueront dans leur unité première. Les beaux mots sont déjà des remèdes (1).

Quand j'hésite à confier de telles rêveries qui pourtant me reviennent souvent à l'esprit, je reprends courage en lisant Nodier. Nodier a si souvent rêvé entre mots et choses, tout au bonheur de nommer. « Il y a quelque chose de merveilleusement doux dans cette étude de la nature, qui attache un nom à tous les êtres, une pensée à tous les noms, une affection et des souvenirs à toutes les pensées (2). » Une subtilité de plus en unissant le nom et la chose et cette affection pour les choses bien nommées, provoque en nous des ondes de féminité. Aimer les choses pour leur usage relève du masculin. Elles sont les pièces de nos actions, de nos vives actions. Mais les aimer intimement, pour elles-mêmes, avec les lenteurs du féminin, voilà qui nous engage dans le labyrinthe de la Nature intime des choses. Ainsi j'achève en « rêveries féminines » le texte si attachant où Nodier réunit son double

---

(1) Il faut pardonner au mot centauresse parce que Rimbaud a pu voir « les hauteurs où les centauresses séraphiques évoluent parmi les avalanches » (*Les illuminations*, Villes). L'essentiel est de s'interdire de les imaginer galopant dans la plaine.
(2) Charles Nodier, *Souvenirs de jeunesse*, p. 18.

amour des mots et des choses, son double amour de grammairien et de botaniste.

Bien entendu, une simple désinence grammaticale, quelque *e* muet ajouté à un nom qui fait carrière dans le masculin ne m'a jamais suffi, dans la méditation de mon dictionnaire, à me donner les grands songes de la féminité. Il fallait que je sente le mot féminisé de part en part, doué d'un féminin irrévocable.

Quel trouble alors quand, passant d'une langue à une autre, on a l'expérience d'une féminité perdue ou d'une féminité masquée par des sons masculins ! C. G. Jung fait remarquer « qu'en latin les noms d'arbre ont une terminaison masculine et sont cependant féminins » (1). Ce désaccord des sons et des genres explique en quelque manière les nombreuses images androgynes associées à la substance des arbres. La substance y contredit le substantif. Hermaphroditisme et Amphibologie se tissent. Ils finissent par se soutenir l'un l'autre dans les rêveries d'un rêveur de mots. On commence à se tromper en parlant et on finit ne jouissant de l'union des contraires. Proudhon qui ne rêve guère et qui est vite savant, trouve tout de suite une cause de féminité pour le nom latin des arbres : « C'est sans doute, dit-il, à cause de la fructification (2). » Mais Proudhon ne nous donne pas assez de rêveries pour nous aider à passer de la pomme au pommier, à faire refluer le féminin de la pomme jusqu'à l'arbre.

D'une langue à une autre, que de scandales il faut parfois traverser pour accepter des féminités invraisemblables, des féminités qui troublent les rêveries les plus naturelles ! De nombreux textes cosmiques où interviennent en allemand le soleil et la lune, me semblent personnellement impossibles à rêver en raison de l'extraordinaire inversion qui donne au soleil le genre féminin et à la lune le genre masculin. Quand la discipline grammaticale oblige des adjectifs à se masculiniser pour s'associer à la lune, un rêveur français a l'impression que sa rêverie lunaire se pervertit.

En revanche, d'une langue à une autre, quelle belle heure de lecture quand on conquiert un féminin ! Un féminin conquis peut approfondir tout un poème. Ainsi, dans une poésie d'Henri Heine, le poète dit le rêve d'un sapin isolé qui sommeille sous la glace et la neige, perdu de solitude en une plaine aride du Nord : « Le sapin rêve d'un palmier qui, là-bas, dans l'Orient lointain se désole solitaire et taciturne sur la pente d'un rocher brû-

---

(1) C. G. Jung, *Métamorphoses de l'âme*, trad., p. 371.
(2) Proudhon, *Un essai de grammaire générale*. En appendice au livre de Bergier, *Les éléments primitifs des langues*, Besançon et Paris, 1850, p. 266.

lant (1). » Sapin du Nord, palmier du Sud, solitude glacée, solitude brûlante, c'est sur ces antithèses qu'un lecteur français doit rêver. Combien d'autres rêveries sont offertes au lecteur allemand puisqu'en allemand, si le mot sapin est masculin, le mot palmier est féminin ! Chez l'arbre droit et vigoureux sous la glace, que de rêves alors vers l'arbre féminin, ouvert en toutes ses palmes, attentif à toutes les brises ! Quant à moi, en mettant au féminin cet être de la palmeraie, j'ai des rêves infinis. Voyant tant de verdure, une telle exubérance de palmes vertes sortir du corset écailleux d'un tronc rude, je prends ce bel être du Sud pour la sirène végétale, la sirène des sables.

Ainsi qu'en peinture le vert fait « chanter » le rouge, en poésie un mot féminin peut apporter une grâce à l'être masculin. Dans le jardin de Renée Mauperin, un horticulteur, comme on n'en rencontre que dans la vie imaginée, a fait monter des rosiers tout au long d'un sapin. Le vieil arbre peut ainsi « dans ses bras verts remuer des roses » (2). Qui nous dira jamais le mariage de la rose et du sapin ? Je suis reconnaissant aux romanciers si aigus des passions humaines d'avoir eu la bonté de mettre des roses dans les bras de l'arbre froid.

Quand les inversions, d'une langue à un autre, touchent des êtres d'un onirisme qui nous est congénital, nous sentons nos aspirations poétiques dans une grande division. On voudrait rêver deux fois un grand objet de rêveries qui s'offre sous un « genre » nouveau.

A Nuremberg, devant la « vénérable Fontaine des Vertus », Johannes Joergensen (3) s'écrie : « Ton nom me paraît si beau ! Le mot de « fontaine » contient en soi une poésie qui m'a toujours ému très profondément, surtout sous la forme allemande de *Brunnen*, dont il me semble que la consonnance prolonge en moi une douce impression de repos. » Pour apprécier les jouissances de paroles vécues par l'écrivain danois, il serait bon de savoir de quel genre est le mot fontaine dans sa langue maternelle. Mais déjà pour nous, lecteur français, la page de Joergensen dérange, inquiète des rêveries radicales. Se peut-il qu'il y ait des langues qui mettent la *fontaine* au masculin ? Subitement *le Brunnen* me donne des rêveries diaboliques comme si le monde venait de changer de nature. En rêvant un peu plus, en rêvant autrement, le *Brunnen* finit par me parler. J'entends bien que le *Brunnen*

---

(1) Cité par Albert Béguin, *L'âme romantique et le rêve*, 1ʳᵉ éd., t. II, p. 313.
(2) Edmond et Jules de Goncourt, *Renée Mauperin*, éd. 1879, p. 101.
(3) Johannes Joergensen, *Le livre de route*, traduit par Teodor de Wyzewa, 1916, p. 12.

bruit plus profondément que la fontaine. Il s'étale moins doucement que les fontaines de mon pays. Brunnen-Fontaine sont deux sons originaux pour une eau pure, pour une eau fraîche. Et cependant pour qui aime parler en rêvant ses mots, ce n'est pas la même eau qui sort de la fontaine et du Brunnen. La différence des genres renverse toutes mes rêveries. C'est vraiment toute la rêverie qui change de *genre*. Mais c'est sans doute une tentation du diable que d'aller rêver dans une langue qui n'est pas la langue maternelle. Je dois être fidèle à ma fontaine.

Touchant les renversements, d'une langue à une autre, des valeurs du féminin et du masculin, les linguistes apporteraient sans doute bien des explications à de telles anomalies. J'aurais sûrement gagné à m'instruire auprès des grammairiens. Disons cependant notre étonnement de voir tant de linguistes se débarrasser du problème en disant que le masculin ou le féminin des noms relèvent du hasard. Évidemment, on ne trouve à cela aucune raison si précisément on se borne à des raisons raisonnables. Il y faudrait peut-être un examen onirique. Simone de Beauvoir semble déçue de ce manque de curiosité de la philologie érudite. Elle écrit (1) : « La philologie est sur cette question du genre des mots plutôt mystérieuse ; tous les linguistes s'accordent à reconnaître que la distribution des mots concrets en genres est purement accidentelle. Cependant en français la plupart des entités sont du féminin : beauté, loyauté, etc. » L'etc. écourte un peu la preuve. Mais un thème important de la féminité des mots est indiqué dans le texte. La femme est l'idéal de la nature humaine et « l'idéal que l'homme pose en face de soi comme l'Autre essentiel, il le féminise parce que la femme est la figure sensible de l'altérité ; c'est pourquoi presque toutes les allégories, dans le langage comme dans l'iconographie, sont des femmes ».

Les mots, en nos cultures savantes, ont été si souvent définis et redéfinis, ils ont été casés avec tant de précision dans nos dictionnaires, qu'ils sont vraiment devenus des instruments de la pensée. Ils ont perdu leur puissance d'onirisme interne. Pour revenir à cet onirisme qui tient aux noms, il faudrait pousser une enquête sur des noms qui rêvent encore, des noms qui sont des « enfants de la nuit ». Précisément, quand Clémence Ramnoux étudie la philosophie héraclitéenne, elle mène son enquête comme l'indique le sous-titre de son livre : *En cherchant « l'homme entre les choses et les mots »* (2). Et les mots des grandes

---

(1) S. de BEAUVOIR, *Le deuxième sexe*, Gallimard, t. I, p. 286, texte et note.
(2) Clémence RAMNOUX, *Héraclite ou l'homme entre les choses et les mots*, Paris, éd. Les Belles Lettres, 1959.

choses comme la nuit et le jour, comme le sommeil et la mort, comme le ciel et la terre, ne prennent leur sens qu'en se désignant comme des « couples ». Un couple domine un autre couple, un couple engendre un autre couple. Toute cosmologie est une cosmologie parlée. En en faisant des dieux, on brusque la signification. Mais vu de plus près comme le font les historiens modernes, comme le fait Clémence Ramnoux, le problème ne se simplifie pas aussi rapidement. En fait dès qu'un être du monde a une puissance, il est bien près de se spécifier soit comme puissance masculine, soit comme puissance féminine. Toute puissance est sexuée. Elle peut même être bisexuée. Jamais elle ne sera neutre, jamais au moins elle ne restera longtemps neutre. Quand une trinité cosmologique est retenue, il faut la désigner, comme 1 + 2, tel le chaos d'où sortent l'Erébos et la Nyx.

Avec des significations qui évoluent de l'humain au divin, des faits tangibles à des songes, les mots reçoivent une certaine épaisseur de signification.

Mais dès qu'on a compris que toute puissance s'accompagne d'une harmonique de sexualité, il devient naturel d'ausculter les mots valorisés, les mots qui ont une puissance. Dans notre vie de civilisé à l'époque industrielle, nous sommes envahis par les objets. Chaque objet est le représentant d'une foule d'objets : Comment un objet aurait-il une « puissance » puisqu'il n'a plus d'individualité ? Mais allons un peu vers le lointain passé des objets. Restituons nos rêveries devant un objet familier. Puis rêvons plus loin encore, si loin même que nous allons nous perdre en nos rêveries quand nous voudrons savoir comment un objet a pu trouver son nom. En rêvant entre chose et nom dans la modestie des êtres familiers, comme Clémence Ramnoux le fait dans les ténèbres héraclitéennes pour les grandeurs de la destinée humaine, l'objet, le modeste objet, s'en vient à jouer son rôle dans le monde, dans un monde qui rêve dans le petit comme dans le grand. La rêverie sacralise son objet. Du familier aimé au sacré personnel il n'y a qu'un pas. Bientôt l'objet est une amulette, il nous aide et nous protège dans la vie. Son aide est maternelle ou paternelle. Toute amulette est sexuée. Le nom d'une amulette n'a pas le droit de se tromper de genre.

De toute façon, faute d'être instruit dans les problèmes de la linguistique, nous n'avons pas la prétention, dans ce livre de loisir, d'instruire le lecteur. Ce n'est pas à partir d'un *savoir* qu'on peut vraiment rêver, rêver sans retenue, rêver en une rêverie sans censure. Je n'ai pas d'autre but, dans le présent chapitre, que de présenter un « cas » — mon cas personnel — le cas d'un rêveur de mots.

III

Mais des explications linguistiques approfondiraient-elles vraiment notre rêverie ? Notre rêverie sera toujours plutôt excitée par une hypothèse singulière — voire aventureuse — que par une démonstration savante. Comment ne pas être amusé par le double impérialisme que Bernardin de Saint-Pierre accorde à la dénomination ? Ce grand rêveur ne disait-il pas : « Il serait assez curieux de rechercher si les noms masculins ont été donnés par les femmes et les noms féminins par les hommes aux choses qui servent plus particulièrement aux usages de chaque sexe, et si les premiers ont été faits du genre *masculin* parce qu'ils présentaient des caractères de force et de puissance et les seconds de genre *féminin* parce qu'ils offrent des caractères de grâce et d'agréments. » Bescherelle qui, dans son dictionnaire à l'article *genre*, cite Bernardin de Saint-Pierre, sans référence, est, sur ce problème, un lexicographe tranquille. Il se débarrasse du problème, comme tant d'autres, en disant que pour les êtres inanimés, la désignation en masculin et en féminin est arbitraire. Mais est-il si simple, pour peu qu'on rêve, de dire où s'arrête le règne de l'animé ?

Et, si c'est l'animé qui commande, ne faut-il pas mettre en première ligne les plus animés de tous les êtres, l'homme et la femme, qui l'un et l'autre vont être des principes de personnalisation ? Pour Schelling, toutes les oppositions ont été traduites quasi naturellement dans une opposition du masculin et du féminin. « Toute dénomination n'est-elle pas déjà une personnification ? Et étant donné que toutes les langues désignent par des différences de genre les objets comportant une *opposition*, étant donné que nous disons par exemple *le* ciel et *la* terre... ne sommes-nous pas singulièrement tout près d'exprimer ainsi des notions spirituelles par des divinités masculines et féminines ? » Ce texte apparaît dans l'*Introduction à la philosophie de la mythologie* (1). Il nous indique le long destin de l'opposition des genres qui va, en passant par l'homme, des choses aux divinités. Et c'est ainsi que Schelling peut ajouter : « On est presque tenté de dire que la langue elle-même est une mythologie privée de sa vitalité, une mythologie pour ainsi dire exsangue, et qu'elle a

(1) F. W. Schelling, *Introduction à la philosophie de la mythologie*, trad. S. Jankélévitch, Aubier, 1945, t. I, p. 62.

conservé seulement à l'état abstrait et formel ce que la mythologie contient à l'état vivant et concret. » Qu'un si grand philosophe aille si loin, cela justifie peut-être un rêveur de mots qui redonne dans sa rêverie un peu de « vitalité » aux oppositions effacées.

Pour Proudhon (1), « dans toutes les espèces d'animaux, la femelle est ordinairement l'être le plus petit, le plus faible, le plus délicat : il était naturel de désigner ce sexe par l'attribut qui le caractérise ; et pour cet effet le nom s'allonge d'une terminaison particulière, image des idées de mollesse, de faiblesse, de petitesse. C'était une peinture par analogie, et le féminin constitua d'abord dans les noms ce que nous nommons *diminutif*. Dans toutes les langues la terminaison féminine fut donc plus douce, plus tendre, si l'on peut dire, que celle du masculin ».

Cette référence au *diminutif* laisse en suspens bien des songes. Il semble que Proudhon n'ait pas rêvé à la beauté de ce qui devient petit. Mais la mention qu'il fait d'une vocalité tendre attachée aux mots féminins ne peut manquer d'avoir un écho dans les rêveries d'un rêveur de mots (2).

Mais, tout n'est pas dit avec l'emploi de syllabes bien codifiées. Parfois, pour exprimer toutes les finesses psychologiques, un grand écrivain sait créer ou susciter des « doublets » sur le thème des genres et mettre en bonne place un masculin et un féminin bien associés. Par exemple, quand des feux follets — êtres d'une sexualité bien indécise — doivent séduire des hommes ou des femmes, ils deviennent justement, selon l'être à égarer « flambettes » ou « flamboires » (3).

Gare aux flamboires, fillette !
Gare aux flambettes, nigaud !

Comme cet avis sonne bien pour qui sait aimer, avec les passions requises, les mots.

Et, dans le mode sinistre, pour effrayer davantage, soit une femme soit un homme, les noirs corbeaux deviennent de « grosses coares » (4).

Tout ce qui est conflit ou attraction, dans le psychisme humain, est précisé, est accentué quand on ajoute à la plus ténue des contradictions, à la plus confuse des communions les nuances

---

(1) *Loc. cit.*, p. 265.
(2) Mais quel drame dans une famille de mots quand le masculin est plus petit que le féminin, quand la cruche est plus grande que le cruchon !
(3) Cf. George SAND, *Légendes rustiques*, p. 133.
(4) George SAND *loc. cit.*, p. 147.

qui font les mots masculins ou féminins. Aussi quelle « mutilation » doivent recevoir les langues qui ont perdu, par un vieillissement de leur grammaire, les vérités premières du genre ! Et quel bienfait on reçoit du français — langue passionnée qui n'a pas voulu conserver un genre « neutre », ce genre qui ne choisit pas alors qu'il est si agréable de multiplier les occasions de choisir !

Mais donnons un exemple de ce plaisir de choisir, de ce plaisir d'associer le masculin et le féminin. Une rêverie de mots vient donner je ne sais quel piment à la rêverie poétique. Il nous semble que la stylistique aurait intérêt à adjoindre à ses différentes méthodes d'examen une enquête un peu systématique sur l'abondance relative des masculins et des féminins. Mais, dans ce domaine, une statistique ne serait pas suffisante. Il faut déterminer des « poids », mesurer la tonalité des préférences. Pour se préparer à ces mesures sentimentales du vocabulaire d'un auteur, peut-être faudrait-il — je suis tout confus de donner ce conseil — accepter de devenir, en quelques bonnes heures de repos, un rêveur de mots.

Mais si j'hésite sur la méthode, j'ai plus confiance dans les exemples vécus par les poètes.

IV

Voici d'abord entre le masculin d'un mot et le féminin un modèle d'union.

Le bon curé Jean Perrin rêve, parce qu'il est poète,

De marier l'aurore avec le clair de lune (1)

C'est bien là, un souhait qui ne viendra jamais sur les lèvres d'un pasteur anglican condamné à rêver dans une langue sans genres. Pour ce mariage des mots célébré par le poète, qu'elles pendent à la haie ou qu'elles pendent au buisson, toutes les cloches des liserons, en la paroisse de Faremoutiers, sonnent à toute volée.

Un deuxième exemple sera bien différent. Il dira, dans les objets, la royauté du féminin. Nous l'emprunterons à un conte de Rachilde. C'est un conte de jeunesse. Elle a dû l'écrire dans le temps où elle écrivait *Monsieur Vénus*. Rachilde y veut dire la ruée des fleurs qui vont guérir la plaine de Toscane ravagée par

---

(1) Jean Perrin, *La colline d'ivoire*, p. 28.

la peste (1). La rose est alors le féminin énergique, conquérant, dominateur : « Les roses, bouches de braise, flammes de chair (léchaient) l'incorruptibilité des marbres. » D'autres roses d' « une espèce raccrocheuse » envahissent le clocher. Lançant, « par une ogive, la forêt de leurs épines féroces » elle « s'agrippa — cette espèce accrocheuse — le long d'une corde, la fit onduler sous le poids de ses jeunes têtes ». Et quand elles sont à cent à tirer sur la corde, on entend le tocsin. « Les roses sonnaient le tocsin. A l'incendie du ciel amoureux s'ajoute la fournaise de leur odeur passionnée. » Alors « l'armée des fleurs répond aux appels de sa reine » pour que la vie florale triomphe de la vie maudite. Les plantes aux noms mâles suivent, en une cadence moins ardente, l'élan général : « Des chèvrefeuilles, aux pistils digités, avançaient comme sur des mains griffues... Les chiendents, les lycopodes, les résédas, plèbe verte et grise... se multipliaient en d'immenses tapis par-dessus lesquels courait l'avant-garde des liserons fous, porteurs de coupes d'où ruisselait une ivresse bleue (2).

Ainsi, dans un tel texte, les noms masculins et féminins sont bien triés, nettement confrontés. On en trouverait aisément d'autres preuves si l'on poursuivait, tout le long du conte de Rachilde, l'analyse par le genre que nous esquissons.

D'une rose qui lèche un marbre, les psychanalystes feraient aisément une histoire. Mais en donnant des responsabilités psychologiques trop lointaines à la page poétique, ils nous priveraient de la joie de parler. Ils nous retireraient les mots de la bouche. L'analyse d'une page littéraire par le genre des mots — la génosanalyse — court sur des valeurs qui paraîtront superficielles aux psychologues, aux psychanalystes et aux penseurs. Mais elle nous paraît une ligne d'examen — il y en a bien d'autres ! — pour ordonner les simples joies de la parole.

De toute façon, versons la page de Rachilde au dossier du sur-féminin. Et pour éviter toute confusion, rappelons que Rachilde a publié, en 1927, un livre sous le titre : *Pourquoi je ne suis pas féministe*.

Ajoutons enfin, en nous appuyant sur des exemples comme ceux que nous citons, que des pages fortement marquées par un genre grammatical privilégié, ou soigneusement équilibrées sur

---

(1) RACHILDE, *Contes et nouvelles*. Suivis de Théâtre, Mercure de France, 1900, pp. 54-55. La nouvelle a pour titre : *Le Mortis*. Elle est dédiée à Alfred Jarry que Rachilde appellera le surmâle de lettres [cf. *Jarry, ou le Surmâle de lettres*, éd. Grasset, 1928].
(2) RACHILDE, *loc. cit.*, p. 56.

les deux genres masculin et féminin perdent une partie de leur « charme » si on les traduit dans un langage asexué. Nous répétons cette remarque à l'occasion d'un texte bien caractéristique. Mais elle ne quitte pas notre pensée. Ce sera toujours un argument polémique pour nous donner confiance en nos songes de lecture.

Lisons donc en gourmand des textes qui nourrissent notre manie.

Sans retentir au féminin des noms de la *prairie* et de l'*aube* comment bien vivre ce souvenir d'un adolescent qui attend qu'on l'aime : « Apparue dans la blonde prairie, l'aube courtisait de *gros coquelicots* pudibonds (1). »

Coquelicot, rare fleur au masculin qui tient mal ses pétales, qu'un rien effeuille, qui défend sans vigueur le rouge masculin de son nom.

Mais les mots, les mots, avec leur tempérament propre, déjà se « courtisent » et c'est ainsi que par la voix du poète, la blonde aurore taquine le rouge coquelicot.

En d'autres textes de Saint-Georges-de-Bouhélier les amours de l'aube et du coquelicot sont moins douces et, si l'on ose dire, moins préalables : « L'aurore gronde dans le tonnerre des coquelicots (2). » Quant à l'amante du poète, la douce Clarisse, « de trop grands coquelicots lui inspirent de l'effroi » (3). Un jour vient, où passant de l'enfance à un âge plus viril, le poète peut écrire : « Je cueillis d'énormes coquelicots sans m'enflammer à leur contact (4). » Les feux masculins des coquelicots ont cessé d'être « pudibonds ». Il y a ainsi des fleurs qui nous accompagnent toute la vie, changeant un peu leur être quand changent les poèmes. Où sont les vertus champêtres des coquelicots d'antan ? Pour un rêveur de mots, le mot coquelicot prête à rire. Il sonne trop bruyamment. Un tel mot est difficilement le germe d'une rêverie agréablement poursuivie. Bien habile serait le rêveur de mots qui trouverait à coquelicot une contrepartie féminine qui mettrait en mouvement la rêverie. La marguerite — autre mot apoétique — n'y pourrait rien. Il faut plus de génie pour faire des bouquets littéraires.

Nous aurons plus d'agrément à rêver les bouquets que Félix prépare pour Mme de Mortsauf dans *Le lys dans la vallée*. Tels qu'ils sont écrits par Balzac, outre des bouquets de fleurs, ce

---

(1) Saint-Georges-de-Bouhélier, L'hiver en méditation, *Mercure de France*, 1896, p. 46.
(2) *Loc. cit.*, p. 47.
(3) *Loc. cit.*, p. 29.
(4) *Loc. cit.*, p. 53.

sont des bouquets de mots, voire des bouquets de syllabes. Un génosanalyste les entend dans le juste équilibre des mots féminins et masculins. Voici « les roses du Bengale clairsemées parmi les folles dentelles du daucus, les plumes de la linaigrette, les marabouts de la reine des prés, les ombellules du cerfeuil sauvage, les mignons sautoirs de la croisette au blanc de lait, les corymbes des mille-feuilles... » (1). Les ornements masculins viennent aux fleurs féminines et réciproquement. On ne peut écarter l'idée que l'écrivain a voulu ces équilibres. De tels bouquets *littéraires*, un botaniste des champs les *voit* peut-être, mais un lecteur sensibilisé comme Balzac aux mots masculins et féminins, les *entend*. Des pages entières s'emplissent de *fleurs vocales* : « Autour du col évasé de la porcelaine, supposez une forte marge uniquement composée des touffes blanches particulières au sédum des vignes en Touraine, vague image des formes souhaitées, roulées comme celles d'une esclave soumise. De cette assise sortent les spirales des liserons à cloches blanches, les brindilles de la bugrane rose, mêlées de quelques fougères, de quelques jeunes pousses de chêne aux feuilles magnifiquement colorées et lustrées ; toutes s'avancent prosternées humblement comme des saules pleureurs, timides et suppliantes comme des prières. » Un psychologue qui croirait aux mots pénétrerait peut-être la composition sentimentale de tels bouquets. Chaque fleur y est un aveu, discret ou éclatant, médité ou involontaire. Parfois une fleur dit une révolte, parfois une soumission, un chagrin, un espoir. Et quelle participation à l'amour écrit si nous-mêmes, simple lecteur, nous nous imaginions à la table de travail du romancier. Balzac lui-même n'a-t-il pas dit que toutes les parures florales de ses pages étaient des « fleurs de l'écritoire » (2) ? Balzac, en ces pages où le roman s'arrête tandis que s'assemblent les bouquets, est un rêveur de mots. Les bouquets de fleurs sont des bouquets de noms de fleurs.

Quand les mots féminins viennent à manquer dans une page, le style prend un caractère massif, inclinant à l'abstrait. L'oreille d'un poète ne s'y trompe pas. Claudel dénonce ainsi chez Flaubert la monotonie d'une harmonie célibataire : « Les terminaisons masculines dominent, terminant chaque mouvement par un coup mat et dur sans élasticité et sans écho. Le défaut du français qui est de venir d'un mouvement accéléré se précipiter la tête en avant sur la dernière syllabe n'est ici pallié par aucun artifice. L'auteur semble ignorer le ballon des féminines, la

---

(1) Balzac, *Le lys dans la vallée*, p. 125.
(2) *Loc. cit.*, p. 121.

grande aile de l'incidente qui, loin d'alourdir la phrase, l'allège et ne lui permet de toucher à terre que tout son sens épuisé (1). » Et, dans une note qui devrait attirer l'attention des stylisticiens, Claudel montre comment une phrase peut vibrer en intercalant une incidente féminine :

Supposons, dit-il, que Pascal ait écrit : *L'homme n'est qu'un roseau*, la voix ne trouve aucun appui sûr et l'esprit demeure dans un suspens pénible, mais il a écrit :

L'homme n'est qu'un roseau, *le plus faible de la Nature*, mais c'est un roseau pensant — et la phrase vibre tout entière avec une ampleur magnifique.

Dans une autre note (p. 79), Claudel ajoute : « Il serait injuste d'oublier que parfois Flaubert a abouti à certaines réussites modérées. Par exemple : « Et moi sur la dernière branche j'éclairais avec ma figure les nuits d'été (2). »

V

Quand on s'adonne avec prédilection à de telles rêveries de mots, il est bien réconfortant de rencontrer, en ses lectures, un frère en chimères. Je lisais dernièrement les pages d'un poète qui, au faîte de l'âge, est plus audacieux que moi. Il veut, quand un grand mot se prend à rêver en sa propre substance, le mettre, contre tout usage, au féminin. Pour Edmond Gilliard, c'est d'abord le mot *silence* qu'il rêve de sentir en sa féminité essentielle. Pour lui, la vertu du silence est « toute féminine ; il doit laisser toute parole pénétrer en lui jusqu'à la matière du Verbe... J'ai peine, dit le poète, à maintenir devant silence l'article qui le définit grammaticalement masculin » (3).

Peut-être le mot silence a-t-il reçu la dureté masculine parce qu'on lui donne le temps impératif. Silence, dit le maître qui veut qu'on l'écoute les bras croisés. Mais quand le silence apporte la paix dans une âme solitaire, on sent bien que le silence prépare l'atmosphère pour une *anima* tranquille.

---

(1) Paul CLAUDEL, Positions et propositions, *Mercure de France*, t. I, p. 78.
(2) Le grammairien F. Burggraff terminait son chapitre sur les genres par cette remarque sur l'euphonie d'une langue à double genre en ces termes : « La diversité des terminaisons qui marquent les genres, note Court de Gebelin, répand dans le discours une grande harmonie ; elle en bannit l'uniformité et la monotonie ; car ces terminaisons étant les unes fortes, les autres douces, il en résulte dans le langage un mélange de sons doux et de sons pleins de force qui lui donne beaucoup d'agrément » (F. BURGGRAFF, *Principes de grammaire générale ou exposition raisonnée des éléments du langage*, Liége, 1863, p. 230).
(3) Edmond GILLIARD, *Hymne terrestre*, Seghers, 1958, pp. 97-98.

RÊVERIES SUR LA RÊVERIE

L'examen psychologique est ici offusqué par des preuves prises dans la vie quotidienne. Il n'est que trop facile de caractériser le silence comme une retraite pleine d'hostilité, de rancune, de bouderie. Le poète nous sollicite à rêver bien au delà de ces conflits psychologiques qui divisent les êtres qui ne savent pas rêver.

On sent bien qu'il faut franchir une barrière pour échapper aux psychologues, pour entrer dans un domaine qui ne « s'observe pas », où nous-mêmes nous ne nous divisons plus en observateur et observé. Alors le rêveur est tout fondu en sa rêverie. Sa rêverie est sa vie silencieuse. C'est cette paix silencieuse que veut nous communiquer le poète.

Heureux qui connaît, heureux même qui se souvient de ces veillées silencieuses où le silence même était le signe de la communion des âmes !

Avec quelle tendresse, se souvenant de ces heures, Francis Jammes pouvait écrire :

Je te disais tais-toi quand tu ne disais rien.

Alors s'ouvre la rêverie sans projets, la rêverie sans passé, toute à la présence de la communion des âmes dans le silence et la paix du féminin.

Après le silence, c'est l'espace qu'Edmond Gilliard a entouré d'une rêverie féminine : « Ma plume bute, dit-il, sur l'article qui étrangle l'accès de l'étendue acceptatrice. L'inversion masculine de l'espace insulte à sa fécondité. Mon silence est féminin, étant de la nature de l'espace. »

En cahotant deux fois les routines de la grammaire, Edmond Gilliard trouve la double féminité du silence et de l'espace, l'une soutenant l'autre.

Pour mieux tenir encore le silence dans les gîtes de la féminité, le poète veut que l'espace soit une *Outre*. Il tend l'oreille à l'ouverture de l'outre pour que le silence lui fasse entendre les rumeurs du féminin. Il écrit : « Mon « Outre » est une grande ouverture d'écoute. » Dans une telle écoute, des voix vont *naître*, nées de la fécondité toute féminine du silence et de l'espace, de la paix silencieuse de l'étendue.

Le titre de la méditation poétique d'Edmond Gilliard est — triomphe du féminin — *Revenance de l'Outre* (1).

---

(1) Est-ce l'oreille qui est écorchée quand un grand écrivain met *outre* au masculin ? Voltaire ne dit-il pas : « Seigneur on ne mange pas mon basilic, je l'ai mis dans un petit outre bien enflé et couvert d'une peau fine. » Cité par M. P. Poitevin : *La grammaire, les écrivains et les typographes modernes. Cacographie et cacologie historiques*, p. 19.

analyste aura vite fait de mettre son étiquette : « ... a mère » sur un tel poème. Mais le doux travail des ... pas expliqué par une détermination aussi générale. ... implement d'un « retour à la mère », comment expli... êverie qui veut transformer la langue maternelle ? Ou ... mment des pulsions si lointaines venant d'un attachement à la mère peuvent-elles être si constructives dans le langage poétique ?

La psychologie du lointain ne doit pas surcharger la psychologie de l'être présent, de l'être présent dans son langage, vivant dans son langage. Les rêveries poétiques naissent aussi, quel qu'en soit le lointain foyer, des forces vives du langage. L'expression réagit fortement sur les sentiments exprimés. En se contentant de répondre, par la seule mention : retour à la mère, à des énigmes qui se multiplient en s'exprimant, le psychanalyste ne nous aide pas à vivre la vie du langage, une vie parlée qui vit dans la nuance, par la nuance. Il faut rêver davantage, rêver dans la vie même du langage pour sentir comment, suivant l'expression de Proudhon, l'homme a pu « donner des sexes à ses paroles » (1).

VI

Dans un ancien article reproduit par le *Carré rouge* (2), Edmond Gilliard dit ses joies et ses peines d'artisan du langage :

Si j'étais plus sûr de mon métier, écrit-il, comme je mettrais fièrement mon enseigne : « Ici l'on décrasse les mots... » Regratteur de mots, décrotteur de vocables : dur, mais utile métier.

Quant à moi, dans les heureux matins où je suis aidé par les poètes, j'aime à faire le petit ménage de mes mots familiers. J'administre équitablement les joies des deux genres. J'imagine que les mots ont de petits bonheurs quand on les associe d'un genre à l'autre — de petites rivalités aussi dans les jours de malice littéraire. Qui de l'huis ou de la porte ferme mieux le logis ? Que de nuances « psychologiques » entre l'huis rébarbatif et la porte accueillante. Comment des mots qui ne sont pas de même genre pourraient-ils être synonymes. Il faut ne pas aimer écrire pour le croire.

---

(1) Proudhon, *loc. cit.*, p. 265.
(2) Journal mensuel paraissant à Lausanne, décembre 1958.

Comme le fabuliste qui disait le dialogue du rat des villes et du rat des champs, j'aimerais à faire parler la lampe amicale et le stupide lampadaire, ce Trissotin des lumières du salon. Les choses voient, elles parlent entre elles, pensait le bon Estaunié qui leur faisait raconter, comme des commères, le drame des habitants de la maison. Combien les discours seraient plus vifs, plus intimes entre les choses et les objets si « chacun pouvait trouver sa chacune ». Car les mots s'aiment. Ils ont été, comme tout ce qui vit, « créés homme et femme ».

Et c'est ainsi que, dans des rêveries sans fin, j'excite les valeurs matrimoniales de mon vocabulaire. Parfois, dans des rêves plébéiens, j'unis le coffret et la terrine. Mais les toutes proches synonymies qui vont du masculin au féminin m'enchantent. Je ne cesse d'en rêver. Toutes mes rêveries se dualisent. Tous les mots, qu'ils touchent les choses, le monde, les sentiments, les monstres s'en vont l'un cherchant sa compagne, l'autre son compagnon : la glace et le miroir, la montre fidèle et le chronomètre exact, la feuille de l'arbre et le feuillet du livre, le bois et la forêt, la nuée et le nuage, la vouivre et le dragon, le luth et la lyre, les pleurs et les larmes...

Parfois, lassé de tant d'oscillations, je cherche un refuge dans un mot, dans un mot que je me prends à aimer pour lui-même. Se reposer au cœur des mots, voir clair dans la cellule d'un mot, sentir que le mot est un germe de vie, une aube croissante... Le poète dit tout cela en un vers (1) :

Un mot peut être une aube et même un sûr abri

Dès lors, quelle joie de lecture et quel bonheur d'oreille quand, lisant Mistral, on entend le poète de Provence mettre le mot *berceau* au féminin.

L'histoire serait douce à conter dans la beauté des circonstances. Pour cueillir des « fleurs de glais », Mistral qui a quatre ans est tombé dans l'étang. Sa mère l'en retire et lui met des vêtements secs. Mais les fleurs sur l'étang sont si belles que l'enfant pour les cueillir fait encore un faux-pas. Faute de nouveaux vêtements, il faut lui mettre sa robe des dimanches. En robe du dimanche, la tentation est plus forte que toutes les défenses, l'enfant retourne à l'étang et derechef tombe à l'eau. La bonne mère l'essuie dans son tablier et, dit Mistral, « de peur

---

(1) Edmond VANDERCAMMEN, *La porte sans mémoire*, p. 33.

d'un effroi, m'ayant fait boire une cuillerée de vermifuge, elle me coucha dans ma berce où, lassé de pleurer, au bout d'un peu, je m'endormis » (1).

Il faut lire dans le texte toute l'histoire que je résume, ne pouvant retenir que la tendresse qui se condense dans un mot qui console et qui aide à dormir. Dans ma berce, dit Mistral, dans une berce quel grand sommeil pour une enfance.

Dans une berce, on connaît le vrai sommeil, puisqu'on dort dans le féminin.

VII

Un des plus grands travailleurs de la phrase a fait un jour cette remarque : Vous avez certainement observé ce fait curieux, que tel *mot*, qui est parfaitement clair quand vous l'entendez ou l'employez dans le langage *courant*, et qui ne donne lieu à aucune difficulté quand il est engagé dans le train rapide d'une phrase ordinaire devient magiquement embarrassant, introduit une résistance étrange, déjoue tous les efforts de définition aussitôt que vous le retirez de la circulation pour l'examiner à part, et que vous lui cherchez un sens après l'avoir soustrait à sa fonction instantanée (2) ? » Les mots que Valéry prend comme exemples sont deux mots qui, l'un et l'autre, depuis longtemps, « font l'important » : ce sont les deux mots *temps* et *vie*. Retirés de la circulation l'un et l'autre de ces deux mots font immédiatement figures d'énigme. Mais pour des mots moins ostentatoires, l'observation de Valéry se développe en finesse psychologique. Alors les simples mots — des mots tout simples — viennent se reposer dans le gîte d'une rêverie. Valéry peut bien dire (3) « que nous ne nous comprenons nous-mêmes que grâce à la *vitesse de notre passage par les mots* », la rêverie, la lente rêverie découvre les profondeurs dans l'immobilité d'un mot. Par la rêverie nous croyons dans un mot découvrir l'acte qui nomme.

Les mots rêvent qu'on les nomme

écrit un poète (4). Ils veulent qu'on rêve en les nommant. Et cela, tout simplement, sans creuser l'abîme des étymologies. Dans leur être actuel, les mots, en amassant des songes, devien-

---

(1) Frédéric Mistral, *Mémoires et récits* (traduits du provençal), Plon, p. 19.
(2) Paul Valéry, *Variété V*, Gallimard, p. 132.
(3) *Loc. cit.*, p. 133.
(4) Léo Libbrecht, *Mon orgue de Barbarie*, p. 34.

nent des réalités. Quel rêveur de mots pourrait s'arrêter de rêver quand il lit ces deux vers de Louis Émié (1) :

> *Un mot circule dans l'ombre*
> *et gonfle les draperies.*

De ces deux vers j'aimerais faire un test de la sensibilité onirique touchant la sensibilité au langage. Il faudrait demander : ne croyez-vous pas que certains mots ont une telle sonorité qu'ils viennent prendre place et volume dans les êtres de la chambre ? Qu'est-ce donc vraiment qui gonflait les rideaux dans la chambre d'Edgar Poe : un être, un souvenir, ou un nom ?

Un psychologue à l'esprit « clair et distinct » s'étonnera devant les vers d'Émié. Il voudrait qu'on lui dise au moins quel est ce mot qui anime les draperies ; sur un mot désigné, il suivrait peut-être une fantomalisation possible. En demandant des précisions, le psychologue ne sent pas que le poète vient de lui ouvrir l'univers des mots. La chambre du poète est pleine de mots, de mots qui circulent dans l'ombre. Parfois les mots sont infidèles aux choses. Ils tentent d'établir, d'une chose à une autre, des synonymies oniriques. On exprime toujours la fantomalisation des objets dans le langage des hallucinations visuelles. Mais pour un rêveur de mots, il y a des fantomalisations par le langage. Pour aller à ces profondeurs oniriques, il faut laisser aux mots le temps de rêver. Et c'est ainsi qu'en méditant la remarque de Valéry, on est conduit à se libérer de la téléologie de la phrase. Ainsi, pour un rêveur de mots, il y a des mots qui sont des *coquilles de parole*. Oui, en écoutant certains mots, comme l'enfant écoute la mer en un coquillage, un rêveur de mots entend les rumeurs d'un monde de songes.

D'autres rêves naissent encore quand, au lieu de lire ou de parler, on écrit comme on écrivait jadis au temps où l'on était écolier. Dans le soin de la belle écriture, il semble qu'on se déplace à l'intérieur des mots. Une lettre étonne, on l'entendait mal en la lisant, on l'écoute autrement sous la plume attentive. Ainsi un poète peut écrire : « Dans les boucles des consonnes, qui jamais ne résonnent, dans les nœuds des voyelles, qui jamais ne vocalisent, saurais-je installer ma demeure (2) ? »

Jusqu'où peut aller un rêveur de lettres, cette affirmation d'un poète en témoigne : « Les mots sont des corps dont les

---

(1) Louis Emié, *Le nom du feu*, Gallimard, p. 35.
(2) Robert Mallet, *Les signes de l'addition*, p. 156.

lettres sont les membres. Le sexe est toujours une voyelle (1). »

Dans la pénétrante préface que Gabriel Bounoure a mis au recueil des poèmes d'Edmond Jabès, on peut lire (2) : le poète « sait qu'une vie violente, rebelle, sexuelle, analogique se déploie dans l'écriture et l'articulation. Aux consonnes qui dessinent la structure masculine du vocable se marient les nuances changeantes, les colorations fines et nuancées des féminines voyelles. Les mots sont sexués comme nous et comme nous membres du Logos. Comme nous ils cherchent leur accomplissement dans un royaume de vérité ; leurs rébellions, leurs nostalgies, leurs affinités, leurs tendances sont comme les nôtres aimantées par l'archétype de l'Androgyne ».

Pour rêver si loin, suffit-il de lire ? Ne faut-il pas écrire ? Écrire comme en notre passé d'écolier, en ces temps où, comme le dit Bounoure, les lettres, une par une, s'écrivaient ou bien dans leur gibbosité ou bien dans leur prétentieuse élégance ? En ces temps-là, l'orthographe était un drame, notre drame de culture travaillant dans l'intérieur d'un mot. Edmond Jabès me rend ainsi à des souvenirs oubliés. Il écrit : « Mon Dieu, faites qu'à l'école, demain, je sache orthographier « Chrysanthème », qu'entre les différentes façons d'écrire ce mot, je tombe sur la bonne. Mon Dieu, faites que les lettres qui le livrent me viennent en aide, que mon maître comprenne qu'il s'agit bien de la fleur qu'il affectionne et non de la pyxide dont je puis à volonté colorier la carcasse, denteler l'ombre et le fond des yeux et qui hante mes rêveries (3). »

Et ce mot *chrysanthème* avec un intérieur si chaud, de quel genre peut-il être ? Ce genre dépend pour moi de tels novembres d'autrefois. On disait dans mon vieux pays soit un, soit une. Sans l'aide de la couleur comment se mettre le genre dans l'oreille ?

En écrivant, on découvre dans les mots des sonorités intérieures. Les diphtongues sonnent autrement sous la plume. On les entend dans leurs sons divorcés. Est-ce souffrance ? Est-ce une nouvelle volupté ? Qui nous dira les délices douloureuses que le poète trouve en glissant un hiatus au cœur même d'un mot. Écoutes les souffrances d'un vers mallarméen où chaque hémistiche a son conflit de voyelles :

Pour ouïr dans la chair pleurer le diamant

---

(1) Edmond Jabès, *Les mots tracent*, édit. Les Pas Perdus, p. 37.
(2) Edmond Jabès, *Je bâtis ma demeure*, Gallimard, Préface de Gabriel Bounoure, p. 20.
(3) Edmond Jabès, *loc. cit.*, p. 336.

En trois morceaux s'en va le diamant qui révèle la fragilité de son nom. Ainsi s'expose le sadisme d'un grand poète.

En lisant trop vite, le vers est un décasyllabe. Mais quand ma plume épelle, le vers retrouve ses douze pieds et l'oreille est obligée au noble travail d'un rare alexandrin.

Mais ces grands travaux de la musicalité des vers dépasse le savoir d'un rêveur. Nos rêveries de mots ne descendent pas en la profondeur des vocables et nous ne savons dire des vers que dans une parole intérieure. Nous ne sommes décidément qu'un adepte de la lecture solitaire (1).

VIII

Ayant avoué — sans doute avec trop de complaisance — ces pensées vagabondes qui tournent autour d'une idée fixe, ces vésanies qui se multiplient dans les heures de rêverie, qu'il me soit permis d'indiquer la place qu'elles ont tenu dans ma vie de travailleur intellectuel.

Si je devais résumer une carrière irrégulière et laborieuse, marquée par des livres divers, le mieux serait de la mettre sous les signes contradictoires, masculin et féminin, du *concept* et de l'*image*. Entre le concept et l'image, pas de synthèse. Pas non plus de filiation ; surtout pas cette filiation, toujours dite, jamais vécue, par laquelle les psychologues font sortir le concept de la pluralité des images. Qui se donne de tout son esprit au concept, de toute son âme à l'image sait bien que les concepts et les images se développent sur deux lignes divergentes de la vie spirituelle.

Peut-être même est-il bon d'exciter une rivalité entre l'activité conceptuelle et l'activité d'imagination. En tout cas, on ne trouve que mécompte si l'on prétend les faire coopérer. L'image ne peut donner une matière au concept. Le concept en donnant une stabilité à l'image en étoufferait la vie.

Ce n'est pas moi non plus qui tenterai d'affaiblir par des transactions confusionnelles la nette polarité de l'intellect et de l'imagination. J'ai cru devoir jadis écrire un livre pour exorciser les images qui prétendent, dans une culture scientifique, engendrer et soutenir les concepts (2). Quand le concept a pris son essentielle activité, c'est-à-dire quand il fonctionne dans un champ de concepts, quelle mollesse — quelle féminité ! — il y

---

(1) Nous avons jadis écrit un chapitre sous le titre : « La déclamation muette ». Cf. *L'air et les songes*, Paris, Corti.
(2) Cf. *La formation de l'esprit scientifique. Contribution à une psychanalyse de la connaissance objective*, Paris, Vrin, 3ᵉ éd., 1954.

aurait à se servir d'images. Dans ce fort tissu qu'est la pensée rationnelle interviennent des inter-concepts, c'est-à-dire des concepts qui ne reçoivent leur sens et leur rigueur que dans leurs relations rationnelles. Nous avons donné des exemples de ces inter-concepts dans notre ouvrage : *Le rationalisme appliqué*. Dans la pensée scientifique, le concept fonctionne d'autant mieux qu'il est sevré de toute arrière-image. Dans son plein exercice, le concept scientifique est débarrassé de toutes les lenteurs de son évolution génétique, évolution qui relève dès lors de la simple psychologie.

La virilité du savoir augmente à chaque conquête de l'abstraction constructive, dont l'action est si différente de celle décrite dans les livres de psychologie. La puissance d'organisation de la pensée abstraite en mathématiques est manifeste. Comme le dit Nietzsche : « Dans les mathématiques..., la *connaissance absolue* fête ses saturnales (1). »

Qui s'adonne avec enthousiasme à la pensée rationnelle peut se désintéresser des fumées et des brumes par lesquelles les irrationalistes tentent de mettre des doutes autour de la lumière active des concepts bien associés.

Brumes et fumées, objection du féminin.

Mais, en revanche, ce n'est pas moi non plus qui, disant mon amour fidèle pour les images, les étudierai à grand renfort de concepts. La critique intellectualiste de la poésie ne conduira jamais au foyer où se forment les images poétiques. Il faut bien se garder de commander à l'image comme un magnétiseur commande à la somnambule (2). Pour connaître les bonheurs d'images, mieux vaut suivre la rêverie somnambule, écouter, comme le fait Nodier, la somniloquie d'un rêveur. L'image ne peut être étudiée que par l'image, en rêvant les images telles qu'elles s'assemblent dans la rêverie. C'est un non-sens que de prétendre étudier objectivement l'imagination, puisqu'on ne reçoit vraiment l'image que si on l'admire. Déjà en comparant une image à une autre, on risque de perdre la participation à son individualité.

Ainsi, images et concepts se forment à ces deux pôles opposés

---

(1) Nietzsche, *La naissance de la philosophie à l'époque de la tragédie grecque*, trad. G. Bianquis, Gallimard, p. 204.
(2) Ritter écrivait à Franz von Baader : « Chacun porte en lui sa somnambule dont il est le magnétiseur » (cité par Béguin, *L'âme romantique et le rêve*, Cahiers du Sud, t. I, p. 144). Quand la rêverie est bonne, quand elle a le continu des bonnes choses, c'est en nous, insensiblement, la somnambule qui commande la marche de son magnétiseur.

de l'activité psychique que sont l'imagination et la raison. Joue entre elles une polarité d'exclusion. Rien de commun avec les pôles du magnétisme. Ici les pôles opposés ne s'attirent pas ; ils se repoussent. Il faut aimer les puissances psychiques de deux amours différentes si l'on aime les concepts et les images, les pôles masculin et féminin de la Psyché. Je l'ai compris trop tard. Trop tard, j'ai connu la bonne conscience dans le travail alterné des images et des concepts, deux bonnes consciences qui seraient celle du plein jour, et celle qui accepte le côté nocturne de l'âme. Pour que je jouisse de double bonne conscience, la bonne conscience de ma double nature enfin reconnue, il faudrait que je puisse faire encore deux livres : un livre sur le rationalisme appliqué, un livre sur l'imagination active. Une bonne conscience, c'est pour moi, si insuffisantes que soient les œuvres, une conscience *occupée* — jamais vide — la conscience d'un homme au travail jusqu'à son dernier souffle.

Chapitre II

RÊVERIES SUR LA RÊVERIE

« Animus » - « Anima »

> Pourquoi n'es-tu jamais seule avec moi
> Femme profonde, plus profonde que l'abîme
> Où s'attachent les sources du passé ?
>
> Plus je t'approche, plus tu sombres
> Au ravin des préexistences.
>
> Yvan Goll, *Multiple femme*, p. 31.

> « J'ai tout à la fois l'âme d'un faune et d'une adolescente. »
>
> Francis Jammes,
> *Le roman du lièvre*, p. 270.

I

En disant aussi simplement que nous venons de le faire, avec une innocence de philosophe, nos songeries sur le masculin et le féminin des mots, nous savons bien que nous ne suggérons là qu'une psychologie de surface. De telles remarques jouant sur le vocabulaire ne peuvent retenir l'attention des psychologues qui s'efforcent de dire, dans un langage précis et stable, ce qu'ils observent objectivement, dans l'idéal même de l'esprit scientifique. Les mots, chez eux, ne rêvent pas. Si même le psychologue était sensible à nos indices, il ne manquerait pas de nous dire que les pauvres désignations verbales des genres risquent d'apparaître comme une inflation des valeurs du masculin et du féminin. On nous objectera aisément, en employant une formule toute faite, que nous quittons la chose pour le signe et que les caractères de la féminité et la virilité sont si profondément inscrits dans la nature humaine que les rêves de la nuit eux-mêmes connaissent les drames des sexualités opposées. Mais ici, comme dans bien d'autres pages de cet essai, nous opposerons le rêve et la rêverie. Alors dans nos amours en parole, dans les rêveries où nous préparons les paroles que nous dirons à l'absente, les mots, les beaux mots prennent une pleine vie et il faudra bien qu'un psychologue vienne un jour étudier la vie en parole, la vie qui prend un sens en parlant.

Nous croyons pouvoir montrer aussi que les mots n'ont pas exactement le même « poids » psychique selon qu'ils appartiennent au langage de la rêverie ou au langage de la vie claire — au langage reposé ou au langage surveillé — au langage de la poésie naturelle ou au langage martelé par les prosodies autoritaires. Le rêve nocturne peut bien être une lutte violente ou rusée contre les censures. La rêverie nous fait connaître le langage sans censure. Dans la rêverie solitaire, nous pouvons nous dire tout à nous-mêmes. Nous avons encore une assez claire conscience pour être sûrs que ce que nous disons à nous-mêmes, nous ne le disons vraiment qu'à nous-mêmes.

Rien d'étonnant alors que dans la rêverie solitaire nous nous connaissions à la fois au masculin et au féminin. La rêverie qui vit l'avenir d'une passion idéalise l'objet de sa passion. L'être féminin idéal écoute le rêveur passionné. La rêveuse suscite les déclarations d'un homme idéalisé. Nous reviendrons dans les chapitres suivants sur ce caractère idéalisant de certaines rêveries. Cette psychologie idéalisante est une réalité psychique indéniable. La rêverie idéalise à la fois et son objet et le rêveur. Et quand la rêverie vit dans une dualistique du masculin et du féminin, l'idéalisation est à la fois concrète et sans limite.

Pour nous connaître doublement en être réel et en être idéalisant, il nous faut *écouter* nos rêveries. Nous croyons que nos rêveries peuvent être la meilleure école de la « psychologie des profondeurs ». Toutes les leçons que nous avons apprises de la psychologie des profondeurs, nous les appliquerons pour mieux comprendre l'existentialisme de la rêverie.

Une psychologie complète qui ne privilégie aucun élément du psychisme humain doit intégrer l'idéalisation la plus extrême, celle qui atteint la région que nous avons désignée dans un livre antérieur comme la *sublimation absolue*. En d'autres termes, une *psychologie complète* doit rattacher à l'humain ce qui se détache de l'humain — unir la poétique de la rêverie au prosaïsme de la vie.

II

En fait, il nous paraît incontestable qu'une parole reste attachée aux plus lointains, aux plus obscurs désirs qui animent, en ses profondeurs, le psychisme humain. Sans cesse l'inconscient murmure, et c'est en écoutant ses murmures qu'on entend sa vérité. Parfois des désirs dialoguent en nous — des désirs ? des souvenirs peut-être, des réminiscences faites de rêves inachevés ? — un homme et une femme parlent dans la solitude de notre être. Et dans la libre rêverie, ils parlent pour s'avouer leurs désirs, pour communier dans la tranquillité d'une double nature bien accordée. Jamais pour se combattre. S'ils gardent trace, cet homme et cette femme intimes, de rivalité, c'est qu'on rêve mal, c'est qu'on met des noms de tous les jours sur les êtres de la rêverie intemporelle. Plus on descend dans les profondeurs de l'*être parlant*, plus simplement l'altérité essentielle de tout être parlant se désigne comme l'altérité du masculin et du féminin.

De toutes les écoles de la psychanalyse contemporaine, c'est celle de C. G. Jung qui a le plus clairement montré que le psychisme humain est, en sa primitivité, androgyne. Pour Jung, l'inconscient n'est pas un conscient refoulé, il n'est pas fait de souvenirs oubliés, il est une nature première. L'inconscient maintient donc en nous des puissances d'androgénéité. Qui parle d'androgénéité, frôle, avec une double antenne, les profondeurs de son propre inconscient. On croit raconter une histoire, mais l'histoire intéresse au point qu'elle devient de la psychologie actuelle. Ainsi, pourquoi Nietzsche rapporte-t-il qu' « Empédocle se souvenait d'avoir été... garçon et fille » (1) ? Nietzsche s'en étonne-t-il ? Ne voit-il pas dans ce souvenir empédocléen un gage de la profondeur de méditation d'un héros de la pensée ? Est-ce là un texte utile pour « comprendre » Empédocle ? Ce texte nous aide-t-il à descendre dans les profondeurs insondables de l'humain ? Et nouvelle question : à l'occasion d'un texte cité objectivement, en historien, Nietzsche a-t-il été pris par une rêverie parallèle ? Est-ce en revivant les temps où le philosophe était « garçon-fille » qu'on découvrira une ligne d'enquête pour « analyser » la virilité du surhumain ? Ah ! vraiment à quoi rêvent les philosophes ?

Devant de si grands songes peut-on être simplement psychologue ? On n'aura pas tout dit quand on aura rappelé que Nietzsche n'a jamais oublié cet étrange paradis perdu que fut pour lui un presbytère protestant comblé de présences féminines. La féminité de Nietzsche est plus profonde puisqu'elle est plus cachée. Qui y a-t-il sous le masque sur-masculin de Zarathoustra ? Il y a dans l'œuvre de Nietzsche, à l'égard des femmes, des petits mépris de mauvais aloi. Sous toutes ces couvertures et ces

---

(1) Nietzsche, *loc. cit.*, p. 142.

compensations, qui nous découvrira le Nietzsche féminin ? Et qui fondera le nietzschéisme du féminin ?

Pour nous, qui limitons nos enquêtes au monde de la rêverie, nous pouvons bien dire que, chez l'homme comme chez la femme, l'androgénéité harmonieuse garde son rôle qui est de maintenir la rêverie dans son action apaisante. Les revendications conscientes, et par conséquent vigoureuses, sont des troubles manifestes pour ce repos psychique. Elles sont alors des manifestations d'une rivalité du masculin et du féminin au moment où tous deux se détachent de l'androgénéité primitive. Dès qu'elle quitte ses gîtes — comme est celui de la rêverie profonde — l'androgénéité devient déséquilibrée. Elle est livrée alors à des oscillations. Ce sont ces oscillations que note le psychologue, en les marquant d'un signe d'anormalité. Mais quand la rêverie s'approfondit, ces oscillations s'amortissent, le psychisme retrouve *la paix des genres*, celle que connaît le rêveur de mots.

Le psychologue Buytendijk dans son beau livre *La femme* (1) donne une référence où il est dit que l'homme normal est masculin à 51 % et que la femme est féminine à 51 %. Ces nombres sont évidemment donnés à titre polémique, pour ruiner la tranquille assurance des deux monolithismes parallèles du masculin intégral et du féminin intégral. Mais le temps travaille toutes les proportions ; le jour, la nuit, les saisons et les âges ne laissent pas tranquille notre androgénéité équilibrée. En chaque être humain, l'horloge des heures masculines et l'horloge des heures féminines n'appartiennent pas au règne des chiffres et des mesures. L'horloge du féminin marche au continu, dans une durée qui tranquillement s'écoule. L'horloge du masculin a le dynamisme de la saccade. On le sentirait mieux si l'on acceptait de mettre en franche dialectique la rêverie et les efforts de connaissance.

Ce n'est pas là d'ailleurs une dialectique vraiment parallèle, opérant à un même niveau comme la pauvre dialectique des oui et des non. La dialectique du masculin et du féminin se déroule sur un rythme de la profondeur. Elle va du moins profond, toujours moins profond (le masculin) au toujours profond, toujours plus profond (le féminin). Et c'est dans la rêverie, « dans l'inépuisable réserve de la vie latente », comme le dit Henri Bosco (2), que nous trouvons le féminin déployé dans toute son ampleur, reposant dans sa simple tranquillité. Puis, comme

---

(1) F. J. J. Buytendijk, *loc. cit.*, p. 79.
(2) Henri Bosco, *Un rameau de la nuit*, Paris, Flammarion, p. 13.

il faut bien renaître au jour, l'horloge de l'être intime sonne au masculin — au masculin pour tout le monde, homme et femme. Reviennent alors pour tous les heures de l'activité sociale, activité essentiellement masculine. Et même dans la vie passionnelle, hommes et femmes savent se servir chacun de leur double puissance. C'est alors un nouveau problème, un difficile problème, de mettre ou de maintenir en chacun des deux partenaires l'harmonie de leur double genre.

Quand le génie intervient dans les déterminations en une même âme des puissances d'*animus* et d'*anima*, un signe dominant pose sur la dualité une unité personnelle. Milosz écrit-il le mot amour ? « lui qui se pique d'écrire avec l'âme des mots », il sait que ce mot contient « l'éternel féminin-divin d'Alighieri et de Gœthe, la sentimentalité et la sexualité angéliques, la maternité virginale où se fondent, comme un brûlant creuset, l'adramandonique de Swedenborg, l'hespérique de Hölderlin, l'élyséen de Schiller : l'accord humain parfait, formé par la sagesse attractive de l'époux et la gravitation amoureuse de l'épouse, la vraie situation spirituelle de l'un au regard de l'autre, arcane essentiel, si terrible et si beau qu'il me devint impossible, du jour où je le pénétrai, d'en parler sans verser un torrent de larmes ». Ce texte, emprunté à l'*Épître à Storge* est cité dans la belle étude que Jean Cassou consacre à Milosz (1). Ce n'est pas pour rien que Milosz assemble ici les génies. D'un poète à un autre, les synthèses d'*animus* et d'*anima* sont différentes, mais ces synthèses s'opposent, précisément parce qu'elles sont toutes sous le signe de la synthèse essentielle, la synthèse à plus grande portée, qui réunit dans un même arcane les puissances d'*animus* et d'*anima*. De telles synthèses à si large empan, de telles synthèses scellées si haut dans le surhumain, sont aisément détruites au contact de la vie quotidienne. Mais on les sent s'ébaucher, se reformer peut-être, quand on écoute les grands rêveurs de grandeur humaine cités par Milosz.

III

Pour qu'il n'y ait pas de confusion avec les réalités de la psychologie de surface, C. G. Jung a eu l'heureuse idée de mettre le masculin et le féminin des profondeurs sous le double signe de deux substantifs latins : *animus* et *anima*. Deux substantifs

---

(1) Jean Cassou, *Trois poètes : Rilke, Milosz, Machado*, édit. Plon, p. 77.

pour une seule âme sont nécessaires pour dire la réalité du psychisme humain. L'homme le plus viril, trop simplement caractérisé par un fort *animus*, a aussi une *anima* — une *anima* qui peut avoir de paradoxales manifestations. De même, la femme la plus féminine a, elle aussi, des déterminations psychiques qui prouvent en elle l'existence d'un *animus* (1). La vie sociale moderne, avec ses compétitions qui « mélangent les genres » nous apprend à réfréner les manifestations de l'androgynie. Mais dans nos rêveries, dans la grande solitude de nos rêveries, quand nous sommes libérés si profondément que nous ne pensons même plus aux rivalités virtuelles, toute notre âme s'imprègne des influences de l'*anima*.

Et nous voici au centre de la thèse que nous voulons défendre dans le présent essai : *la rêverie est sous le signe de l'anima*. Quand la rêverie est vraiment profonde, l'être qui vient rêver en nous c'est notre *anima*.

Pour un philosophe qui s'inspire de la phénoménologie, une rêverie sur la rêverie est très exactement une phénoménologie de l'*anima* et c'est en coordonnant des rêveries de rêveries qu'il espère constituer une « Poétique de la rêverie ». En d'autres termes : la poétique de la rêverie est une poétique de l'*anima*.

Pour éviter toute fausse interprétation, rappelons que notre essai ne prétend pas inclure une poétique du rêve nocturne non plus qu'une poétique du fantastique. Cette poétique du fantastique réclamerait une grande attention à l'intellectualité du fantastique. Nous nous limitons à une étude de la rêverie.

D'autre part, en acceptant, pour classer nos réflexions sur la féminité essentielle de toute rêverie profonde, la référence aux deux instances psychologiques *animus* et *anima*, nous nous mettons, croyons-nous, à l'abri d'une objection. On pourrait, en effet, nous objecter — en suivant l'automatisme dont souffrent tant de dialectiques philosophiques — que si l'homme centré sur l'*animus* rêve la rêverie en *anima*, la femme centrée sur l'*anima* devrait rêver en *animus*. Sans doute, la tension de civilisation est actuellement telle que le « féminisme » renforce communément l'*animus* de la femme... On a assez dit que le féminisme ruine la féminité. Mais, encore une fois, si l'on veut donner à

---

(1) Cette double détermination n'a pas toujours été maintenue dans toute sa symétrie au cours des nombreux livres de Jung. La référence à une telle symétrie est cependant bien utile dans un examen psychologique. Parfois, elle aide à déceler des traces psychologiques peu visibles, actives pourtant dans les libres rêveries.

la rêverie son caractère fondamental, si l'on veut la prendre comme un état, un état présent qui n'a pas besoin d'échafauder des *projets*, il faut reconnaître que la rêverie libère tout rêveur, homme ou femme, du monde des revendications. La rêverie va en sens inverse de toute revendication. Dans une rêverie pure, qui rend le rêveur à sa tranquille solitude, tout être humain, homme ou femme, trouve son repos dans l'*anima* de la profondeur, en descendant, toujours en descendant « la pente de la rêverie ». Descente sans chute. En cette profondeur indéterminée règne le repos féminin. C'est dans ce repos féminin, à l'écart des soucis, des ambitions, des projets, que nous connaissons le repos concret, le repos qui repose tout notre être. Qui connaît ce repos concret où âme et corps baignent dans la tranquillité de la rêverie, comprend la vérité du paradoxe énoncé par George Sand qui disait : « Les jours sont faits pour nous reposer de nos nuits, c'est-à-dire les rêveries du jour lucide sont faites pour nous reposer de nos rêves de la nuit (1). » Car le repos du sommeil ne délasse que le corps. Il ne met pas toujours, il met rarement l'âme au repos. Le repos de la nuit ne nous appartient pas. Il n'est pas le bien de notre être. Le sommeil ouvre en nous une auberge à fantômes. Il nous faut le matin balayer des ombres ; il faut, à coup de psychanalyses, déloger les visiteurs attardés, et même débucher, à fond d'abîmes, des monstres d'un autre âge, le dragon et la vouivre, toutes ces concrétions animales du masculin et du féminin, inassimilées, inassimilables.

Bien au contraire, la rêverie du jour bénéficie d'une tranquillité lucide. Même si elle se teinte de mélancolie, c'est une mélancolie reposante, une mélancolie liante qui donne une continuité à notre repos.

On pourrait être tenté de croire que cette tranquillité lucide est la simple conscience de l'absence de soucis. Mais la rêverie ne durerait pas si elle n'était pas nourrie par les images de la douceur de vivre, par les illusions du bonheur. La rêverie d'un rêveur suffit à faire rêver tout un univers. Le repos du rêveur suffit à mettre au repos les eaux, les nuages, le vent fin. Au seuil d'un grand livre où il sera beaucoup rêvé, Henri Bosco écrit : « J'étais heureux. De mon plaisir, rien ne se détachait qui ne fût eau limpide, frémissement de feuillages, nappe odorante de

---

(1) Ernest La Jeunesse (*L'imitation de notre maître Napoléon*, p. 45), disait : « Dormir est la fonction la plus fatigante qui soit. » La rêverie assimile les cauchemars de la nuit. Elle est la psychanalyse naturelle de nos drames nocturnes, de nos drames inconscients.

jeunes fumées, brises des collines (1). » Ainsi la rêverie n'est pas un vide d'esprit. Elle est bien plutôt le don d'une heure qui connaît la plénitude de l'âme.

Ainsi, c'est à l'*animus* qu'appartiennent les projets et les soucis, deux manières de ne pas être présent à soi-même. A l'*anima* appartient la rêverie qui vit le présent des heureuses images. Dans les heures heureuses, nous connaissons une rêverie qui se nourrit d'elle-même, qui s'entretient comme la vie s'entretient. Les images tranquilles, dons de cette grande insouciance qui est l'essence du féminin, se soutiennent, s'équilibrent dans la paix de l'*anima*. Elles se fondent, ces images, dans une intime chaleur, dans la constante douceur où baigne, en toute âme, le noyau du féminin. Répétons-le puisque c'est la thèse qui guide nos recherches : la rêverie pure, comblée d'images, est une manifestation de l'*anima*, peut-être la manifestation la plus caractéristique. En tout cas, c'est dans le royaume des images que, philosophe songeur, nous cherchons les bienfaits d'*anima*. Les images de l'eau donnent à tout rêveur des ivresses de féminité. Qui est marqué par l'eau, garde une fidélité à son *anima*. Et d'une façon générale, les grandes images simples, saisies à leur naissance dans une rêverie sincère disent bien souvent leur vertu d'*anima*.

Mais ces images, où pourrions-nous, philosophe solitaire, les recueillir ? Dans la vie ou dans les livres ? Dans notre vie personnelle, de telles images ne seraient que les pauvres nôtres. Et nous n'avons pas contact, comme les psychologues d'observation avec des documents « naturels » assez nombreux pour déterminer la rêverie de l'homme moyen. Nous voici donc confiné dans notre rôle de psychologue de la lecture. Mais, heureusement pour nos enquêtes dans les livres, si nous recevons vraiment les images en *anima*, les images des poètes, elles nous apparaissent comme des documents de rêverie naturelle. A peine reçues, voilà que nous imaginons que nous aurions pu les rêver. Les images poétiques suscitent notre rêverie, elles se fondent en notre rêverie, tant est grande la puissance d'assimilation de l'*anima*. Nous lisions et voici que nous rêvons. Une image reçue en *anima* nous met en état de rêverie continuée. Nous donnerons, dans tout le cours de notre ouvrage, bien des exemples de rêveries de lecture, autant d'évasions qui dérogent au devoir d'une critique littéraire objective.

En somme, il faut bien avouer qu'il y a deux lectures : la

---

(1) Henri Bosco, *Un rameau de la nuit*, p. 13.

lecture en *animus* et la lecture en *anima*. Je ne suis pas le même homme selon que je lis un livre d'idées où l'*animus* se doit d'être vigilant, tout prêt à la critique, tout près à la riposte — ou un livre de poète où les images doivent être reçues dans une sorte d'accueil transcendantal des dons. Ah ! pour faire écho à ce don absolu qu'est une image de poète, il faudrait que notre *anima* pût écrire un hymne de remerciement (1).

L'*animus* lit peu ; l'*anima* lit beaucoup.

Parfois mon *animus* me gronde d'avoir trop lu.

Lire, toujours lire, douce passion de l'*anima*. Mais quand, après avoir tout lu, on se donne pour tâche, avec des rêveries, de faire un livre, c'est l'*animus* qui est à la peine. C'est toujours un dur métier que celui d'écrire un livre. On est toujours tenté de se borner à le rêver.

IV

L'*anima* à laquelle nous ramènent les rêveries du repos n'est pas toujours bien définie par ses affleurements dans la vie quotidienne. Les symptômes de féminité que le psychologue énumère pour déterminer ses classifications caractérologiques ne nous donnent pas un véritable contact avec l'anima *normale*, l'*anima* qui vit en tout être humain *normal*. Souvent le psychologue ne remarque que l'écume des fermentations d'une *anima* troublée, d'une *anima* travaillée par des « problèmes ». Des problèmes ! Comme s'il y avait des problèmes pour qui connaît les sécurités du repos féminin !

Dans la clinique des psychiatres, malgré toutes les anomalies, la dialectique homme et femme reste appuyée sur des traits à trop fort relief. Sous les deux signes de la division sexuelle physiologique, il semble que l'homme se divise trop brutalement pour qu'on puisse amorcer une psychologie de la tendresse, de la double tendresse, de la tendresse d'*animus* et de la tendresse d'*anima*. Et c'est pourquoi, dans une volonté de ne point être victimes des désignations physiologiques simplistes, les psycho-

---

(1) A propos d'une nouvelle de Gœthe sur la chasse que « le sévère Gervinus » trouvait « d'une indicible insignifiance », le traducteur du livre d'Eckermann, Émile DÉLÉROT, fait remarquer (*Conversations de Gœthe*, trad., t. I, p. 268 note) : « Cependant Gœthe nous affirme qu'il l'a portée en lui-même *trente ans*. Pour la trouver digne de son auteur, il faut la lire à l'allemande, c'est-à-dire en lui donnant un long commentaire de rêveries. Les œuvres qui plaisent le plus au goût allemand sont celles qui peuvent servir le mieux de point de départ à des songes sans fin. »

logues de la profondeur ont été conduits à parler de la dialectique d'*animus* et d'*anima*, dialectique qui permet des études psychologiques plus nuancées que la stricte opposition mâle et femelle.

Mais tout n'est pas dit quand on crée des mots. Il faut se garder, avec des mots nouveaux, de parler le vieux langage. Il sera bon ici de ne pas rester dans une désignation en parallélisme. Un géomètre suggérait de définir les rapports de l'*animus* et de l'*anima* comme deux développements anti-parallèles, ce qui reviendrait à dire que l'*animus* s'éclaire et règne dans une croissance psychique, tandis que l'*anima* s'approfondit et règne en descendant vers la cave de l'être. En descendant, toujours en descendant, se découvre l'ontologie des valeurs d'*anima*. Dans la vie quotidienne, les mots homme et femme — robes et pantalons — sont des désignations suffisantes. Mais, dans la vie sourde de l'inconscient, dans la vie retirée d'un rêveur solitaire, les désignations péremptoires perdent leur autorité. Les mots *animus* et *anima* ont été choisis pour estomper les désignations sexuelles, pour échapper à la simplicité des classifications d'état civil. Oui, sous des mots qui viennent aider nos songes, il faut se garder de remettre trop vite des pensées habituelles. Les plus grands s'y laissent prendre. Quand Claudel annonce « pour faire comprendre certains poèmes d'Arthur Rimbaud » une « parabole d'*Animus* et d'*Anima* », il n'évoque finalement sous ces termes que la dualité de l'esprit et de l'âme. Bien plus, l'esprit-*animus* est bien près d'être un corps, un pauvre corps qui va alourdir toute spiritualité : « Dans le fond, dit le poète, *Animus* est un bourgeois, il a des habitudes régulières ; il aime qu'on lui fasse les mêmes plats. Mais... un jour qu'*Animus* rentrait à l'improviste, ou peut-être sommeillait après dîner, ou peut-être qu'il s'était absorbé par son travail, il a entendu *Anima* qui chantait toute seule derrière la porte fermée : une curieuse chanson, quelque chose qu'il ne connaissait pas (1). » Et la « parabole » claudélienne tourne court au profit d'une discussion sur les alexandrins.

N'en retenons qu'un trait de lumière : c'est *Anima* qui rêve et qui chante. Rêver et chanter, voilà le travail de sa solitude. La rêverie — non pas le rêve — est la libre expansion de tout *anima*. C'est sans doute avec les rêveries de son *anima* que le poète arrive à donner à ses idées d'*animus* la structure d'un chant, la force d'un chant.

---

(1) Paul Claudel, *Positions et propositions*, t. I, p. 56.

Dès lors, sans rêverie d'*anima* comment lire ce que le poète a écrit en une rêverie d'*anima* ? Et c'est ainsi que je me justifie de ne savoir lire les poètes qu'en rêvant.

V

Ainsi toujours avec les rêveries des autres, lues avec la lenteur de nos rêveries de lecteur — jamais dans la psychologie courante — nous devons esquisser une philosophie d'*anima*, une philosophie de la psychologie du féminin profond. Nos moyens limités nous donnent peut-être une garantie de rester philosophe. Au fond, considérée dans la vie courante, l'*anima* ne serait guère que la digne bourgeoise associée à ce bourgeois d'*animus* que nous présente Paul Claudel. Souvent une psychologie trop évidente offusque le regard du philosophe. La psychologie des hommes fait obstacle à la philosophie de l'homme. Ainsi, C. G. Jung qui a apporté tant de lumière sur l'*anima*, au cours de ses études sur les rêveries cosmiques d'un Paracelse, sur les cosmicités croisées de l'*animus* et de l'*anima* dans les méditations alchimiques, Jung lui-même accepte, nous semble-t-il, une détonalisation de ses pensées philosophiques quand il étudie l'*anima* en clientèle. Nous avons tous connu des hommes autoritaires dans leurs fonctions sociales — quelque militaire au raide képi — qui deviennent très humbles, le soir, en rentrant sous l'autorité de l'épouse, de la vieille mère. Avec ces « contradictions » dans le caractère, les romanciers font des romans faciles, des romans que nous comprenons tous, ce qui prouve bien que le romancier dit vrai, que l' « observation psychologique » est exacte. Mais si la psychologie est écrite pour tous, la philosophie ne peut être écrite que pour quelques-uns. Ces gonflements d'être que l'homme reçoit des grandes fonctions sociales ne sont que de grosses déterminations psychologiques ; elles ne correspondent pas nécessairement à un relief de l'être qui intéresserait le philosophe. Le psychologue a raison de s'y intéresser. Il doit en tenir compte dans ses études du « milieu ». On lui en saura gré dans la corporation de ces nouveaux utilisateurs de la psychologie qui trient le tout venant de l'humain pour le classer dans les divers niveaux d'un métier. Mais du point de vue de la philosophie de l'homme profond, de l'homme en solitude, ne faut-il pas prendre garde que des déterminations si simples, si évidentes, n'arrêtent l'étude d'une ontologie fine ? Les accidents révèlent-ils la substance ? Quand Jung nous dit que Bismarck avait des scènes de larmes (1), de telles défaillances de l'*animus* ne nous livrent pas, automatiquement, des manifestations positives de l'*anima*. L'*anima n'est pas une faiblesse*. On ne la trouve pas dans une syncope de l'*animus*. Elle a ses puissances propres. Elle est le principe intérieur de notre repos. Pourquoi ce repos viendrait-il au bout d'une avenue de regrets, de tristesse, au bout d'une avenue de lassitude ? Pourquoi les larmes d'*animus*, les larmes de Bismarck, seraient-elles le signe d'une *anima* refoulée ?

D'ailleurs, il y a pire signe que les larmes qu'on pleure, ce sont les *larmes écrites*. Au beau temps des « Taches d'encre », en sa facile jeunesse, Barrès écrit à Rachilde : « Dans la solitude et mes sanglots, j'ai quelquefois découvert plus de réelle volupté que dans les bras d'une femme (2). » Est-ce là un document qui peut sensibiliser les limites de l'*animus* et de l'*anima* chez l'auteur du *Jardin de Bérénice*. Ce document, faut-il le croire alors qu'il est si difficile à imaginer ?

N'est-il pas frappant que le plus souvent les contradictions de l'*animus* et de l'*anima* donnent lieu à des jugements ironiques ? L'ironie nous donne à bon marché l'impression que nous sommes des psychologues avertis. En contrepartie, nous finissons par croire dignes de notre attention les seuls cas où, par notre ironie, nous sommes de prime abord assurés de notre « objectivité ». Mais l'observation psychologique distingue, divise. Pour participer aux unions d'*animus* et d'*anima*, il faudrait connaître l'*observation rêveuse*, ce que tout observateur né tient pour une monstruosité.

Pour recevoir les puissances positives de l'*anima*, il faudrait donc, croyons-nous, tourner le dos aux enquêtes des psychologues qui vont à la chasse des psychismes accidentés. L'*anima* répugne aux accidents. Elle est douce substance, substance unie qui veut jouir doucement, lentement, de son être uni. On vivra plus sûrement en *anima* en approfondissant la rêverie, en aimant la rêverie, la rêverie des eaux surtout, dans le grand repos des eaux dormantes. Ô belle eau sans péché qui renouvelle les puretés d'*anima* dans la rêverie idéalisante ! Devant ce monde ainsi simplifié par une eau en son repos, la prise de conscience d'une

---

(1) C. G. JUNG, *Le Moi et l'inconscient*, trad. ADAMOV. Un chapitre a pour titre : « L'*anima* et l'*animus* ».
(2) Fragment d'une lettre de Barrès à Rachilde citée par RACHILDE elle-même dans le chapitre qu'elle a consacré à Barrès dans son livre : *Portraits d'hommes*, 1929, p. 24.

âme rêveuse est simple. La phénoménologie de la simple et pure rêverie nous ouvre une voie qui nous conduit à un psychisme sans accident, vers le psychisme de notre repos. La rêverie devant les eaux dormantes nous donne cette expérience d'une consistance psychique permanente qui est le bien de l'*anima*. Ici, nous recevons l'enseignement d'un *calme naturel* et une sollicitation à prendre conscience du calme de notre propre nature, du calme substantiel de notre *anima*. L'*anima*, principe de notre repos, c'est la nature en nous qui se suffit à elle-même (1), c'est le féminin tranquille. L'*anima*, principe de nos rêveries profondes, c'est vraiment en nous l'être de notre eau dormante.

VI

Si nous sommes réticent devant l'emploi de la dialectique *animus-anima* en psychologie courante, nous ne cessons d'éprouver son efficacité quand nous suivons Jung dans ses études des grandes rêveries cosmiques de l'alchimie. Tout un champ de rêveries qui pensent et de pensées qui rêvent est ouvert, avec l'alchimie, au psychologue qui veut saisir les principes d'un *animisme studieux*. L'animisme de l'alchimiste ne se contente pas de s'exposer en des hymnes généraux sur la vie. Les convictions animistes de l'alchimiste ne sont pas centrées sur une participation immédiate comme pour l'animisme naïf, naturel. L'animisme studieux est ici un animisme qui s'expérimente, qui se multiplie en d'innombrables expériences. Dans son laboratoire, l'alchimiste met ses rêveries en expérience.

Dès lors, la langue de l'alchimie est une langue de la rêverie, la langue maternelle de la rêverie cosmique. Cette langue, il faut l'apprendre comme elle a été rêvée, dans la solitude. *On n'est jamais si seul que lorsqu'on lit un livre d'alchimie*. On a l'impression qu'on est « seul au monde ». Et aussitôt on rêve le monde, on parle le langage des commencements du monde.

Pour retrouver de tels songes, pour comprendre un tel langage, il faut bien prendre soin de désocialiser les termes du langage quotidien. Un renversement doit alors être fait pour donner pleine réalité à la métaphore. Que d'exercices pour un rêveur de mots ! La métaphore est alors une origine, l'origine d'une

---

(1) Rémy de Gourmont, étudiant, à sa manière, avec plus de cynisme que de poésie, la physique de l'amour, écrit : « Le mâle est un accident, la femelle aurait suffi » (*La physique de l'amour*, Mercure de France, p. 73). Cf. aussi Buytendijk, *La Femme*, p. 39.

image qui agit directement, immédiatement. Si le Roi et la Reine, dans une rêverie alchimiste, viennent assister à la formation d'une substance, ils ne viennent pas seulement présider à un mariage des éléments. Ils ne sont pas simplement des emblèmes pour la grandeur de l'œuvre. Ils sont vraiment les majestés du masculin et du féminin au travail pour une création cosmique. D'un coup, nous sommes transportés au sommet de l'animisme différencié. Dans leurs grandes actions, le masculin et le féminin vivants sont reine et roi.

Sous le signe de la double couronne du roi et de la reine, tandis que le roi et la reine croisent leur fleur de lys, s'unissent les forces féminines et masculines du cosmos. Reine et Roi sont des souverains sans dynastie. Ils sont deux puissances conjointes, sans réalité si on les isole. Le Roi et la Reine des alchimistes sont l'*Animus* et l'*Anima* du Monde, figures agrandies de l'*animus* et de l'*anima* de l'alchimiste songeur. Et ces principes sont tout proches dans le monde comme ils sont proches en nous.

Dans l'alchimie, les conjonctions du masculin et du féminin sont complexes. On ne sait jamais bien à quel niveau se font les unions. Bien des textes reproduits par Jung disent autant de moments de l'incestuosité. Qui nous aidera à réaliser toutes les nuances des rêveries alchimiques, dans un travail des genres, quand il est parlé de l'union du frère et de la sœur, d'Apollon et de Diane, du Soleil et de la Lune ? Quel agrandissement des expériences du laboratoire quand on peut mettre l'œuvre sous le signe de si grands noms, quand on peut mettre les affinités des matières sous le signe des parentés les plus chères ! Un esprit positif — quelque historien de l'alchimie voulant trouver, sous les textes d'exaltation, des rudiments de science — ne cessera de « réduire » le langage. Mais de tels textes ont été vivants par leur langage. Et le psychologue ne peut pas s'y tromper, le langage de l'alchimiste est un langage passionné, un langage qui ne peut être compris que comme le dialogue d'une *anima* et d'un *animus* unis dans l'âme d'un rêveur.

Une immense rêverie de mots traverse l'alchimie. Ici se révèlent, dans leur toute-puissance, le masculin et le féminin des mots donnés aux êtres inanimés, aux matières originelles.

Quelle action pourraient avoir les corps et les substances s'ils n'étaient pas nommés, en un surcroît de dignité où les noms communs deviennent des noms propres ? Rares seront les substances à la sexualité versatile : elles ont un rôle qu'un sexologue averti pourrait élucider. En tout cas l'*animus* a son vocabulaire, l'*anima* a le sien. Tout peut naître de l'union de deux vocabulaires quand on suit les rêveries de l'être parlant. Les choses, les matières, les astres doivent obéir au prestige de leur nom.

Ces noms ce sont des louanges ou des mépris, presque toujours des louanges. De toute façon, le vocabulaire de l'imprécation est plus court. L'imprécation brise la rêverie. Dans l'alchimie, elle signe un échec. Quand il faut éveiller les puissances de la matière, la louange est souveraine. Souvenons-nous que la louange a une action magique. C'est évident en psychologie des hommes. Il doit donc en être de même dans une psychologie de la matière qui donne aux substances des forces et des désirs humains. Dans son livre : *Servius et la fortune*, Dumézil écrit (p. 67) : « Ainsi couvert de louanges, Indra se mit à croître. »

La matière à laquelle on parle comme il est de règle quand on la malaxe, se gonfle sous la main du travailleur. Elle accepte, cette *anima*, les flatteries de l'*animus* qui la fait sortir de sa torpeur. Les mains rêvent. De la main aux choses toute une psychologie se déploie. Dans cette psychologie les idées claires ont un faible rôle. Elles restent vraiment dans le pourtour, suivant, comme dit Bergson, le pointillé de nos actions habituelles. Pour les choses, comme pour les âmes, le mystère est à l'intérieur. Une rêverie d'intimité — d'une intimité toujours humaine — s'ouvre pour qui entre dans les mystères de la matière.

Si examinant actuellement les livres alchimiques, on ne reçoit pas toutes les résonances de la rêverie parlée, on risque d'être victime d'une objectivité transposée. Il faut craindre en effet de donner à des substances conçues comme sourdement animées le statut du monde inanimé de la science d'aujourd'hui. On doit donc sans cesse reconstituer le complexe d'idées et de rêveries. Pour cela, il convient de lire deux fois tout livre d'alchimie, en historien des sciences et en psychologue. Jung a heureusement choisi le titre de son étude : *Psychologie und Alchemie*. Et la psychologie de l'alchimiste est celle de rêveries qui s'efforcent de se constituer en expériences sur le monde extérieur. Un double vocabulaire doit être établi entre rêverie et expérience. L'*exaltation* des noms de substance est le préambule des expériences sur les substances « exaltées ». L'or alchimique est une réification d'un étrange besoin de royauté, de supériorité, de domination qui anime l'*animus* de l'alchimiste solitaire. Ce n'est pas pour un usage social lointain que le rêveur veut de l'or, c'est pour un usage psychologique *immédiat*, pour être roi dans la majesté de son *animus*. Car l'alchimiste est un rêveur qui veut, qui jouit de vouloir, qui se magnifie dans son « vouloir grand ».

En invoquant l'or — cet or qui va naître dans la cave du rêveur — l'alchimiste demande à l'or, comme on demandait jadis à Indra, de « faire vigueur ». Et c'est ainsi que la rêverie alchimiste détermine un psychisme vigoureux. Ah ! combien cet « or » est masculin !

Et les mots vont devant, toujours devant, attirant, entraînant, encourageant — clamant à la fois l'espérance et l'orgueil. La rêverie parlée des substances appelle la matière à la naissance, à la vie, à la spiritualité. La *littérature* est ici directement agissante. Sans elle, tout s'éteint, les faits perdent l'auréole de leurs valeurs.

Et c'est ainsi que l'alchimie est une science *solennelle*. En toutes ses méditations, l'*animus* de l'alchimiste vit dans un monde de solennité.

VII

Dans une psychologie de la communion de deux êtres qui s'aiment, la dialectique de l'*animus* et de l'*anima* apparaît comme le phénomène de la « projection psychologique ». L'homme qui aime une femme « projette » sur cette femme toutes les valeurs qu'il vénère en sa propre *anima*. Et, de même, la femme « projette » sur l'homme qu'elle aime toutes les valeurs que son propre *animus* voudrait conquérir.

Ces deux « projections » croisées, quand elles sont bien équilibrées, font les unions fortes. Quand l'une ou l'autre de ces « projections » sont déçues par la réalité, alors commencent les drames de la vie manquée. Mais ces drames nous intéressent peu dans la présente étude que nous faisons sur la vie imaginée, imaginaire. Très précisément, la rêverie nous ouvre toujours la possibilité de nous abstraire des drames conjugaux. C'est une des fonctions de la rêverie de nous libérer des fardeaux de la vie. Un véritable instinct de rêverie est actif dans notre *anima*, c'est cet instinct de rêverie qui donne à la psyché la continuité de son repos (1). La psychologie de l'idéalisation est ici notre seule tâche. La poétique de la rêverie doit donner corps à toutes les rêveries d'idéalisation. Il ne suffit pas, comme le font communément les psychologues, de désigner les rêveries d'idéalisation comme des fuites hors du réel. La fonction d'irréel trouve son emploi solide dans une idéalisation bien cohérente, dans une vie idéalisée qui tient chaud au cœur, qui donne un dynamisme réel à la vie. L'idéal d'homme projeté par l'*animus* de la femme

---

(1) « L'amour chez le sexe faible est l'instinct de cette faiblesse », cité par Amédée Pichot, *Les poètes amoureux*, p. 97.

et l'idéal de femme projeté par l'*anima* de l'homme sont des forces liantes qui peuvent surmonter les obstacles de la réalité. On s'aime en toute idéalité, chargeant le partenaire de réaliser l'idéalité telle qu'on la rêve. Dans le secret des rêveries solitaires, s'animent ainsi non pas des ombres, mais des lueurs qui éclairent l'aube d'un amour.

Ainsi un psychologue ferait une juste place, en décrivant le réel, à la réalité des forces idéalisantes, dès qu'il mettrait à l'origine de tout psychisme humain toutes les potentialités désignées par la dialectique *animus* et *anima* ; il lui faudrait établir les rapports quadripolaires entre deux psychismes qui comprennent chacun une potentialité d'*animus* et une potentialité d'*anima*. Une étude psychologique fine, qui n'oublie rien, pas plus la réalité que l'idéalisation, doit analyser la psychologie de la communion de deux âmes, sur le schéma ci-joint :

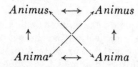

C'est sur ce clavier des quatre êtres en deux personnes qu'il faudrait étudier le bon et le mauvais de toutes les proches relations humaines. Bien entendu ces liens multiples des deux *animus* et des deux *anima* se tendent ou se détendent, s'affaiblissent ou se renforcent suivant les péripéties d'une vie. Ce sont des liens vivants et le psychologue devrait sans fin en mesurer la tension.

En fait, la rêverie de psychologie imaginante, chez tout romancier, suit les multiples projections qui lui permettent de vivre tour à tour en *animus* et en *anima* dans la personne de ses différents personnages. Les amours de Félix et de Mme de Mortsauf dans *Le lys dans la vallée* retentissent sur toutes les cordes des relations quadrupolaires, surtout dans la première moitié du livre où Balzac a sû maintenir un *roman de rêveries*. Ce roman de rêveries est si bien équilibré, que je lis mal la fin du livre. En cette fin, l'*animus* de Félix me semble un *animus* factice, un *animus* venu d'ailleurs que le romancier a plaqué sur son personnage. La cour de Louis XVIII apparaît dans l'ouvrage comme une fable de noblesse que j'associe mal à la vie profonde et simple du premier Félix. Il y a là une excroissance d'*animus* qui déforme le caractère véritable.

Mais en portant de tels jugements, je m'aventure sur un terrain qui n'est pas le mien. Je ne sais pas rêver sur un roman en suivant toute la ligne du récit. Dans de tels récits je trouve une telle énormité de devenir que je me repose en séjournant dans un site psychologique où je peux faire mienne une page en la rêvant. Lisant et relisant *Le lys dans la vallée*, je n'ai pas dominé mon chagrin de voir que Félix a quitté sa rivière, « leur rivière ». Le château de Clochegourde avec toute la Touraine autour ne suffisait-il pas à fortifier l'*animus* de Félix ? Félix, être à la faible enfance, quasi privé de mère, ne pouvait-il pas devenir vraiment homme en vivant un amour fidèle ? Oui, pourquoi un grand roman de rêveries est-il devenu un roman de faits sociaux, voire de faits historiques ? De telles questions sont autant d'aveux d'un lecteur qui ne sait pas lire un livre objectivement, comme si un livre était un objet définitif.

Comment être objectif devant un livre qu'on aime, qu'on a aimé, qu'on a lu dans plusieurs âges de la vie ? Un tel livre a un *passé de lecture*. En le relisant on n'a pas toujours souffert à la même page. On ne souffre plus de la même manière — et surtout on n'espère plus avec la même intensité dans toutes les saisons d'une vie de lecture. Peut-on même revivre les espérances de la première lecture quand on sait maintenant que Félix trahira ? Les quêtes en *animus* et en *anima* ne donnent pas à tous les âges d'une vie de lecteur les mêmes richesses. Les grands livres surtout restent psychologiquement vivants. On n'a jamais fini de les lire.

VIII

Le schéma que nous avons indiqué ci-dessus est donné par Jung dans son ouvrage sur l'*Uebertragung*. En fait, Jung l'applique-là aux rapports de pensée et de rêverie qui s'établissent entre un alchimiste et une compagne de laboratoire. L'adepte et la sœur de travail, double signe pour dire la sexualité des mystères de la substance travaillée. Nous dépassons la dualité du métier et du ménage. Pour marier les substances, il faut le double magister psychique de l'*animus* de l'adepte et de l'*anima* de la soror. La « conjonction » des substances est toujours, en alchimie, une conjonction des puissances du principe masculin et du principe féminin. Quand ces principes ont été bien exaltés, quand ils ont reçu leur totale idéalisation, ils sont prêts pour les hiérogamies.

Dans l'espérance de telles unions, il s'agit alors, pour l'alchimiste, de rompre d'abord les confuses androgynies des matières naturelles, d'en séparer les puissances solaires et les puissances lunaires, les puissances actives du feu et la puissance acceptatrice de l'eau. Une rêverie de « pureté » des substances — une pureté quasi morale — anime ainsi les longs travaux alchimiques. Bien entendu, cette recherche d'une pureté qui doit atteindre le cœur des substances n'a rien de commun avec la préparation des corps purs dans la chimie contemporaine. Il ne s'agit pas d'éliminer des impuretés matérielles, en un méthodique travail de distillations fractionnées. On comprendra tout de suite la différence absolue qu'il y a entre une distillation scientifique et une distillation alchimique si l'on se souvient que l'alchimiste, à peine achevée une distillation, la recommence en mélangeant à nouveau l'élixir et la matière morte, le pur et l'impur, pour que l'élixir *apprenne* en quelque sorte à se libérer de sa terre. Le savant continue. L'alchimiste recommence. Ainsi des références objectives à des purifications de la matière ne peuvent rien nous apprendre sur les rêveries de pureté qui donnent à l'alchimiste la patience de recommencer. Dans l'alchimie nous sommes non pas devant une patience intellectuelle, nous sommes dans l'action même d'une patience morale qui fouille les impuretés d'une conscience. *L'alchimiste est un éducateur de la matière.*

Et quel rêve de moralité première que celui qui redonnerait leur jeunesse à toutes les substances de la terre ! Après ce long travail de moralité, les principes mêlés dans une primitive androgénéité sont « purifiés » au point d'être dignes d'une hiérogamie. De l'androgénéité à l'hiérogamie, tel est l'empan des méditations alchimiques.

Bien souvent, au cours d'ouvrages antérieurs, nous avons insisté sur les significations psychologiques dominantes des œuvres alchimiques. Nous n'y faisons allusion ici que pour évoquer l'existence de *rêveries travaillées*. Les rêveries de l'alchimiste veulent être des pensées. Longtemps, quand nous nous efforcions à en faire l'histoire, elles ont mis notre esprit en croix, dans ce tourment de la fausse union du concept et de l'image dont nous avons parlé dans le précédent chapitre. ans toutes les œuvres de l'alchimiste, comme si la rêverie ne se suffisait pas à elle-même, l'alchimiste cherche des vérifications matérielles. Les pensées d'*animus* veulent des *vérifications* dans les rêveries d'*anima*. Le sens de cette vérification est inverse de celles que peut souhaiter un esprit scientifique, un esprit limité à sa conscience d'*animus*.

IX

Nous nous sommes étendu, en cette digression, sur des problèmes qui font état de documents alchimiques. C'est que nous trouvons-là de bons exemples de *convictions complexes*, de convictions qui assemblent des synthèses de pensées et des conglomérats d'images. Grâce à ses convictions complexes, fortes des forces de l'*animus* et de l'*anima*, l'alchimiste croit saisir l'âme du monde, participer à l'âme du monde. Ainsi du monde à l'homme, l'alchimie est un problème d'âmes.

Nous devons retrouver le même problème dans la rêverie d'union des deux âmes humaines, rêverie pleine de renversements qui illustrent le thème : conquérir une âme, c'est trouver sa propre âme. Dans les rêveries d'un amant, d'un être rêvant à un autre être, l'*anima* du rêveur s'approfondit en rêvant l'*anima* de l'être rêvé. La rêverie de communion n'est plus ici une philosophie de la communication des consciences. Elle est la vie dans un double, par un double, une vie qui s'anime en une dialectique intime d'*animus* et d'*anima*. Doubler et dédoubler échangent leur fonction. Doublant notre être en idéalisant l'être aimé, nous dédoublons notre être en ses deux puissances d'*animus* et d'*anima*.

Pour prendre la mesure de toutes les idéalisations de l'être aimé et paré de vertus dans une rêverie solitaire, pour suivre toutes les transpositions qui donnent une réalité psychologique à des idéalités formulées en rêvant la vie, il faut, croyons-nous, envisager un *transfert complexe* d'une tout autre portée que le transfert rencontré par les psychanalystes. En considérant ce transfert complexe, nous voudrions donner toutes ses fonctions à l'Uebertragung, telle que l'envisage Jung dans ses travaux sur la psychologie des alchimistes. Une simple traduction du mot Uebertragung par le mot transfert si largement utilisé par la psychanalyse classique, simplifie trop les problèmes. L'Uebertragung est en quelque sorte un transfert *par-dessus* les caractères les plus contraires. Ce transfert passe par-dessus le détail des rapports journaliers, par-dessus les situations sociales, pour lier des situations cosmiques. On est alors invité à comprendre l'homme non seulement à partir de son inclusion dans le monde mais en suivant ses élans d'idéalisation qui travaille le monde.

Pour se convaincre de la portée de cette explication psychologique de l'homme, par le monde travaillé par des rêveries androgines, il suffirait de méditer sur les gravures du livre de Jung : le livre de Jung (1) reproduit, en effet, une série de douze gravures empruntées à un vieux livre d'alchimie : *Le Rosarium Philosophorum*. Ces douze gravures sont toutes des illustrations de l'union alchimique du Roi et de la Reine. Ce « Roi » et cette « Reine » règnent dans le même psychisme, ce sont les majestés

---

(1) C. G. JUNG, *Die Psychologie der Uebertragung*, Zurich, 1946.

des puissances psychologiques qui, grâce à l'Œuvre, vont régner sur les choses. L'androgénéité du rêveur va se projeter en une androgénéité du monde. En suivant dans leur détail les douze images, en ajoutant toutes les dialectiques du soleil et de la lune, du feu et de l'eau, du serpent et de la colombe, des cheveux courts et de la chevelure longue, on reconnaît la puissance des rêveries associées qui sont aussi mises sous le signe de l'adepte et de sa compagne. Là, s'égalisent deux rêveries de culture. Nous nous tenons en équilibre de rêverie en nous appuyant sur les deux transferts croisés qui suivent les projections de l'*animus* sur l'*anima* et de l'*anima* sur l'*animus*.

Dans quatre gravures sur douze du *Rosarium Philosophorum*, l'union du Roi et de la Reine est si complète qu'ils n'ont plus qu'un seul corps. Un seul corps dominé par deux têtes couronnées. Beau symbole de la double exaltation de l'androgénéité. L'androgénéité n'est pas enfouie dans quelque animalité indistincte, aux origines obscures de la vie. Elle est une dialectique du sommet. Elle montre, venant d'un même être, l'exaltation de l'*animus* et de l'*anima*. Elle prépare les rêveries associées du sur-masculin et du sur-féminin.

X

L'appui que nous venons de prendre sur une psychologie de l'alchimiste pour soutenir une philosophie de la rêverie peut sembler bien fragile et lointain. On peut aussi nous objecter que l'image traditionnelle qu'on se fait de l'alchimiste est celle d'un travailleur solitaire, une image qui, à juste titre, pourrait être celle d'un philosophe qui rêve à sa solitude. Le métaphysicien n'est-il pas l'alchimiste des idées trop grandes pour être réalisées ?

Mais y a-t-il des objections pour arrêter un rêveur qui rêve sur ses rêveries ? J'irai donc au fond de tous les paradoxes qui donnent une intensité d'être aux images éphémères. Le premier des paradoxes ontologiques n'est-il pas celui-ci : la rêverie en transportant le rêveur dans un autre monde fait du rêveur un autre que lui-même. Et cependant cet autre est encore lui-même, le double de lui-même. La littérature ne manque pas sur « le double ». Poètes et écrivains pourraient nous apporter de nombreux documents. Les psychologues et les psychiatres ont étudié le dédoublement de la personnalité. Mais ces « dédoublements » sont des cas extrêmes où se brisent, en quelque manière, les liens des deux personnalités dédoublées. La rêverie — et non pas le rêve — garde la maîtrise de ses dédoublements. Dans les cas rencontrés en psychiatrie, la nature profonde de la rêverie est effacée. Le « double » est souvent soutenu par une intellectualité, il enregistre des vérifications qui sont peut-être des hallucinations. Parfois les écrivains eux-mêmes forcent la note. Ils donnent corps à des êtres de la fantasmagorie. Ils veulent nous séduire par des exploits psychologiques extraordinaires.

Autant de documents trop gros pour nous, autant d'expériences auxquelles nous ne participons pas. Jamais l'*opium littéraire* n'a pu me faire rêver.

Revenons donc à la simple rêverie, à une rêverie qui peut être la nôtre. Souvent c'est dans quelque ailleurs, loin d'ici, que la rêverie va chercher notre double. Plus souvent encore dans un jadis à jamais disparu. Et puis, après ces dédoublements qui tiennent encore à notre histoire, un dédoublement qui serait, si l'on « pensait », un dédoublement de philosophe : où suis-je ? qui suis-je ? De quel reflet d'être suis-je l'être ? Mais ces questions pensent trop. Un philosophe les renforcerait avec des doutes. En fait la rêverie dédouble l'être plus doucement, plus naturellement. Et avec quelle variété ! Il y a des rêveries où je suis moins que moi-même. L'ombre est alors un être riche. Elle est une psychologue plus pénétrante que le psychologue de la vie quotidienne. Elle connaît, cette ombre, l'être qui double par la rêverie l'être du rêveur. L'ombre, le double de notre être, connaît en nos rêveries la « psychologie des profondeurs ». Et c'est ainsi que l'être projeté par la rêverie — car notre moi rêveur est un être projeté — est double comme nous-mêmes, est, comme nous-mêmes, *animus* et *anima*. Nous voici au nœud de tous nos paradoxes : *le « double » est le double d'un être double.*

Alors, dans les rêveries les plus solitaires, quand nous évoquons les êtres disparus, quand nous idéalisons les êtres qui nous sont chers, quand, dans nos lectures, nous sommes assez libres pour vivre en homme et femme, nous sentons que la vie entière se double — que le passé se double, que tous les êtres se doublent en leur idéalisation, que le monde incorpore toutes les beautés de nos chimères. Sans psychologie chimérique, pas de psychologie vraie, pas de psychologie complète. En ses rêveries, l'homme est souverain. La psychologie d'observation, en étudiant l'homme réel, ne rencontre qu'un être découronné.

Pour analyser toutes les potentialités psychologiques qui s'offrent au solitaire de la rêverie, il faudra donc partir de la devise : *je suis seul, donc nous sommes quatre.* Le rêveur solitaire fait face à des situations quadrupolaires (1).

Je suis seul donc je rêve à l'être qui avait guéri ma solitude, qui aurait guéri mes solitudes. Avec sa vie il m'apportait les idéalisations de la vie, toutes les idéalisations qui doublent la vie, qui entraînent la vie vers ses sommets, qui font que le rêveur, lui aussi, vit en se dédoublant, suivant la grande devise de Patrice de La Tour du Pin qui dit que les poètes trouvent « leur base en s'élevant » (2).

Quand la rêverie a une telle tonalité, elle n'est pas une simple idéalisation des êtres de la vie. C'est une idéalisation psychologique en profondeur. C'est une œuvre de psychologie créante. La rêverie met au jour une esthétique de psychologie. La rêverie est alors une œuvre de psychologie créante. Et l'être idéalisé se met à parler avec l'être idéalisateur. Il parle en fonction de sa propre dualité. Un concert à quatre voix commence dans la rêverie du rêveur solitaire. Pour l'être double qu'il est en parlant à son double, le langage duel ne suffit plus. Il y faudrait un double duel, un « quadriel ». Un linguiste nous dit qu'il y a des langues qui connaissent cette merveille sans bien nous renseigner sur le peuple rêveur qui la parle (3).

Et c'est ici que les jeux intermédiaires de la pensée et de la rêverie, de la fonction psychique du réel et de la fonction de l'irréel se multiplient et se croisent pour produire ces merveilles psychologiques de l'imagination de l'humain. L'homme est un être à imaginer. Car, enfin, la fonction de l'irréel fonctionne aussi bien devant l'homme que devant le cosmos. Que connaîtrions-nous d'autrui si nous ne l'imaginions pas ? Quel raffinement de psychologie ne ressentons-nous pas quand nous lisons un romancier qui *invente de l'homme*, et tous les poètes qui inventent des augmentations prestigieuses de l'humain ! Et ce sont tous ces dépassements que nous vivons, sans oser les dire, dans nos rêveries taciturnes.

Ah ! que de pensées indisciplinées et indiscrètes dans la rêverie d'un homme seul ! Quelle compagnie d'êtres rêvés dans une rêverie solitaire !

---

(1) STRINDBERG, semble-t-il, a connu ce dédoublement du double. Il écrit, dans *Légende* : « Nous commençons à aimer une femme en déposant près d'elle notre âme partie par partie. Nous dédoublons notre personne et la femme aimée qui auparavant nous était neutre et indifférente commence à revêtir notre autre Moi, elle devient double. » Cité par Otto RANK, *Don Juan*, trad., p. 161, en note.
(2) Patrice de LA TOUR DU PIN, *La vie recluse en poésie*, p. 85.
(3) Pierre GUIRAUD, *La grammaire*, coll. « Que sais-je ? », n° 788, p. 29.

Et l'être le plus proche de nous, notre double — double de notre être double — dans quelles projections croisées il s'anime ! Et c'est ainsi que nous connaissons, dans nos rêveries lucides, une sorte de *transfert intérieur*, une Uebertragung qui nous porte au delà de nous-mêmes dans un autre nous-mêmes. Alors tout le schéma que nous proposions plus haut pour analyser les rapports inter-humains, le voici valable, le voici utile pour analyser nos rêveries de rêveur solitaire.

Mais faisons un retour en arrière. Certes, les gravures sont nombreuses dans les livres d'alchimie qui représentent l'adepte et la soror debout devant l'athanor tandis qu'un manœuvre demi-nu souffle à toute force le feu dans le bas du foyer. Mais est-ce là vraiment une figure qui décrit une réalité ? L'alchimiste eût eu bien de la chance s'il eût connu une compagne de méditation, une soror de rêveries. Plus vraisemblablement, il était seul, seul comme tous les grands rêveurs. La figure nous donne une situation de rêverie. Tous les soutiens humains, aussi bien la soror qui médite que le travailleur qui souffle, sont des soutiens imaginés. L'unité psychologique du tableau est obtenue par des transferts croisés. Tous ces transferts sont intérieurs, sont intimes. Ils donnent les relations d'un double à un autre double-intime. La confiance de l'alchimiste à sa méditation et à ses œuvres venait du réconfort prodigué par le double de son double. Il était aidé, en les profondeurs de son être, par une soror. Son *animus* au travail était soutenu par une transfiguration de son *anima*.

Ainsi les anciennes gravures et les anciens textes nous apportent-ils, quand on les imagine, un peu des témoignages de psychologie raffinée. L'alchimie est un matérialisme nuancé qu'on ne peut comprendre qu'en y participant avec une sensibilité féminine, en tenant registre toutefois des petites rages masculines avec lesquelles l'alchimiste tourmente la matière. L'alchimiste cherche le secret du monde comme un psychologue cherche le secret d'un cœur. Et la soror est là qui adoucit tout. Nous retrouvons au fond de toute rêverie cet être qui approfondit tout, un être permanent. Pour moi, quand le mot *sœur* vient dans le vers d'un poète, j'entends des échos de lointaine alchimie. Est-ce un texte de poète, est-ce un texte d'alchimie du cœur ? qui parle en ces deux grands vers ?

Viens avec moi prier, ma sœur,
Pour retrouver la végétale permanence (1).

(1) Edmond VANDERCAMMEN, *La porte sans mémoire*, p. 49.

« La végétale permanence », quelle vérité d'*anima*, quel symbole pour le repos d'une âme dans un monde digne du songe !

XI

En indiquant — sans doute avec beaucoup d'imprudence — le paradoxe de nos rêveries à quatre pôles, nous avons perdu le soutien, que nous prenons d'habitude, dans les rêveries des poètes. D'un autre côté, si nous nous étions permis de chercher des références dans les livres érudits nous n'aurions pas eu de peine à ébaucher une philosophie de l'être androgyne. Notre seule ambition est d'attirer l'attention sur une poétique de l'androgynie, qui se développerait dans le sens d'une double idéalisation de l'humain. De toute manière, on lit autrement, avec une plus profonde participation, les livres érudits touchant l'androgyne si l'on a pris conscience des potentialités d'*animus* et d'*anima* qui résident au fond de toute âme humaine. Corrélativement à cette prise de conscience en *animus* et en *anima*, on pourrait débarrasser les mythes de la surcharge d'une historicité explicite. Faut-il vraiment avoir recours à des légendes anté-humaines pour participer à l'androgynie, alors que le psychisme porte les marques si nettes d'une androgynie ? Faut-il se référer à la culture platoniicenne de Schleiermacher, comme le fait Giese dans son beau livre (1), pour saisir le dynamisme de la féminité du traducteur de Platon ? Le livre de Fritz Giese est d'ailleurs d'une incomparable richesse. Le milieu social où s'est formé le romantisme allemand y est présenté dans la grande communauté de culture qui a uni les penseurs et leur compagne. Il semble que dans une telle communion des cœurs, c'était la culture elle-même qui était androgyne. Bien souvent la référence au *Banquet* est chez les écrivains du romantisme allemand une précaution oratoire pour traiter d'une androgynie qui est la vie même de leur sensibilité poétique. Si l'on pose le problème sur le seul plan de création poétique, la référence habituelle à des tempéraments nous semble alourdir la recherche. L'épithète *weiblich* (féminin) attaché à de grands créateurs est une étiquette fallacieuse. Un psychisme qui s'ouvre aux deux potentialités de l'*animus* et de l'*anima* échappe par cela même aux poussées tempéramentielles. C'est du moins notre thèse et c'est ce qui nous justifie à nos yeux de proposer une poétique de la rêverie comme doctrine d'une constitution d'être — une constitution d'être qui sépare l'être en *animus* d'une part, et en *anima* d'autre part.

(1) Fritz Giese, *Der romantische Charakter*, t. 1919. I, 1919.

Dès lors l'androgynie n'est pas derrière nous, dans une lointaine organisation d'un être biologique que commenterait un passé de mythes et de légendes ; elle est devant nous, ouverte à tout rêveur qui rêve de réaliser aussi bien le sur-féminin que le sur-masculin. Les rêveries en *animus* et en *anima* sont ainsi psychologiquement prospectives.

Il faut bien comprendre que le masculin et le féminin, dès qu'on les idéalise, deviennent des *valeurs*. Et réciproquement, si on ne les idéalise pas, sont-ils autre chose que de pauvres servitudes biologiques ? C'est donc comme valeurs de rêverie poétique, comme principes de rêverie idéalisante qu'une poétique de la rêverie doit étudier l'androgénéité désignée par la dualité : *Animus* et *Anima*.

Une émulation d'être détermine des valeurs de *plus qu'être*. Un grand vers d'Elisabeth Barrett Browning dilate toute vie aimante :

> *Make thy love larger to enlarge my worth*
> *Fais ton amour plus grand pour agrandir ma valeur*

Un tel vers peut être pris comme devise pour une psychologie de l'idéalisation mutuelle entre deux vrais amants.

L'intervention d'une valeur change de tout au tout le problème posé par des faits. Philosophie et religion peuvent ainsi coopérer, comme c'est le cas dans les œuvres de Soloview, pour faire de l'androgynie la base d'une anthropologie. Les documents que nous aurions à utiliser viennent d'une longue méditation des Évangiles. Nous ne pouvons les transporter dans un ouvrage qui ne veut traiter que des valeurs poétiques, au simple niveau de la rêverie d'un rêveur solitaire. Notons simplement que l'androgyne de Soloview est l'être d'un destin supra-terrestre. Il apparaît, cet être complet, dans une volonté d'idéal qui habite déjà les cœurs aimants, les grands fidèles de l'amour total. A travers tant d'échecs sentimentaux, le grand philosophe russe a maintenu cet héroïsme de l'amour pur qui prépare la vie androgyne de l'au-delà. Les buts métaphysiques sont si loin de notre expérience de rêveur que nous ne pourrions les entrevoir que dans une longue étude de tout le système. Pour préparer une telle étude, le lecteur pourra se reporter à la thèse de Stremooukoff (1). Retenons simplement que pour Soloview un amour exalté doit dominer la vie, entraîner la vie vers son sommet : « L'homme

---

(1) D. Stremooukoff, *Vladimir Soloview et son œuvre messianique*, Paris, 1935.

véritable en la plénitude de sa personnalité idéale, ne peut, évidemment, être seulement homme ou femme, mais doit posséder une unité supérieure des deux sexes. La réalisation de cette unité, la création de l'homme véritable — unité libre des principes masculin et féminin, conservant leur individualisation formelle, mais ayant surmonté leur diversité essentielle et leur désintégration — c'est précisément la tâche propre et immédiate de l'amour (1). »

Du fait même que nous bornons nos efforts à dégager l'élément d'une poétique créante, nous ne pouvons nous appuyer sur les nombreux documents de l'anthropologie philosophique. On trouvera dans la thèse de Koyré sur Jacob Boehme, dans celle de Susini sur Franz von Baader des pages nombreuses où le véritable destin de l'homme est présenté comme une recherche de l'androgénéité perdue. Cette androgénéité retrouvée serait, pour Baader, une union par les sommets dans la complémentarité des hautes valeurs. Après la chute, après la perte de l'androgénéité primitive, Adam est devenu le dépositaire de « la puissance sévère », Ève « la gardienne de la tendre douceur » (2). De telles valeurs sont hostiles, tant qu'elles sont séparées. Une rêverie des valeurs humaines doit tendre à les coordonner, doit les augmenter dans une idéalisation réciproque. Chez un mystique comme von Baader, cette idéalisation est déterminée par la méditation religieuse, mais, séparée même de la prière, cette idéalisation a une existence psychologique. Elle est un des dynamismes de la rêverie.

Naturellement, un psychologue, même s'il croit à la réalité de cette idéalisation des êtres masculins et féminins désirera en suivre l'intégration dans la vie positive. Les marques sociales du masculin et du féminin seront alors pour lui déterminantes. Toujours le psychologue voudra passer des images à la réalité psychologique. Mais notre position de phénoménologue simplifie le problème. En revenant aux images du masculin et du féminin — voire aux mots qui les désignent — nous revenons aux idéalisations telles qu'elles sont. Ce sera toujours un fait que la femme est l'être qu'on idéalise, l'être qui veut aussi son idéalisation. De l'homme à la femme et de la femme à l'homme il y a communication d'*anima*. En l'*anima* est le principe commun de l'idéalisation de l'humain, le principe de la rêverie d'être, d'un être qui voudrait la tranquillité et par conséquent, la continuité d'être.

(1) V. Soloview, *Le sens de l'amour*, trad., p. 59.
(2) E. Susini, *Franz von Baader et le romantisme mystique*, Vrin, t. II, p. 572.

Certes, la rêverie d'idéalisation est pleine de réminiscences. Et c'est ainsi qu'à bien des titres, la psychologie jungienne est justifiée d'y voir un processus de projection. Les preuves apportées sont nombreuses où l'amant projette sur l'aimée des images maternelles. Mais tout ce matériel emprunté à un ancien, très ancien passé masquerait aisément les traits même de l'idéalisation. L'idéalisation peut bien utiliser des « projections », mais son mouvement est plus libre, va plus loin, va trop loin. Toute réalité, celle qui est présente, et celle qui demeure comme un héritage du temps disparu, est idéalisée, mise dans le mouvement d'une réalité rêvée.

Mais, plus proche des problèmes que nous envisageons dans le présent livre, il existe une grande œuvre où la psychologie d'*animus* et d'*anima* se présente comme une véritable esthétique de la psychologie. Nous voulons parler de l'essai philosophique de Balzac qui a pour titre *Séraphîta*. En bien de ses traits, Séraphîta se présente comme un poème d'androgynie.

Rappelons d'abord que le premier chapitre a pour titre Séraphîtüs, le second Séraphîta et le troisième Séraphîta-Séraphîtüs. Ainsi l'*être intégral*, somme de l'humain, est présenté successivement dans ses vertus actives de l'élément masculin, dans ses puissances de conservation par le féminin, avant que la synthèse en soit faite comme entière solidarité de l'*animus* et de l'*anima*. Cette synthèse détermine une assomption qui porte la marque de ce qui sera le destin surnaturel de l'androgyne de Soloview.

En vis-à-vis de cet être androgyne qui domine tout ce qu'il y a de simplement terrestre dans la création, Balzac a mis une innocente jeune fille, Minna et un homme qui a connu les passions de la ville, Wilfrid. Alors l'être androgyne est Séraphîtüs devant Minna et Séraphîta devant Wilfrid. Deux unions pourraient se faire avec les êtres de la terre si l'être supra-terrestre pouvait se diviser et personnifier socialement chacune de ses puissances : viriles et féminines.

Dès lors, puisque, dans le roman philosophique de Balzac, ils sont deux pour aimer l'androgyne, deux pour aimer l'être double — puisque, à lui seul, Séraphîtüs-Séraphîta possède le double magnétisme qui attire tous les rêves, nous voilà bien devant la rêverie à quatre pôles. Alors que de rêveries croisées dans les pages du grand songeur ! Comme Balzac connaît la double psychologie d'Elle pour Lui et de Lui pour Elle ! Quand Minna aime Séraphîtüs, quand Wilfrid aime Séraphîta, quand

Séraphîtüs-Séraphîta veut élever les deux passions terrestres à une vie idéalisée, que de « projections » d'*animus* en *anima* et d'*anima* en *animus* ! Ainsi nous est offerte, à nous lecteurs, une poésie du psychisme d'idéalisation, une poésie psychologique du psychisme exalté. Et qu'on ne nous dise pas que nous sommes en pleine irréalité. Toutes ces tensions psychiques, toutes ces illuminations de l'être ont été vécues dans l'âme-esprit du poète. A l'arrière-plan, en bas, très en bas, le romancier savait bien que la nature humaine ourdissait des possibilités d'union — un mariage peut-être — entre Minna et Wilfrid.

Dans un ménage s'éteignent les rêves, se désamorcent les puissances, s'embourgeoisent les vertus. Et l'*animus* et l'*anima* ne se manifestent trop souvent que par l' « animosité ». C'est ce que sait bien Jung lui-même quand il aborde — combien loin des rêveries alchimiques ! — la psychologie de la vie conjugale commune : « L'*anima* suscite des sautes d'humeur illogiques, l'*animus* produit des lieux communs irritants (1). » Illogisme ou platitude, pauvre dialectique du quotidien ! On n'a plus là, comme l'indique Jung, que des « personnalités parcellaires », personnalités qui ont alors « le caractère d'un homme inférieur ou d'une femme inférieure ».

Ce n'est pas un tel roman des natures inférieures que Balzac voulait offrir à l'Aimée, à « Mme Éveline de Hanska, née Comtesse Rzewuska » ainsi que l'indique la dédicace de Séraphîta.

Dans la vie commune, les désignations en *animus* et *anima* sont peut-être superflues, les simples désignations en virilité et en efféminé peuvent sans doute suffire. Mais si nous devons comprendre les rêveries de l'être qui aime, qui voudrait aimer, qui regrette de ne pas être aimé comme il aime — et Balzac a connu ces rêveries — les puissances et les vertus de l'*anima* et de l'*animus* doivent être évoquées dans leur idéalisation. La rêverie quadrupolaire commence. Le rêveur peut bien projeter sur l'image de l'aimée sa propre *anima*. Mais il n'y a pas là un simple égoïsme de l'imagination. Le rêveur veut que son *anima* projetée ait aussi un *animus* personnel qui ne soit pas le simple reflet de son propre *animus*. Le psychanalyste est dans son interprétation trop passéiste. L'*anima* projetée par l'*animus* devra s'accompagner d'un *animus* digne de l'*animus* de son partenaire. C'est donc tout un double qui est projeté, un double d'une infinie bonté *(anima)* et d'une grande intelligence *(animus)*. Rien n'est oublié dans les processus d'idéalisation. Non pas en se laissant

---

(1) C. G. JUNG, *Psychologie et religion*, trad., édit. Corréa, p. 54.

prendre par les souvenirs, mais toujours en rêvant les valeurs d'un être qu'on aimerait, se développent les rêveries d'idéalisation. Et c'est ainsi qu'un grand rêveur rêve son double. Son double magnifié le soutient.

Quant à la fin du roman philosophique *Séraphîta*, l'être androgyne qui condense les destins supra-terrestres du féminin et du masculin, quitte la terre en une « assomption » à laquelle participe tout un univers rédimé, les êtres terrestres Wilfrid et Minna restent dynamisés par un destin d'idéalisation. La leçon dominante de la méditation balzacienne est l'incorporation d'un idéal de vie dans la vie même. La rêverie qui idéalise les rapports d'*animus* et d'*anima* est alors partie intégrante de la vie vraie ; la rêverie est une force active dans le destin des êtres qui veulent unir leur vie par un amour grandissant. Par l'idéal, des complexités psychologiques s'harmonisent. Ce sont-là des thèmes que la psychologie morcellante — celle qui s'épuise en cherchant dans chaque être un noyau d'être — ne peut guère envisager. Et pourtant, un livre est un fait humain, un grand livre comme *Séraphîta* amasse des éléments psychologiques nombreux. Ces éléments deviennent cohérents par une sorte de beauté psychologique. Le lecteur en reçoit un bienfait. Pour qui aime rêver dans le réseau de l'*animus* et de l'*anima*, la lecture du livre est comme un élargissement de l'être. Pour qui aime se perdre dans la forêt de l'*anima*, la lecture du livre est un approfondissement d'être. Il semble à un tel rêveur que le monde doive être rédimé par l'être féminin.

Après une telle lecture à pleine rêverie d'un livre d'un grand rêveur, on s'étonne d'un lecteur qui ne s'étonne pas devant un livre étonnant. Hippolyte Taine s'est écarquillé les yeux dans l'impossibilité d'y rien voir. Ne dit-il pas, après avoir lu *Séraphîta* et *Louis Lambert* qu'il appelle « les enfants légitimes ou adultérins de la philosophie » : « Beaucoup de gens s'en fatiguent et rejettent *Séraphîta* et *Louis Lambert* comme des rêves creux, pénibles à lire (1). »

Devant un tel jugement, comment mieux se convaincre qu'il faut lire un grand livre deux fois : une fois en « pensant » comme Taine, une fois en rêvant dans une compagnie de rêverie avec le rêveur qui l'a écrit (2).

---

(1) H. TAINE. *Nouveaux essais de critique et d'histoire*, 9ᵉ éd., 1914, p. 90.
(2) Nous nous permettons de renvoyer le lecteur à la préface que nous avons écrite pour Séraphîta dans l'édition des œuvres complètes de BALZAC, *Formes et reflets*, 1952, t. 12.

XII

Au temps du romantisme allemand, quand on cherchait à expliquer la nature de l'homme en s'aidant des connaissances scientifiques nouvelles sur les phénomènes physiques et chimiques, on n'hésitait pas à mettre en rapport la différence des sexes avec la polarité des phénomènes électriques, avec la polarité aussi, plus mystérieuse encore, du magnétisme. Gœthe ne disait-il pas : « Das Magnet ist ein Urphänomen. » « L'aimant est un phénomène fondamental. » Et Gœthe continuait : « Un phénomène fondamental qu'il suffit d'exprimer pour en avoir une explication ; ainsi il devient un symbole pour tous les autres phénomènes (1). » Ainsi l'on s'appuyait sur une physique naïve pour expliquer une psychologie riche des observations des plus grands observateurs de la nature humaine. Un génie de pensée, comme était Gœthe, un génie de rêverie comme était Franz von Baader descendent cette pente où l'explication oublie la nature de ce qu'il faut expliquer.

La psychologie contemporaine enrichie par les diverses écoles de la psychanalyse et de la psychologie des profondeurs doit renverser la perspective de telles explications. La psychologie doit conquérir des explications autonomes. Au surplus, les progrès de la connaissance scientifique anéantissent même le cadre des anciennes explications qui définissaient à trop bon marché les caractères cosmiques de la nature humaine. L'aimant d'acier qui attire le fer doux, tel que le contemplaient les Gœthe, les Schelling, les Ritter, n'est qu'un jouet — un jouet périmé. Dans la culture scientifique la plus élémentaire de notre temps, l'aimant n'est plus l'occasion que d'une leçon de départ. La physique des physiciens et des mathématiciens fait de l'électromagnétisme une doctrine homogène. L'on ne trouverait plus, dans une telle doctrine, le moindre fil de rêveries qui pût nous conduire de la polarité magnétique à la polarité des genres masculin et féminin.

Nous faisons cette remarque pour accentuer la séparation que nous posions comme nécessaire à la fin du chapitre précédent entre le rationalisme de la pensée scientifique et une méditation philosophique des valeurs esthétisantes de la nature humaine.

Mais, une fois évincée toute référence à des polarités physiques, le problème de la polarité psychologique qui a tant occupé les romantiques reste posé. L'être humain pris aussi bien dans sa

---

(1) Cité par Fritz Giese, *Der romantische Charakter*, 1919, t. I, p. 298.

réalité profonde que dans sa forte tension de devenir est un être divisé, un être qui se divise à nouveau à peine s'est-il confié un instant à une illusion d'unité. Il se divise puis se réunit. Sur le thème d'*animus* et d'*anima*, s'il allait à l'extrême de la division, il deviendrait une grimace de l'homme. De telles grimaces existent : il y a des hommes et des femmes qui sont trop hommes — il y a des hommes et des femmes qui sont trop femmes. La bonne nature tend à éliminer ces excès au profit d'un commerce intime, dans une même âme, des puissances d'*animus* et d'*anima*.

Bien entendu, les phénomènes de la polarité que la psychologie des profondeurs désigne par la dialectique *animus-anima* sont complexes. Un philosophe éloigné des connaissances physiologiques précises n'est pas bien préparé pour mesurer dans le psychisme des causalités organiques bien définies. Mais comme il a rompu avec les réalités physiques, il est tenté de rompre avec les réalités physiologiques. De toute façon un aspect du problème lui appartient : celui des polarités idéalisantes. Si l'on pousse le philosophe rêveur à la polémique, il déclare : Les valeurs idéalisantes n'ont pas de cause. L'idéalisation n'appartient pas au règne de la causalité.

Rappelons alors que nous nous donnons pour tâche précise, dans le présent livre, d'étudier la rêverie idéalisante, une rêverie qui met dans l'âme d'un rêveur des valeurs humaines, une communion rêvée d'*animus* et d'*anima*, les deux principes de l'être intégral.

Pour de telles études de la rêverie idéalisante, le philosophe n'est plus limité à ses propres songes. Précisément tout le romantisme, une fois débarrassé de son occultisme, de sa magie, de sa lourde cosmicité, peut être revécu comme un humanisme de l'amour idéalisé. Si l'on pouvait aussi le détacher de son histoire, si l'on pouvait le prendre dans sa vie foisonnante et le transporter dans une vie idéalisée d'aujourd'hui, on reconnaîtrait qu'il garde une action psychique toujours disponible. Les pages si riches et si profondes que Guillaume von Humboldt consacre aux problèmes de la différence des genres mettent en valeur une différence des génies du masculin et du féminin. Elles nous aident à définir les êtres par leur sommet (1). Et c'est ainsi que Guillaume von Humboldt nous fait saisir l'action profonde des genres masculins et féminins sur les œuvres. Il faut, dans nos rêveries de lecteurs, accepter les partialités masculines ou féminines de

(1) Cf. Wilhem von Humboldts Werke, édit. Leitzsmann, 1903, t. I : *Ueber den Geschlechtsunterschied und dessen Einflusz auf die organische Natur* [1794], t. 311.

l'écrivain. Dès qu'il s'agit de l'homme qui produit des œuvres poétiques, il n'y a pas de *genre neutre*.

Sans doute, en lisant en rêveur, dans leur actualité restituée de rêveries, des textes romantiques, nous nous complaisons dans une utopie de lecture. Nous traitons la littérature comme une valeur absolue. Nous détachons l'acte littéraire, non seulement de son contexte historique, mais encore de son contexte de psychologie courante. Un livre est toujours pour nous une émergence au-dessus de la vie quotidienne. Un livre, c'est de la vie exprimée, donc une augmentation de la vie.

Dans notre utopie de lecture, nous abandonnons donc les soucis du métier de biographe, les déterminations usuelles du psychologue, déterminations nécessairement formulées à partir de l'homme moyen. Et naturellement, nous ne croyons pas utile, à propos des problèmes de l'idéalisation en *animus* et en *anima*, d'évoquer des aspects physiologiques. Les œuvres sont là pour justifier nos enquêtes vers l'idéalité. Une explication hormonale de *Séraphîtüs-Séraphîta*, ou de *Pelléas et Mélisande*, serait une bouffonnerie. Nous avons donc le droit de considérer les œuvres poétiques comme des réalités humaines effectives. Dans celles que nous avons invoquées, il y a réalisation d'une idéalisation effective en *animus* et en *anima*.

La rêverie idéalisante va à sens unique, de niveaux en niveaux de plus en plus élevés. Un lecteur qui suit mal l'ascension peut avoir l'impression que l'œuvre fuit en une évanescence. Mais qui rêve mieux s'apprend à ne rien refouler. Les rêveries d'idéalisation excessive sont libérées de tout refoulement. Elles ont, en leur envol, « dépassé le mur des psychanalystes ».

La rêverie excessive, la rêverie idéalisante touchant un fond aussi complexe que celui des rapports de la virilité et de la féminité se révèle comme un exploit de la vie imaginée. Cette vie imaginée dans une rêverie qui comble de ses bienfaits un rêveur, se fait au bénéfice de son *anima*. L'*anima* est toujours le refuge de la vie simple, tranquille, continue. Jung a pu dire : « J'ai défini l'*anima* tout simplement comme Archétype de la vie (1). » Archétype de la vie immobile, stable, unie, bien accordée aux rythmes fondamentaux d'une existence sans drames. Qui songe à la vie, à la simple vie sans chercher un savoir, incline vers le féminin. En se concentrant autour de l'*anima*, les rêveries aident au repos. Les meilleures de nos rêveries viennent en

---

(1) C. G. Jung, *Métamorphoses de l'âme et ses symboles* trad. Le Lay, Genève, Georg, 1953, p. 72.

chacun de nous, hommes ou femmes, de notre féminin. Elles ont la marque d'une féminité indéniable. Si nous n'avions pas en nous un être féminin, comment nous reposerions-nous ?

Voilà pourquoi nous avons cru pouvoir inscrire toutes nos rêveries sur la Rêverie sous le signe de l'*Anima*.

XIII

Pour nous qui ne pouvons travailler que sur des documents écrits, sur des documents qui sont produits par une volonté de « rédiger », une indécision ne peut être effacée dans les conclusions qui terminent nos enquêtes. En fait, qui écrit ? L'*animus* ou l'*anima* ? Est-il possible qu'un écrivain conduise jusqu'au bout sa sincérité d'*animus* et sa sincérité d'*anima* ? Nous ne sommes pas aussi confiant que pouvait l'être l'annotateur du livre d'Eckermann qui prenait comme axiomes pour déterminer une psychologie d'écrivain : « Dis-moi qui tu crées, je te dirai qui tu es (1). » La création littéraire d'une femme par un homme, d'un homme par une femme sont des créations brûlantes. Il nous faudrait interroger le créateur en une double question : qu'es-tu en *animus* — qu'es-tu en *anima* ? Et aussitôt l'œuvre littéraire, la création littéraire, entrerait dans les pires ambiguïtés. En suivant l'axe le plus simple de la rêverie heureuse, nous nous complaisons aux rêveries d'idéalisation. Mais, dans la volonté de créer des êtres que l'écrivain veut réels, veut durs, veut virils, la rêverie passe au second plan. Et l'écrivain accepte une perspective d'avilissement. Des compensations entrent en jeu. Un *animus* qui n'a pas trouvé, dans la vie, une *anima* assez pure en vient à mépriser le féminin. Il voudrait, dans le réel psychologique, trouver des racines d'idéalisation. Il est réfractaire à l'idéalisation qui pourtant est, à sa racine, en son propre être.

Quant à nous, nous nous interdisons de franchir le barrage, d'aller de la psychologie de l'œuvre à la psychologie de son auteur. Je ne serai jamais qu'un psychologue des livres. Du moins, dans cette psychologie des livres, deux hypothèses doivent être essayées : l'homme est semblable à l'œuvre, l'homme est contraire à l'œuvre. Et pourquoi, ensemble, les deux hypothèses ne seraient-elles pas valables ? La psychologie n'est pas à une contradiction près. Et c'est en mesurant le poids d'application de

---

(1) *Conversations de Gœthe recueillies par Eckermann*, trad. Émile Délérot, 1883, t. I, p. 88.

ces deux hypothèses qu'on pourra étudier en toutes ses finesses, en tous ses subterfuges, la psychologie de la compensation.

Dans le cas extrême des contradictions d'*animus* et d'*anima* qui apparaissent dans des œuvres qui « contredisent » leurs auteurs, il faut abandonner la causalité des lourdes passions. Valéry écrivait à Gide en 1891 : « Quand Lamartine a écrit *La chute d'un ange*, toutes les femmes de Paris étaient ses maîtresses. Quand Rachilde a écrit *Monsieur Vénus*, elle était vierge (1). »

Quel psychanalyste nous aidera à entrer dans tous les tours et détours de la préface que Maurice Barrès a écrite en 1889 pour le livre de Rachilde : *Monsieur Vénus* ? Cette préface a justement pour titre : *Complications d'amour*. Quel étonnement, pour Barrès devant un tel livre, « ce vice savant éclatant dans le rêve d'une vierge ». « Rachilde naquit avec un cerveau en quelque sorte infâme et coquet. » Et citant Rachilde, Barrès continue : « Dieu aurait dû créer l'amour d'un côté et les sens de l'autre. L'amour véritable ne se devrait composer que d'amitié chaude (2). »

Et Maurice Barrès conclut : « Ne nous semble-t-il pas que *Monsieur Vénus*, en plus des lueurs qu'il porte sur certaines dépravations de ce temps, est un cas infiniment attachant pour ceux que préoccupent les rapports, si difficiles à saisir, qui unissent l'œuvre d'art au cerveau qui l'a mise debout (3) ? »

Restera toujours que, pour bien idéaliser la femme, il faut être un homme, un homme de songe réconforté en sa conscience d'*anima*. Après les premières passions, Barrès ne rêve-t-il pas de « se créer une image féminine, fine et douce, et qui tressaillerait en lui, et qui serait lui » (4). En une véritable déclaration à son *anima*, il sait dire : « Et c'est moi seul que j'aime pour le parfum féminin de mon âme. » En cette formule, l'égotisme barrésien reçoit une dialectique qui ne peut s'analyser que dans une psychologie d'*animus* et d'*anima*. Au début du récit, on avait pu lire qu'il s'agissait non pas d'une histoire d'amour, mais plutôt de « l'histoire d'une âme avec ses deux éléments, féminin et mâle » (5).

Sans doute le rêveur est bien mal parti qui voudrait passer de Bérénice à Béatrice, du récit barrésien de pauvre sensualité

---

(1) Cité par Henri Mondor, *Les premiers temps d'une amitié*, p. 146.
(2) Rachilde, *Monsieur Vénus*, Préface de Maurice Barrès, Paris, Félix Brossier, 1889, p. xvii.
(3) *Loc. cit.*, p. xxi.
(4) Maurice Barrès, *Sous l'œil des barbares*, éd. Emile Paul, 1911, p. 115, p. 117.
(5) *Loc. cit.*, p. 57.

à la plus grande des idéalisations des valeurs humaines chez Dante. Du moins, il nous semble frappant que Barrès lui-même ait cherché cette idéalisation. Il connaît le problème posé par la philosophie de Dante ; Béatrice ne représente-t-elle pas la Femme, l'Église, la Théologie ? Béatrice est une synthèse des plus grandes idéalisations : elle est pour un rêveur des valeurs humaines l'*Anima* savante. Elle rayonne par le cœur et l'intelligence. Pour traiter ce problème il faudrait un grand livre. Mais ce livre est écrit. Le lecteur pourra se reporter à l'ouvrage d'Étienne Gilson : *Dante et la philosophie* (1).

(1) E. Gilson, *Dante et la philosophie*, Paris, Vrin, 1939.

CHAPITRE III

LES RÊVERIES VERS L'ENFANCE

> Solitude, ma mère, redites-moi ma vie.
> (O. V. de Milosz, *Symphonie de septembre*.)

> « Je n'ai vécu, en quelque sorte, que pour avoir à quoi survivre. En confiant au papier ces futiles remembrances, j'ai conscience d'accomplir l'acte le plus important de ma vie. J'étais prédestiné au Souvenir. »
> (O. W. de Milosz, *L'amoureuse initiation*, Grasset, p. 2.)

> « Je t'apporte d'une eau perdue dans ta mémoire —
> « suis-moi jusqu'à la source et trouve son secret. »
> (Patrice de La Tour du Pin, *Le second jeu*, éd. Gallimard, p. 106).

I

Quand, dans la solitude, rêvant un peu longuement, nous allons loin du présent, revivre les temps de la première vie, plusieurs visages d'enfants viennent à notre rencontre. Nous fûmes plusieurs dans la vie essayée, dans notre vie primitive. C'est seulement par le récit des autres que nous avons connu notre unité. Sur le fil de notre histoire racontée par les autres, nous finissons, année par année, à nous ressembler. Nous amassons tous nos êtres autour de l'unité de notre nom.

Mais la rêverie ne raconte pas. Ou, du moins, il est des rêveries si profondes, des rêveries qui nous aident à descendre si profondément en nous qu'elles nous débarrassent de notre histoire. Elles nous libèrent de notre nom. Elles nous rendent, ces solitudes d'aujourd'hui, aux solitudes premières. Ces solitudes premières, ces solitudes d'enfant, laissent, dans certaines âmes, des marques ineffaçables. Toute la vie est sensibilisée pour la rêverie poétique, pour une rêverie qui sait le prix de la solitude. L'enfance connaît le malheur par les hommes. En la solitude, il peut détendre ses peines. L'enfant se sent fils du cosmos quand le monde humain lui laisse la paix. Et c'est ainsi que dans ses solitudes, dès qu'il est maître de ses rêveries, l'enfant connaît le bonheur de rêver qui sera plus tard le bonheur des poètes. Comment ne pas sentir qu'il y a communication entre notre solitude de rêveur et les solitudes de l'enfance ? Et ce n'est pas pour rien que, dans une rêverie tranquille, nous suivons souvent la pente qui nous rend à nos solitudes d'enfance.

Laissons alors à la psychanalyse le soin de guérir les enfances malmenées, de guérir les puériles souffrances d'une *enfance indurée* qui opprime la psyché de tant d'adultes. Une tâche est ouverte à une poético-analyse qui nous aiderait à reconstituer en nous l'être des solitudes libératrices. La poético-analyse doit nous rendre tous les privilèges de l'imagination. La mémoire est un champ de ruines psychologiques, un bric-à-brac de souvenirs. Toute notre enfance est à réimaginer. En la réimaginant, nous avons chance de la retrouver dans la vie même de nos rêveries d'enfant solitaire.

Dès lors, les thèses que nous voulons défendre en ce chapitre reviennent toutes à faire reconnaître la permanence, dans l'âme humaine, d'un noyau d'enfance, une enfance immobile mais toujours vivante, hors de l'histoire, cachée aux autres, déguisée en histoire quand elle est racontée, mais qui n'a d'être réel que dans ses instants d'illumination — autant dire dans les instants de son existence poétique.

Quand il rêvait dans sa solitude, l'enfant connaissait une existence sans limite. Sa rêverie n'était pas simplement une rêverie de fuite. C'était une rêverie d'essor.

Il est des rêveries d'enfance qui surgissent avec l'éclat d'un feu. Le poète retrouve l'enfance en la disant avec un verbe de feu :

> *Verbe en feu. Je dirai ce que fut mon enfance.*
> *On dénichait la lune rouge au fond des bois* (1).

Un excès d'enfance est un germe de poème. On se moquerait d'un père qui pour l'amour de son enfant irait « décrocher la lune ». Mais le poète ne recule pas devant ce geste cosmique. Il sait, en son ardente mémoire, que c'est là un geste d'enfance. L'enfant sait bien que la lune, ce grand oiseau blond, a son nid quelque part dans la forêt.

Ainsi, des images d'enfance, des images qu'un enfant a pu faire, des images qu'un poète nous dit qu'un enfant a faites sont pour nous des manifestations de l'enfance permanente. Ce sont là des images de la solitude. Elles disent la continuité des rêveries de la grande enfance et des rêveries de poète.

(1) Alain BOSQUET, *Premier Testament*, Paris, Gallimard, p. 17.

II

Il semble donc que si nous nous aidons des images des poètes, l'enfance soit révélée comme psychologiquement belle. Comment ne pas parler de beauté psychologique devant un événement attrayant de notre vie intime ? Cette beauté est en nous, à fond de mémoire. Elle est la beauté d'un essor qui nous ranime, qui met en nous le dynamisme d'une beauté de vie. Dans notre enfance, la rêverie nous donnait la liberté. Et il est frappant que le domaine le plus favorable pour recevoir la conscience de la liberté soit précisément la rêverie. Saisir cette liberté quand elle intervient dans une rêverie d'enfant n'est un paradoxe que si l'on oublie que nous rêvons encore à la liberté comme nous en rêvions quand nous étions enfant. Quelle autre liberté psychologique avons-nous que la liberté de rêver ? Psychologiquement parlant, c'est dans la rêverie que nous sommes des êtres libres.

Une enfance potentielle est en nous. Quand nous allons la retrouver en nos rêveries, plus encore que dans sa réalité, nous la revivons en ses possibilités. Nous rêvons à tout ce qu'elle aurait pu être, nous rêvons à la limite de l'histoire et de la légende. Pour atteindre les souvenirs de nos solitudes, nous idéalisons les mondes où nous fûmes enfant solitaire. C'est donc un problème de psychologie positive que celui de rendre compte de l'idéalisation très réelle des souvenirs d'enfance, de l'intérêt personnel que nous prenons à tous les souvenirs d'enfance. Et c'est ainsi qu'il y a communication entre un poète de l'enfance et son lecteur par l'intermédiaire de l'enfance qui dure en nous. Cette enfance demeure d'ailleurs comme une sympathie d'ouverture à la vie, elle nous permet de comprendre et d'aimer les enfants comme si nous étions leurs égaux en vie première.

Qu'un poète nous parle, et nous voici eau vive, source neuve. Écoutons Charles Plisnier :

> *Ah ! Pourvu que j'y consente*
> *mon enfance te voici*
> *aussi vive, aussi présente*
>
> *Firmanent de verre bleu*
> *arbre de feuille et de neige*
> *rivière qui court, où vais-je ?* (1).

En lisant ces vers, je vois le ciel bleu au-dessus de ma rivière dans les étés de l'autre siècle.

L'être de la rêverie traverse sans vieillir tous les âges de

---

(1) Charles PLISNIER, *Sacre*, XXI.

l'homme, de l'enfance à la vieillesse. Et c'est pourquoi, tard dans la vie, on éprouve une sorte de redoublement de rêverie quand on tente de faire revivre des rêveries d'enfance.

Ce redoublement de rêverie, cet approfondissement de rêverie que nous éprouvons quand nous rêvons à notre enfance, explique que, dans toute rêverie, même celle qui nous prend dans la contemplation d'une grande beauté du monde, nous nous trouvons bientôt sur la pente des souvenirs ; insensiblement, nous sommes ramenés à des rêveries anciennes, si anciennes soudain que nous ne pensons plus à les dater. Une lueur d'éternité descend sur la beauté du monde. Nous sommes devant un grand lac dont les géographes savent le nom, au milieu de hautes montagnes, et voici que nous retournons à un lointain passé. Nous rêvons en nous souvenant. Nous nous souvenons en rêvant. Nos souvenirs nous redonnent une simple rivière qui reflète un ciel appuyé aux collines. Mais la colline grandit, l'anse de la rivière s'élargit. Le petit devient grand. Le monde de la rêverie d'enfance est aussi grand, plus grand que le monde offert à la rêverie d'aujourd'hui. De la rêverie poétique devant un grand spectacle du monde à la rêverie d'enfance, il y a commerce de grandeur. Et c'est ainsi que l'enfance est à l'origine des plus grands paysages. Nos solitudes d'enfant nous ont donné les immensités primitives.

En rêvant à l'enfance, nous revenons au gîte des rêveries, aux rêveries qui nous ont ouvert le monde. C'est la rêverie qui nous fait premier habitant du monde de la solitude. Et nous habitons d'autant mieux le monde que nous l'habitons comme l'enfant solitaire habite les images. Dans la rêverie de l'enfant, l'image prime tout. Les expériences ne viennent qu'après. Elles vont à contre-vent de toutes les rêveries d'essor. L'enfant voit grand, l'enfant voit beau. La rêverie vers l'enfance nous rend à la beauté des images premières.

Est-ce que le monde peut être aussi beau maintenant ? Notre adhésion à la beauté première fut si forte que si la rêverie nous reporte à nos plus chers souvenirs, le monde actuel est tout décoloré. Un poète qui écrit un livre de poèmes sous le titre : *Jours de béton* peut dire :

> ... *Le monde chancelle*
> *lorsque je tiens de mon passé*
> *de quoi vivre au fond de moi-même* (1).

---

(1) Paul Chaulot, *Jours de béton*, édit. Amis de Rochefort, p. 98.

Ah ! comme nous serions solides en nous-mêmes si nous pouvions vivre, revivre, sans nostalgie, en toute ardeur, dans notre monde primitif.

En somme, cette ouverture au monde dont se prévalent les philosophes, n'est-elle pas une réouverture au monde prestigieux des premières contemplations ? Autrement dit, cette intuition du monde, cette Weltanschauung, est-ce autre chose qu'une enfance qui n'ose pas dire son nom ? Les racines de la grandeur du monde plongent dans une enfance. Le monde commence pour l'homme par une révolution d'âme qui bien souvent remonte à une enfance. Une page de Villiers de L'Isle-Adam va nous en donner un exemple. Dans son livre *Isis*, il écrit, en 1862, de son héroïne, la femme dominatrice (1) : « Le caractère de son esprit se détermina seul, et ce fut par d'obscures transitions qu'il atteignit les proportions immanentes où le moi s'affirme pour ce qu'il est L'heure sans nom, l'heure éternelle où les enfants cessent de regarder vaguement le ciel et la terre, sonna pour elle dans sa neuvième année. Ce qui rêvait confusément dans les yeux de cette petite fille demeura, dès ce moment, d'une lueur plus fixe : on eût dit qu'elle éprouvait le sens d'elle-même en s'éveillant dans nos ténèbres. »

Ainsi, dans « une heure sans nom », « le monde s'affirme pour ce qu'il est » et l'âme qui rêve est une conscience de solitude. A la fin du récit de Villiers de L'Isle-Adam (p. 225), l'héroïne pourra dire : « Ma mémoire abîmée tout à coup dans les domaines profonds du rêve, éprouvait d'inconcevables souvenirs. » L'âme et le monde sont ainsi, ensemble, ouverts à l'immémorial.

Ainsi toujours en nous, comme un feu oublié, une enfance peut reprendre. Le feu de jadis et le froid d'aujourd'hui se touchent dans un grand poème de Vincent Huidobro :

> *En mon enfance naît une enfance ardente comme l'alcool*
> *Je m'asseyais dans les chemins de la nuit*
> *J'écoutais le discours des étoiles*
> *Et celui de l'arbre.*
> *Maintenant l'indifférence enneige le soir de mon âme* (2).

Ces images qui surviennent du fond de l'enfance ne sont pas vraiment des souvenirs. Pour en mesurer toute la vitalité, il faudrait qu'un philosophe pût développer toutes les dialectiques

---

(1) Comte de Villiers de L'Isle-Adam, *Isis*, Librairie internationale, Paris, Bruxelles, 1862, p. 85.
(2) Vincent Huidobro, *Altaible*, trad. Vincent Verhesen, p. 56.

trop vite résumées par les deux mots imagination et mémoire. Nous allons consacrer un court paragraphe à sensibiliser la limite des souvenirs et des images.

III

Quand nous amassions, dans notre livre : *La poétique de l'espace*, les thèmes qui constituaient à nos yeux la « psychologie » de la maison, nous avons vu jouer sans fin des dialectiques de faits et de valeurs, de réalités et de songes, de souvenirs et de légendes, de projets et de chimères. Examiné dans de telles dialectiques, le passé n'est pas stable, il ne revient à la mémoire ni avec les mêmes traits, ni avec la même lumière. Aussitôt que le passé est pris dans un réseau de valeurs humaines, dans les valeurs d'intimité d'un être qui n'oublie pas, il apparaît dans la double puissance de l'esprit qui se souvient et de l'âme qui se repaît de sa fidélité. L'âme et l'esprit n'ont pas la même mémoire. Sully Prudhomme a connu cette division, lui qui écrit :

> *O souvenir, l'âme renonce,*
> *Effrayée, à te concevoir.*

C'est seulement quand l'âme et l'esprit sont unis dans une rêverie par la rêverie que nous bénéficions de l'union de l'imagination et de la mémoire. C'est dans une telle union que nous pouvons dire que nous revivons notre passé. Notre être passé s'imagine revivre.

Dès lors, pour constituer la poétique d'une enfance évoquée dans une rêverie, il faut donner aux souvenirs leur atmosphère d'image. Pour rendre plus nettes nos réflexions de philosophe sur la rêverie qui se souvient, distinguons quelques centres de polémique entre faits et valeurs psychologiques.

Dans leur primitivité psychique, Imagination et Mémoire apparaissent en un complexe indissoluble. On les analyse mal en les rattachant à la perception. Le passé remémoré n'est pas simplement un passé de la perception. Déjà, puisqu'on se souvient, dans une rêverie le passé se désigne comme valeur d'image. L'imagination colore dès l'origine les tableaux qu'elle aimera à revoir. Pour aller jusqu'aux archives de la mémoire, il faut au delà des faits retrouver des valeurs. On n'analyse pas la familiarité en comptant des répétitions. Les techniques de la psychologie expérimentale ne peuvent guère envisager une étude de l'imagination considérée en ses valeurs créatrices. Pour revivre les *valeurs* du passé, il faut rêver, il faut accepter cette grande dilatation psychique qu'est la rêverie, dans la paix d'un grand repos. Alors la Mémoire et l'Imagination rivalisent pour nous rendre les images qui tiennent à notre vie.

En somme, bien dire des faits, dans la positivité de l'histoire d'une vie, c'est la tâche de la mémoire de l'*animus*. Mais l'*animus* est l'homme du dehors, l'homme qui a besoin des autres pour penser. Qui nous aidera à retrouver en nous le monde des valeurs psychologiques de l'intimité ? Plus je lis les poètes, plus je trouve de réconfort et de paix dans les rêveries du souvenir. Les poètes nous aident à choyer nos bonheurs d'*anima*. Naturellement, le poète ne nous dit rien de notre passé positif. Mais par la vertu de la vie imaginée, le poète met en nous une nouvelle lumière : en nos rêveries, nous faisons des tableaux impressionnistes de notre passé. Les poètes nous convainquent que toutes nos rêveries d'enfant méritent d'être recommencées.

La triple liaison : imagination, mémoire et poésie devra alors — second thème de notre recherche — nous aider à situer, dans le règne des valeurs, ce phénomène humain qu'est une enfance solitaire, une enfance cosmique. Il s'agirait alors pour nous, si nous pouvions approfondir notre esquisse, de réveiller en nous, par la lecture des poètes, grâce parfois à la seule image d'un poète, un état de neuve enfance, d'une enfance qui va plus loin que les souvenirs de notre enfance, comme si le poète nous faisait continuer, achever une enfance qui ne s'est pas bien accomplie, qui pourtant était nôtre et que sans doute, en bien des reprises, nous avons souvent rêvée. Les documents poétiques que nous réunirons doivent donc nous rendre à cet onirisme naturel, originel, qui n'a pas de préalable, l'onirisme même de nos rêveries d'enfance.

Ces enfances multipliées en mille images ne sont certainement pas datées. Ce serait aller contre leur onirisme que d'essayer de les coincer dans des coïncidences pour les lier aux petits faits de la vie domestique. La rêverie déplace des globes de pensées sans grand souci de suivre le fil d'une aventure, bien différente en cela du rêve qui veut toujours nous conter une histoire.

L'histoire de notre enfance n'est pas psychiquement datée. Les dates, on les remet après coup ; elles viennent d'autrui, d'ailleurs, d'un autre temps que le temps vécu. Les dates viennent du temps où précisément l'on *raconte*. Victor Ségalen, grand rêveur de vie, a senti la différence de l'enfance racontée et de l'enfance remise en une durée qu'on rêve : « L'on redit à un enfant quelque trait de sa première enfance, il le retient et s'en servira plus tard pour se souvenir, réciter à son tour et prolonger, par répétition, la durée factice (1). » Et dans une autre page (2), Victor Ségalen voudrait retrouver « le premier adolescent » se rencontrer vraiment « en première fois » avec l'adolescent qu'il fut. Si l'on répète trop les souvenirs, « ce fantôme rare » n'est plus qu'une copie sans vie. Les « souvenirs purs » sans cesse redits deviennent des rengaines de la personnalité.

Combien de fois un « souvenir pur » peut-il réchauffer une âme qui se souvient ? Le « souvenir pur » ne peut-il, lui aussi, devenir une habitude ? Pour enrichir nos rêveries monotones, pour revivifier les « souvenirs purs » qui se répètent, quelle aide nous recevons des « variations » que nous offrent les poètes ! La psychologie de l'imagination doit être une doctrine des « variations psychologiques ». L'imagination est une faculté si actuelle qu'elle suscite des « variations » jusque dans nos souvenirs d'enfance. Toutes ces variations poétiques que nous recevons dans une exaltation sont autant de preuves de la permanence en nous d'un noyau d'enfance. L'histoire nous gêne plus qu'elle nous sert si nous voulons, en phénoménologue, en saisir l'essence.

Un tel projet phénoménologique d'accueillir en son actualité personnelle la poésie des rêveries d'enfance est naturellement bien différent des examens objectifs si utiles des psychologues de l'enfant. Même en laissant parler librement les enfants, même en les observant sans censure, tandis qu'ils ont la totale liberté de leur jeu, même en les écoutant avec la douce patience d'un psychanalyste d'enfants, on n'atteint pas nécessairement la pureté simple de l'examen phénoménologique. On est bien trop instruit pour cela et par conséquent trop porté à appliquer la méthode comparative. Une mère saurait mieux qui voit en son enfant un *incomparable*. Mais hélas ! une mère ne sait pas longtemps... Dès qu'un enfant a atteint « l'âge de raison », dès qu'il perd son droit absolu à imaginer le monde, la mère se fait un devoir, comme tous les éducateurs, de lui apprendre à être *objectif* — objectif à la simple manière où les adultes se croient « objectifs ». On le bourre de socialité. On le prépare à sa vie d'homme dans l'idéal des hommes stabilisés. On l'instruit aussi dans l'histoire de sa famille. On lui apprend la plupart des souvenirs de la petite enfance, toute une histoire que l'enfant saura toujours raconter. L'enfance — cette pâte ! — est poussée

---

(1) Victor Ségalen, *Voyage au pays du réel*, Paris, Plon, 1929, p. 214.
(2) *Loc. cit.*, p. 222.

dans la filière pour que l'enfant prenne bien la suite de la vie des autres.

L'enfant entre ainsi dans la zone des conflits familiaux, sociaux, psychologiques. Il devient un homme prématuré. Autant dire que cet homme prématuré est en état d'enfance refoulée.

L'enfant questionné, l'enfant examiné par le psychologue adulte, fort de sa conscience d'*animus*, ne livre pas sa solitude. La solitude de l'enfant est plus secrète que la solitude de l'homme. C'est souvent tard dans la vie que nous découvrons, en leur profondeur, nos solitudes d'enfant, les solitudes de notre adolescence. C'est dans le dernier quart de la vie qu'on comprend les solitudes du premier quart en répercutant la solitude du vieil âge sur les solitudes oubliées de l'enfance (1). Seul, très seul, est l'enfant rêveur. Il vit dans le monde de sa rêverie. Sa solitude est moins sociale, moins dressée contre la société, que la solitude de l'homme. L'enfant connaît une rêverie naturelle de solitude, une rêverie qu'il ne faut pas confondre avec celle de l'enfant boudeur. En ses solitudes heureuses, l'enfant rêveur connaît la rêverie cosmique, celle qui nous unit au monde.

A notre avis, c'est dans les souvenirs de cette solitude cosmique que nous devons trouver le noyau d'enfance qui reste au centre de la psyché humaine. C'est là que se nouent au plus près l'imagination et la mémoire. C'est là que l'être de l'enfance noue le réel et l'imaginaire, qu'il vit en toute imagination les images de la réalité. Et toutes ces images de sa solitude cosmique réagissent en profondeur dans l'être de l'enfant ; à l'écart de son être pour les hommes, se crée, sous l'inspiration du monde, un être pour le monde. Voilà l'être de l'enfance cosmique. Les hommes passent, le cosmos reste, un cosmos toujours premier, un cosmos que les plus grands spectacles du monde n'effaceront pas dans tout le cours de la vie. La cosmicité de notre enfance demeure en nous. Elle réapparaît en nos rêveries dans la solitude. Ce noyau d'enfance cosmique est alors en nous comme une fausse mémoire. Nos rêveries solitaires sont les activités d'une métamnésie. Il semble que nos rêveries vers les rêveries de notre enfance

---

(1) Gérard de NERVAL écrit : « Les souvenirs d'enfance se ravivent quand on atteint la moitié de la vie » (*Les filles du feu, Angélique*, 6ᵉ lettre, édit. du Divan, p. 80). Notre enfance attend longtemps avant d'être réintégrée dans notre vie. Cette réintégration n'est sans doute réalisable que dans la dernière moitié de la vie, quand on redescend le côteau. JUNG écrit (*Die Psychologie der Uebertragung*, p. 167) : « L'intégration du Soi est, prise en son sens profond, une question de la deuxième moitié de la vie. » Tant qu'on est dans le plein âge, il semble que l'adolescence qui subsiste en nous fasse barrage à une enfance qui attend d'être revécue. Cette enfance est le règne du soi-même, du Selbst évoqué par Jung. La psychanalyse devrait être exercée par des vieillards.

nous font connaître un être préalable à notre être, toute une perspective d'*antécédence d'être*.

Étions-nous, rêvions-nous d'être et maintenant en rêvant à notre enfance sommes-nous nous-mêmes ?

Cette antécédence d'être se perd dans le lointain du temps, entendons, dans les lointains de notre temps intime, dans cette multiple indétermination de nos naissances au psychisme, car le psychisme est essayé en maintes tentatives. Sans cesse, le psychisme tente de naître. Cette antécédence d'être, cette infinitude du temps de la lente enfance sont corrélatives. L'histoire — toujours l'histoire des autres ! — plaquée sur les limbes du psychisme obscurcit toutes les puissances de la métamnésie personnelle. Et cependant, psychologiquement parlant, les *limbes* ne sont pas des *mythes*. Ce sont des réalités psychiques ineffaçables. Pour nous aider à pénétrer dans ces limbes de l'antécédence d'être, les rares poètes vont nous apporter des lueurs. Les lueurs ! Lumière sans limite !

IV

Edmond Vandercammen écrit :

> *Toujours en amont de moi-même*
> *J'avance, implore et me poursuis*
> *— O dure loi de mon poème*
> *Au creux d'une ombre qui me fuit* (1).

En quête du plus lointain souvenir, le poète veut un viatique, une valeur première plus grande que le simple souvenir d'un événement de son histoire :

> *Où je croyais me souvenir*
> *Je ne voulais qu'un peu de sel*
> *Me reconnaître et repartir.*

Et dans un autre poème (2) allant dans l'amont de l'amont, le poète peut dire :

> *Nos ans ne sont-ils pas des songes minéraux ?*

Si les sens se souviennent, ne vont-ils pas trouver, dans une archéologie du sensible, ces « songes minéraux », ces songes

---

(1) Edmond Vandercammen, *La porte sans mémoire*, p. 15.
(2) E. Vandercammen, *loc. cit.*, p. 39.

des « éléments », qui nous attachent au monde, en une « enfance éternelle » ?

« En amont de moi-même », dit le poète, « en amont de l'amont », dit la rêverie qui cherche à remonter aux sources de l'être, voilà les preuves de l'antécédence d'être. Cette antécédence de l'être, les poètes la cherchent, donc elle existe. Une telle certitude est un des axiomes d'une philosophie de l'onirisme.

En quel au-delà les poètes ne savent-ils pas se souvenir ? La vie première n'est-elle pas un essai d'éternité ? Jean Follain peut écrire :

> *Alors que dans les champs*
> *de son enfance éternelle*
> *le poète se promène*
> *qui ne veut rien oublier* (1).

Comme la vie est grande quand on médite sur ses commencements ! Méditer sur une origine, n'est-ce pas rêver ? Et rêver sur une origine n'est-ce pas la dépasser ? Au delà de notre histoire se tend « notre incommensurable mémoire » suivant une expression que Baudelaire emprunte à de Quincey (2).

Pour forcer le passé, quand l'oubli nous enserre, les poètes nous engagent à réimaginer l'enfance perdue. Ils nous apprennent « les audaces de la mémoire » (3). Il faut inventer le passé, nous dit un poète :

> *Invente. Il n'est fête perdue*
> *au fond de la mémoire* (4).

Et lorsque le poète invente ces grandes images qui révèlent l'intimité du monde, ne se souvient-il pas ?

Parfois, l'adolescence dérange tout. L'adolescence, cette fièvre du temps dans la vie humaine ! Les souvenirs sont trop clairs pour que les rêves soient grands. Et le rêveur sait bien qu'il faut aller au delà du temps des fièvres pour trouver le temps tranquille, le temps de l'enfance heureuse dans sa propre substance. Quelle sensibilité à la limite des temps d'enfance tranquille et des temps de l'adolescence agitée n'y a-t-il pas dans cette page de Jean Follain : « Il y avait de ces matins où pleurait la substance... Déjà ce sentiment d'éternité que porte en elle la petite enfance avait disparu (5). » Quel changement dans la

(1) Jean Follain, *Exister*, p. 37.
(2) Baudelaire, *Les paradis artificiels*, p. 329.
(3) Pierre Emmanuel, *Tombeau d'Orphée*, p. 49.
(4) Robert Ganzo, *L'œuvre poétique*, Grasset, p. 46.
(5) Jean Follain, *Chef-lieu*, p. 201.

vie quand on tombe sous le règne du temps qui use, du temps où la substance de l'être a des larmes !

Qu'on médite sur tous les poèmes que nous venons de citer. Ils sont bien différents et pourtant ils portent tous le témoignage d'une aspiration à franchir la limite, à remonter le courant, à retrouver le grand lac aux eaux calmes où le temps se repose de couler. Et ce lac est en nous, comme une eau primitive, comme le milieu où une enfance immobile continue de séjourner.

Quand les poètes nous appellent vers cette région, nous connaissons une rêverie tendre, une rêverie hypnotisée par le lointain. C'est cette tension des rêveries d'enfance que nous désignons, faute de mieux, par le terme d'antécédence de l'être. Il faut, pour l'entrevoir, profiter de la *détemporalisation* des états de grande rêverie. On peut ainsi, croyons-nous, connaître des états qui sont ontologiquement au-dessous de l'être et au-dessus du néant. En ces états s'amortit la contradiction de l'être et du non-être. Un moins-être s'essaie à l'être. Cette antécédence d'être n'a pas encore la responsabilité de l'être. Elle n'a pas non plus la solidité de l'être constitué qui croit pouvoir se confronter à un non-être. Dans un tel état d'âme, on sent bien que l'opposition logique, dans sa lumière trop vive, efface toute possibilité d'ontologie pénombrale. Il faut des touches très adoucies pour suivre, en une dialectique de la lueur et de la pénombre, toutes les émergences de l'humain qui s'essaie à être. Vie et mort sont des termes trop gros. Dans une rêverie, le mot mort est un mot grossier. On ne doit pas s'en servir pour une étude micrométaphysique de l'être qui apparaît et disparaît pour réapparaître en suivant les ondulations d'une rêverie d'être. D'ailleurs, si l'on meurt dans certains rêves, dans les rêveries, c'est-à-dire dans l'onirisme paisible, on ne meurt pas. Faut-il dire aussi que, d'une façon générale, la naissance et la mort ne sont pas psychologiquement symétriques ? Il y a en l'être humain tant de forces naissantes qui, en leur départ, ne connaissent pas la fatalité monotone de la mort ! On ne meurt qu'une fois. Mais psychologiquement nous sommes multiplement nés. L'enfance coule de tant de sources qu'il serait aussi vain d'en faire la géographie que d'en faire l'histoire. Ainsi dit le poète :

> *Des enfances j'en ai tant et tant*
> *Que je m'y perdrais en les comptant* (1).

---

(1) Alexandre ARNOUX, *Petits poèmes*, Paris, Seghers p. 31.

Toutes ces lueurs psychiques des naissances ébauchées éclairent un cosmos naissant qui est le cosmos des limbes. Lueurs et limbes, voilà donc la dialectique de l'antécédence de l'être d'enfance. Un rêveur de mots ne peut manquer d'être sensible à la douceur de parole qui met lueurs et limbes sous l'empire de deux labiées. Avec la lueur, il y a de l'eau dans la lumière et les Limbes sont aquatiques. Et nous retrouverons toujours la même certitude onirique : l'Enfance est une Eau humaine, une eau qui sort de l'ombre. Cette enfance dans les brumes et les lueurs, cette vie dans la lenteur des limbes, nous donne une certaine épaisseur de naissances. Que d'êtres nous avons commencés ! Que de sources perdues qui pourtant ont coulé ! Alors la rêverie vers notre passé, la rêverie cherchant l'enfance semble remettre en vie des vies qui n'ont pas eu lieu, des vies qui ont été imaginées. La rêverie est une mnémotechnie de l'imagination. En la rêverie, nous reprenons contact avec des possibilités que le destin n'a pas su utiliser. Un grand paradoxe s'attache à nos rêveries vers l'enfance : ce passé mort a en nous un avenir, l'avenir de ses images vivantes, l'*avenir de rêverie* qui s'ouvre devant toute image retrouvée.

V

Les grands rêveurs d'enfances sont attirés par cet au-delà de la naissance. Karl Philipp Moritz, qui a su faire dans son *Anton Reiser* une autobiographie où se tissent étroitement ses rêves et ses souvenirs, a hanté ces préambules de l'existence. Les idées de l'enfance sont peut-être, dit-il, le lien imperceptible qui nous rattache à des états antérieurs, si du moins ce qui est maintenant notre moi a déjà existé une fois, dans d'autres conditions.

« Notre enfance serait alors le Léthé où nous aurions bu pour ne pas nous dissoudre dans le Tout antérieur et à venir, pour avoir une personnalité convenablement délimitée. Nous sommes placés dans une sorte de labyrinthe ; nous ne retrouvons pas le fil qui nous permettrait d'en sortir, et, sans doute, *ne faut-il pas* que nous le retrouvions. C'est pourquoi nous rattachons le fil de l'Histoire à l'endroit où se rompt le fil de nos souvenirs (personnels), et nous vivons, lorsque notre propre existence nous échappe, dans celle de nos ancêtres (1). »

---

(1) Cité par Albert Béguin, *L'âme romantique et le rêve*, 1ʳᵉ éd., t. I, p. 83-84. C'est dans cette conscience de pénombre qu'il faut lire les stances de Saint John Perse :
... *Qui sait encore le lieu de sa naissance ?* (cité par Alain Bosquet, *Saint John Perse*, édit. Seghers, p. 56).

Le psychologue de la psychologie des enfants aura vite fait de mettre son étiquette de *métaphysique* sur de telles rêveries. Elles seront pour lui vaines entre toutes, puisque ce sont des rêveries que tout le monde ne fait pas, ou que les plus fous des rêveurs n'oseraient pas dire. Mais le fait est là, cette rêverie a été faite ; elle a reçu d'un grand rêveur, d'un grand écrivain, la dignité de l'écriture. Et ces folies et ces vains songes, et ces pages aberrantes, elles trouvent des lecteurs qui s'y passionnent. Albert Béguin, après avoir cité la page de Moritz ajoute que Carl Gustav Carus, médecin et psychologue, disait que « pour des observations de cette profondeur, il donnerait tous les mémoires dont on inonde la littérature ».

Les rêves de labyrinthe qu'évoque la rêverie de Moritz ne peuvent s'expliquer par des expériences vécues. On ne les forme pas avec des anxiétés de couloirs (1). Ce n'est pas avec des expériences que les grands rêveurs d'enfance se posent la question : d'où sortons-nous ? Il y a peut-être une sortie vers la conscience claire, mais où fut l'entrée du labyrinthe ? Nietzsche ne dit-il pas : « Si nous voulons esquisser une architecture conforme à la structure de notre âme..., il faudrait la concevoir à l'image du Labyrinthe (2). » Un labyrinthe aux parois molles entre lesquelles chemine, se glisse le rêveur. Et d'un rêve à l'autre, le labyrinthe change.

Une « nuit des temps » est en nous. Celle qu'on « apprend » par la préhistoire, par l'histoire, par la mise en ligne des « dynasties » ne saurait jamais être une « nuit des temps » vécue. Quel rêveur pourra jamais comprendre comment avec dix siècles on fait un millénaire ? Qu'on nous laisse donc rêver sans chiffres à notre jeunesse, à notre enfance, à l'Enfance. Ah ! que ces temps sont loin ! Qu'il est ancien notre millénaire intime ! celui qui est à nous, en nous, tout près à engloutir l'avant-nous ! Quand on rêve à fond, on n'en a jamais fini de commencer. Novalis a écrit :

Aller wirklicher Anfang ist ein zweiter Moment (3).
Tout commencement effectif est un deuxième moment.

---

(1) Nous n'avons pas non plus à évoquer en analysant de telles rêveries le traumatisme de la naissance étudié par le psychanalyste Otto Rank. De tels cauchemars, de telles souffrances, relèvent du *rêve nocturne*. Nous aurons l'occasion par la suite de souligner encore la différence profonde qui sépare l'onirisme du rêve de la nuit et l'onirisme de la rêverie éveillée.
(2) Nietzsche, *Aurore*, trad., p. 169.
(3) *Novalis Schriften*, éd. Minor, Iena, 1907, t. II, p. 179.

Dans une telle rêverie vers l'enfance, la profondeur du temps n'est pas une métaphore empruntée à des mesures d'espace. La profondeur du temps est concrète, concrètement temporelle. Il suffit de rêver avec un grand rêveur d'enfance comme Moritz pour trembler devant cette profondeur.

Quand, au faîte de l'âge, à la fin de l'âge, on voit de telles rêveries, on recule un peu car on reconnaît que *l'enfance est le puits de l'être*. Rêvant ainsi à l'enfance insondable, qui est un archétype, je sais bien que je suis pris par un autre archétype. Le puits est un archétype, une des images les plus graves de l'âme humaine (1).

Cette eau noire et lointaine peut marquer une enfance. Elle a reflété un visage étonné. Son miroir n'est pas celui de la fontaine. Un Narcisse n'y peut s'y complaire. Déjà dans son image vivant sous terre, l'enfant ne se reconnaît pas. Une brume est sur l'eau, des plantes trop vertes encadrent le miroir. Un souffle froid respire dans la profondeur. Le visage qui revient dans cette nuit de la terre est un visage d'un autre monde. Maintenant, si un souvenir de tels reflets vient dans une mémoire, n'est-ce pas le souvenir d'un avant-monde ?

Un puits a marqué ma petite enfance. Je n'en approchais jamais que la main serrée par la main d'un grand-père. Qui donc avait peur : le grand-père ou l'enfant ? La margelle pourtant était haute. C'était dans un jardin bientôt perdu... Mais un mal sourd m'est resté. Je sais ce que c'est qu'un puits de l'être. Et puisqu'on doit tout dire quand on évoque son enfance, je dois avouer que le puits de mes plus grands effrois, ce fut toujours le puits de mon jeu d'oie. Au milieu des plus douces veillées, j'en avais plus peur que de la tête de mort posée sur la croix des tibias (2).

---

(1) Juan Ramon JIMENEZ (*Platero et moi*, trad., éd. Seghers, p. 64), écrit : « Le puits !... Quel mot profond, glauque, frais, sonore ! Ne dirait-on pas que c'est le mot lui-même qui fore, en tournant, la terre obscure, jusqu'à l'eau fraîche. » Un rêveur de mots ne peut passer devant une telle rêverie sans la noter.
(2) Dans le roman de Karl Philipp MORITZ, *Andreas Hartknopf*, on lit une page qui, pour nous, fait revivre le puits dans tous ses caractères d'archétype. « Quand Andreas était enfant il avait demandé à sa mère d'où il était venu. Et la mère lui avait répondu en lui montrant le puits auprès de la maison. Dans ses solitudes l'enfant retournait vers le puits. Ses rêveries devant le puits sondaient les origines de son être. La mère de l'enfant venait l'arracher à cette hantise de l'origine, à cette hantise de l'eau perdue au fond des terres. Le puits est une image trop forte pour un enfant rêveur. » Et Moritz, en une note qui doit frapper un rêveur de mots, ajoute que le mot *puits* suffisait à ramener dans l'âme de Hartknopf le souvenir de la plus lointaine enfance (cf. Karl Philipp MORITZ, *Andreas Hartknopf*, Berlin, 1786, pp. 54-55).

VI

Quelle tension d'enfances doit être en réserve au fond de notre être pour que l'image d'un poète nous fasse soudain revivre nos souvenirs, réimaginer nos images à partir de mots bien assemblés. Car l'image d'un poète, c'est une image parlée, ce n'est pas une image que nos yeux voient. Un trait de l'image parlée suffit pour que nous lisions le poème comme l'écho d'un passé disparu.

Il faut embellir pour restituer. L'image du poète redonne une auréole à nos souvenirs. Nous sommes loin d'une mémoire exacte qui pourrait garder le souvenir pur en l'encadrant. Chez Bergson, il semble que les souvenirs purs soient des images encadrées. Pourquoi se souviendrait-on d'avoir appris une leçon sur le banc d'un jardin ? Comme si l'on voulait fixer un point d'histoire ! Il faudrait au moins, puisqu'on est dans un jardin, redire les rêveries qui dérangeaient notre attention d'écolier. Le souvenir pur ne peut se retrouver que dans la rêverie. Il ne vient pas à point nommé nous aider dans la vie active. Bergson est un intellectuel qui s'ignore. Par une fatalité de l'époque, il croit au *fait psychique* et sa doctrine de la mémoire reste, tout compte fait, une doctrine de l'utilité de la mémoire. Bergson, tout à sa volonté de développer une psychologie positive, n'a pas trouvé la fusion du souvenir et de la rêverie.

Et pourtant, que de fois le souvenir pur, le souvenir inutile de l'enfance inutile, revient comme un aliment de la rêverie, comme un bienfait de la non-vie qui nous aide à vivre un instant en marge de la vie. Dans une philosophie dialectique du repos et de l'acte, de la rêverie et de la pensée, le souvenir d'enfance dit assez clairement l'utilité de l'inutile ! Il nous donne un passé inefficace dans la vie réelle mais qui est soudain dynamisé dans cette vie, imaginée ou réimaginée, qu'est la rêverie bienfaisante. Dans l'âge vieillissant, le souvenir d'enfance nous rend aux sentiments fins, à ce « regret souriant » des grandes atmosphères baudelairiennes. Dans le « regret souriant » vécu par le poète, il semble que nous réalisions l'étrange synthèse du regret et de la consolation. Un beau poème nous fait pardonner à un très ancien chagrin.

Pour vivre dans cette atmosphère d'un autrefois, il faut désocialiser notre mémoire et, par delà des souvenirs dits et redits, racontés par nous-mêmes et par les autres, par tous ceux qui nous ont appris comment nous étions dans la première enfance, il nous faut retrouver notre être inconnu, somme de tout l'inconnaissable qu'est une âme d'enfant. Quand la rêverie va si loin, on s'étonne de son propre passé, on s'étonne d'avoir été cet enfant-là. Il est des heures dans l'enfance où tout enfant est l'être étonnant, l'être qui réalise l'*étonnement d'être*. Nous découvrons ainsi en nous une *enfance immobile*, une *enfance sans devenir*, libérée de l'engrenage du calendrier.

Alors, ce n'est plus le temps des hommes qui règne sur la mémoire non plus que le temps des saints, ces journaliers du temps quotidien qui ne marquent la vie de l'enfant que par le prénom des parents, mais c'est le temps des quatre grandes divinités du ciel : les saisons. Le souvenir pur n'a pas de date. Il a une *saison*. C'est la saison qui est la marque fondamentale des souvenirs. Quel soleil ou quel vent faisait-il en ce jour mémorable ? Voilà la question qui donne la juste tension de réminiscence. Alors les souvenirs deviennent de grandes images, des images agrandies, agrandissantes. Ils sont associés à l'univers d'une saison, d'une saison qui ne trompe pas et qu'on peut bien appeler la *saison totale* reposant dans l'immobilité de la perfection. Saison totale, parce que toutes ses images disent la même valeur, parce que avec une image particulière on en possède l'essence, telle cette aube surgie de la mémoire d'un poète :

> *Quelle aube, soie déchirée*
> *Dans le bleu de la chaleur*
> *A surgi remémorée ?*
> *Quels mouvements de couleurs ?* (1).

L'hiver, l'automne, le soleil, la rivière d'été sont des racines de saisons totales. Ce ne sont pas seulement des spectacles par la vue, ce sont des valeurs d'âme, des valeurs psychologiques directes, immobiles, indestructibles. Vécues dans la mémoire, elles sont *toujours bienfaisantes*. Ce sont des bienfaits qui demeurent. L'Été reste pour moi la saison du bouquet. L'Été est un bouquet, un éternel bouquet qui ne saurait faner. Car il prend toujours la jeunesse de son symbole : c'est une offrande, toute neuve, toute fraîche.

Les saisons du souvenir sont embellissantes. Quand on va en rêvant au fond de leur simplicité, dans le centre même de leur valeur, les saisons de l'enfance sont des saisons de poète.

Ces saisons, elles trouvent le moyen d'être singulières en restant universelles. Elles tournent dans le ciel de l'Enfance et marquent chaque enfance de signes ineffaçables. Nos grands

---

(1) Noël Ruet, Le bouquet de sang, *Cahiers de Rochefort*, p. 50.

souvenirs se logent ainsi dans le zodiaque de la mémoire, d'une mémoire cosmique qui n'a pas besoin des précisions de la mémoire sociale pour être psychologiquement fidèle. C'est la mémoire même de notre appartenance au monde, à un monde commandé par le soleil dominateur. A chaque saison retentit en nous un des dynamismes de notre entrée dans le monde, cette entrée dans le monde que tant de philosophes évoquent à propos de n'importe quoi et n'importe quand. La saison ouvre le monde, des mondes où chaque rêveur voit son être s'épanouir. Et les saisons pourvues de leur dynamisme premier sont les saisons de l'Enfance. Par la suite, les saisons peuvent tromper, mal se faire, s'imbriquer, s'affadir. Mais elles ne se trompaient jamais de signes dans notre enfance. L'Enfance voit le Monde illustré, le Monde avec ses couleurs premières, ses couleurs vraies. Le grand *autrefois* que nous revivons en rêvant à nos souvenirs d'enfance est bien le monde de la *première fois*. Tous les étés de notre enfance témoignent de « l'éternel été ». Les saisons du souvenir sont éternelles parce qu'elles sont fidèles aux couleurs de la *première fois*. Le cycle des saisons exactes est cycle majeur des univers imaginés. Il marque la vie de nos univers illustrés. Dans nos rêveries nous revoyons notre univers illustré avec ses *couleurs d'enfance*.

VII

Toute enfance est fabuleuse, naturellement fabuleuse. Non pas qu'elle se laisse imprégner, comme on le croit trop facilement, par les fables toujours si factices qu'on lui raconte et qui ne servent guère qu'à amuser l'ancêtre qui raconte. Que de grand'mères qui prennent leur petit-fils pour un petit sot ! Mais l'enfant né malin attise la manie de raconter, les sempiternelles répétitions de la vieillesse conteuse. Ce n'est pas avec ces fables fossiles, ces fossiles de fables que vit l'imagination de l'enfant. C'est dans ses propres fables. C'est dans sa propre rêverie que l'enfant trouve ses fables, des fables qu'il ne raconte à personne. Alors, la fable c'est la vie même :

J'ai vécu sans savoir que je vivais ma fable

Ce grand vers se trouve dans un poème qui a pour titre : *Je ne suis sûr de rien* (1). Seul, l'*enfant permanent*, peut nous rendre

---

(1) Jean ROUSSELOT, *Il n'y a pas d'exil*, Paris, Seghers, p. 41.

le monde fabuleux. Edmond Vandercammen en appelle à l'enfance pour « faucher plus près du ciel » (1) :

> *Le ciel attend d'être touché par une main*
> *D'enfance fabuleuse*
> *— Enfance, mon désir, ma reine, ma berceuse —*
> *Par une haleine du matin.*

Comment d'ailleurs dirions-nous les *fables* qui furent nôtres puisque précisément nous en parlons comme de « fables ». Nous ne savons plus guère ce qu'est une *fable sincère*. Les grandes personnes écrivent trop facilement des contes pour les enfants. Elles font ainsi des fables d'enfantillages. Pour entrer dans les temps fabuleux il faut être sérieux comme un enfant rêveur. La fable n'amuse pas, elle enchante. Nous avons perdu le langage enchanteur. David Thoreau écrit : « Il semble que nous ne faisons que languir dans l'âge mûr, pour dire les rêves de notre enfance, et ils s'évanouissent de notre mémoire avant que nous ayons pu apprendre leur langage (2). »

Pour retrouver le langage des fables il faut participer à l'existentialisme du fabuleux, devenir corps et âme un être admiratif, remplacer devant le monde la perception par l'admiration. Admirer pour recevoir les valeurs de ce qu'on perçoit. Et dans le passé même, admirer le souvenir. Quand Lamartine revient en 1849, à Saint-Point, dans un site où il va revivre le passé, il écrit : « Mon âme n'était qu'un cantique d'illusions (3). » Devant les témoins du passé, devant les objets et les sites qui rappellent et précisent les souvenirs, le poète connaît l'union de la poésie du souvenir et de la vérité des illusions. Les souvenirs d'enfance revécus dans la rêverie sont vraiment au fond de l'âme des « cantiques d'illusions ».

VIII

Plus on va vers le passé, plus apparaît comme indissoluble le mixte psychologique mémoire-imagination. Si l'on veut participer à l'existentialisme du poétique, il faut renforcer l'union de l'imagination et de la mémoire. Pour cela, il faut se débarrasser de la mémoire historienne qui impose ses privilèges idéatifs. Ce n'est pas une mémoire vivante que celle qui court sur l'échelle des

---

(1) Edmond Vandercammen, *Faucher plus près du ciel*, p. 42.
(2) Henry-David Thoreau, *Un philosophe dans les bois*, trad. R. Michaud et S. David, p. 48.
(3) Lamartine, *Les foyers du peuple*, 1re série, p. 172.

dates sans séjourner assez dans les sites du souvenir. La mémoire-imagination nous fait vivre des situations non événementielles, en un existentialisme du poétique qui se débarrasse des accidents. Disons mieux, nous vivons un essentialisme poétique. Dans notre rêverie qui imagine en se souvenant, notre passé retrouve de la substance. Par delà le pittoresque, les liens de l'âme humaine et du monde sont forts. Vit alors en nous non pas une mémoire d'histoire mais une mémoire de cosmos. *Les heures où il ne se passait rien* reviennent. Grandes et belles heures de la vie d'autrefois où l'être rêveur dominait tout ennui. Un bon écrivain de ma Champagne natale écrivait : « ... l'ennui est le plus grand bonheur de la province. J'entends cet ennui profond, irrémédiable qui, par sa violence, dégage en nous la rêverie... » (1). De telles heures manifestent leur permanence dans une imagination retrouvée. Elles sont incluses dans une durée autre que la durée vécue, dans cette non-durée qui donnent les grands repos vécus dans un existentialisme du poétique. Dans ces heures où il ne se passait rien, le monde était si beau ! Nous étions dans l'univers du calme, dans l'univers de la rêverie. Ces grandes heures de non-vie dominent la vie, approfondissent le passé d'un être en le détachant, par la solitude, des contingences étrangères à son être. Vivre dans une vie qui domine la vie, dans une durée qui ne dure pas, c'est là un prestige que le poète sait nous restituer. Christiane Burucoa écrit :

> *Tu étais, tu vivais et tu ne durais pas* (2).

Les poètes, plus que les biographes, nous donnent l'essence de ces souvenirs de cosmos. Baudelaire touche d'un trait ce point sensible : « La véritable mémoire, considérée du point de vue philosophique, ne consiste, je pense, que dans une imagination très vive, facile à émouvoir, et par conséquent susceptible d'évoquer à l'appui de chaque sensation les scènes du passé en les donnant comme enchantement de la vie (3). »

Baudelaire ne vise encore là, semble-t-il, que la prise de vue du souvenir, une sorte d'instinct qui fait qu'une grande âme compose l'image qui va être confiée à la mémoire. C'est la rêverie qui donne le temps d'accomplir cette composition esthétique. Elle entoure le réel de suffisamment de lumière pour que la prise

---

(1) Louis ULBACH, *Voyage autour de mon clocher*, p. 199.
(2) Christiane BURUCOA, L'ombre et la proie, p. 14, *Les cahiers de Rochefort*, n° 3.
(3) BAUDELAIRE, *Curiosités esthétiques*, p. 160.

de vue soit ample. Les photographes de génie savent de même donner de la durée à leurs instantanés, très exactement une *durée de rêverie*. Le poète fait de même. Alors ce que nous confions à notre mémoire en accord avec l'existentialisme du poétique est *nôtre*, est à nous, est nous. Il faut posséder, d'une âme entière, le centre de l'image. Les circonstances trop minutieusement notées feraient tort à l'être profond du souvenir. Elles sont les paraphrases qui troublent le grand souvenir silencieux.

Le grand problème de l'existentialisme du poétique, c'est le maintien dans l'état de rêverie. Aux grands écrivains nous demandons qu'ils nous transmettent leurs rêveries, qu'ils nous confirment dans nos rêveries et nous permettent ainsi de vivre dans notre passé réimaginé.

Tant de pages d'Henri Bosco nous viennent en aide pour réimaginer notre propre passé ! Dans les notes sur la Convalescence — toute convalescence n'est-elle pas une enfance ? — on trouvera mise en ordre toute une préontologie de l'être qui recommence à être en groupant les images heureuses et salutaires. Relisons l'admirable page 156 du récit *Hyacinthe* : « Je ne perdais pas conscience, mais tantôt je m'alimentais aux premières offrandes de la vie, de quelques sensations venues du monde, et tantôt je me nourrissais d'une substance intérieure. Substance rare et parcimonieuse, mais qui ne devait rien aux apports nouveaux. Car si tout était aboli dans ma mémoire véritable, tout par contre vivait avec une extraordinaire fraîcheur dans une mémoire imaginaire. Au milieu de vastes étendues dépouillées par l'oubli, luisait continuellement cette enfance merveilleuse qu'il me semblait jadis que j'avais inventée... »

« Car c'était ma jeunesse, à moi, celle que je m'étais créée, et non pas cette jeunesse que m'avait imposée du dehors une enfance douloureusement suivie (1). »

En écoutant Bosco nous entendons la voix de notre rêverie qui nous appelle à réimaginer notre passé. Nous allons dans un ailleurs tout proche où se confondent la réalité et la rêverie. C'est bien là l'*Autre-Maison*, la Maison d'une *Autre-Enfance*, construite, avec tout ce qui *aurait-dû-être*, sur un être qui ne fut pas et qui soudain se prend à être, se constitue comme la demeure de notre rêverie.

Quand je lis des pages comme celles de Bosco, une jalousie me prend : comme il rêve mieux que moi, moi qui rêve tant ! Du moins en le suivant je vais aux impossibles synthèses des

---

(1) Henri Bosco, *Hyacinthe*, p. 157.

lieux de rêves dispersés dans les demeures heureuses sur le cours de mes ans. La rêverie vers l'enfance nous permet une condensation, dans un seul lieu, de l'ubiquité des souvenirs les plus chers. Cette condensation ajoute la maison de l'aimée à la maison du père, comme si tous ceux que nous avons aimés devaient, au sommet de notre âge, vivre ensemble, demeurer ensemble. Le biographe, histoire en mains, nous dirait : Vous vous trompez, l'aimée n'était pas dans votre vie aux grands jours de la vendange. Le père n'était pas aux veillées devant l'âtre quand chantait la bouilloire...

Mais pourquoi ma rêverie connaîtrait-elle mon histoire ? La rêverie étend justement l'histoire jusqu'aux limites de l'irréel. Elle est vraie en dépit de tous les anachronismes. Elle est multiplement vraie dans les faits et dans les valeurs. Les valeurs d'images deviennent dans la rêverie des faits psychologiques. Et il arrive dans la vie d'un lecteur des rêveries que l'écrivain a rendues si belles que les rêveries de l'écrivain deviennent des rêveries vécues pour le lecteur. Lisant des « enfances », mon enfance s'enrichit. Déjà, l'écrivain n'a-t-il pas reçu le bénéfice d'une « rêverie écrite » qui dépasse, par fonction, ce que l'écrivain a vécu. Henri Bosco dit encore : « A côté du passé pesant de mon existence véritable, soumis aux fatalités de la matière, j'avais d'un souffle épanoui un passé en accord avec mes destins intérieurs. Et en revenant à la vie j'allais tout naturellement aux naïves délices de cette mémoire irréelle (1). »

Quand s'achève la convalescence, quand l'enfance irréelle va se perdre dans un passé incertain, le rêveur de Bosco peut dire en retrouvant quelques souvenirs réels : « Mes souvenirs ne me reconnaissaient pas... c'était moi, et non eux, qui paraissaient immatériels (2). »

Les pages à la fois si aérées et si profondes sont faites d'images qui pourraient être des souvenirs. Dans les rêveries vers le passé, l'écrivain sait mettre une sorte d'espoir dans la mélancolie, une jeunesse d'imagination dans une mémoire qui n'oublie pas. Nous sommes vraiment devant une psychologie de frontière, comme si les souvenirs vrais hésitaient un peu à passer une frontière pour conquérir la liberté.

Que de fois Henri Bosco, dans son œuvre, a hanté cette frontière, a vécu entre histoire et légende, entre mémoire et imagination ! Ne dit-il pas dans le plus étrange de ses livres, dans ce livre

(1) Henri Bosco, *loc. cit.*, p. 157.
(2) Henri Bosco, *loc. cit.*, p. 168.

Hyacinthe où il poursuit une grande opération d'existentialisme de psychologie imaginée : « Je retenais d'une mémoire imaginaire toute une enfance que je ne me connaissais pas encore et que cependant je reconnaissais (1). » La rêverie que l'écrivain mène dans la vie actuelle a toutes les oscillations des rêveries d'enfance entre le réel et l'irréel, entre la vie réelle et la vie imaginaire. Bosco écrit : « Sans doute était-ce l'enfance interdite, dont je rêvais déjà lorsque j'étais enfant. Je m'y retrouvais, étrangement sensible, passionné... Je vivais dans une maison calme et familière, que je n'avais point eue, avec des compagnons de jeu, comme quelquefois j'avais rêvé d'en avoir (2). »

Ah ! est-ce que l'enfant qui subsiste en nous reste sous le signe de l'enfance interdite ? Nous sommes maintenant dans le règne des images, des images plus libres que les souvenirs. L'interdiction qu'il s'agit de lever pour rêver librement ne relève pas de la psychanalyse. Au delà des complexes parentaux, il y a des complexes anthropocosmiques contre lesquels la rêverie nous aide à réagir. Ces complexes bloquent l'enfant dans ce que nous appellerons avec Bosco l'enfance interdite. Tous nos rêves d'enfant sont à reprendre pour qu'ils gagnent leur plein essor de poésie : C'est cette tâche que devrait accomplir la poético-analyse. Mais comment l'essayer : il faudrait pour cela être psychologue et poète. C'est beaucoup pour un seul homme. Et quand je quitte mes lectures, quand je songe à moi-même, quand je revois le passé, je ne peux à chaque image que me rappeler ces vers, qui tour à tour, me consolent et me tourmentent, ces vers d'un poète qui se demande, lui aussi, qu'est-ce qu'une image ?

> *Et souvent ce n'est rien qu'une bulle d'enfance*
> *Sous les lentisques du chagrin* (3).

IX

Dans nos songes vers l'enfance, dans les poèmes que nous voudrions tous écrire pour faire revivre nos rêveries premières, pour nous rendre les univers du bonheur, l'enfance apparaît, dans le style même de la psychologie des profondeurs, comme un véritable *archétype*, l'archétype du bonheur simple. C'est sûrement en nous une image, un centre d'images qui attirent les

---

(1) *Loc. cit.*, p. 84.
(2) *Loc. cit.*, p. 85.
(3) Jean ROUSSELOT, *Il n'y a pas d'exil*, Paris, Seghers, p. 10.

images heureuses et repoussent les expériences du malheur. Mais cette image, en son principe, n'est pas tout à fait nôtre ; elle a des racines plus profondes que nos simples souvenirs. Notre enfance témoigne de l'enfance de l'homme, de l'être touché par la gloire de vivre.

Dès lors les souvenirs personnels, clairs et souvent redits, n'expliqueront jamais complètement pourquoi les rêveries qui nous reportent vers notre enfance ont un tel attrait, une telle valeur d'âme. La raison de cette valeur qui résiste aux expériences de la vie, c'est que l'enfance reste en nous un principe de vie profonde, de vie toujours accordée aux possibilités de recommencements. Tout ce qui commence en nous dans la netteté d'un commencement est une folie de la vie. Le grand archétype de la vie commençante apporte à tout commencement l'énergie psychique que Jung a reconnu à tout archétype.

Comme les archétypes du feu, de l'eau et de la lumière, l'enfance qui est une eau, qui est un feu, qui devient une lumière détermine un grand foisonnement des archétypes fondamentaux. Dans nos rêveries vers l'enfance, tous les archétypes qui lient l'homme au monde, qui donnent un accord poétique de l'homme et de l'univers, tous ces archétypes sont, en quelque manière, revivifiés.

Nous demandons à notre lecteur de ne pas rejeter sans examen cette notion d'*accord poétique* des archétypes. Nous voudrions tant pouvoir démontrer que la poésie est une force de synthèse pour l'existence humaine ! Les archétypes sont, de notre point de vue, des réserves d'enthousiasme qui nous aident à croire au monde, à aimer le monde, à créer notre monde. Que de vie concrète serait donnée au philosophème de l'ouverture au monde, si les philosophes lisaient les poètes ! Chaque archétype est une ouverture au monde, une invitation au monde. De chaque ouverture s'élance une rêverie d'essor. Et la rêverie vers l'enfance nous rend aux vertus des rêveries premières. L'eau de l'enfant, le feu de l'enfant, les arbres de l'enfant, les fleurs printanières de l'enfant... que de principes véritables pour une analyse du monde !

Si le mot « analyse » doit avoir un sens quand on touche une enfance, il faut donc bien dire qu'on analyse mieux une enfance par des poèmes que par des souvenirs, mieux par des rêveries que par des faits. Il y a un sens, croyons-nous, à parler d'analyse poétique de l'homme. Les psychologues ne savent pas tout. Les poètes ont sur l'homme d'autres lumières.

A méditer sur l'enfant que nous fûmes, par delà toute histoire de famille, après avoir dépassé la zone des regrets, après avoir dispersé tous les mirages de la nostalgie, nous atteignons une enfance anonyme, pur foyer de vie, vie première, vie humaine première. Et cette vie est en nous — soulignons-le encore — reste en nous. Un songe nous y ramène. Le souvenir ne fait que rouvrir la porte du songe. L'archétype est là, immuable, immobile sous la mémoire, immobile sous les songes. Et quand on a fait revivre, par les songes, la puissance d'archétype de l'enfance, tous les grands archétypes des puissances paternelles, des puissances maternelles reprennent leur action. Le père est là, lui aussi, immobile. La mère est là, elle aussi, immobile. Tous deux échappent au temps. Tous deux vivent avec nous dans un autre temps. Et tout change : le feu de jadis est un autre feu que le feu d'aujourd'hui. Tout ce qui accueille l'enfance a une vertu d'origine. Et les archétypes resteront toujours des origines d'images puissantes.

Une analyse par les archétypes pris comme sources des images poétiques bénéficie d'une grande homogénéité ; car les archétypes unissent souvent leur puissance. Sous leur règne, l'enfance est sans complexes. Dans ses rêveries l'enfant réalise l'unité de poésie.

Corrélativement, si l'on fait une psycho-analyse en s'aidant de poèmes, si l'on prend un poème comme outil d'analyse pour mesurer son retentissement à différents niveaux de profondeur, on réussira parfois à raviver des rêveries abolies, des souvenirs oubliés. Avec une image qui n'est pas à nous, avec une image bien singulière parfois, nous sommes appelés à rêver en profondeur. Le poète a touché juste. Son émoi nous émeut, son enthousiasme nous soulève. Et de même les « pères racontés » n'ont rien de commun avec notre père — rien de commun, sinon dans les grands récits de poète, *la profondeur d'un archétype*. Alors la lecture se couvre de songes et devient un dialogue avec nos disparus.

Rêvée et méditée, méditée dans l'intimité même de la rêverie solitaire, l'enfance prend la tonalité d'un poème philosophique. Un philosophe qui donne une place aux songes dans la « réflexion philosophique » connaît, avec l'enfance méditée, un *cogito* qui sort de l'ombre, qui garde une frange d'ombre, qui est peut-être le *cogito* d'une « ombre ». Ce *cogito* ne se transforme pas tout de suite en certitude, comme le *cogito* des professeurs. Sa lumière est un lueur qui ne sait pas son origine. L'existence n'est là jamais bien assurée. D'ailleurs pourquoi exister puisqu'on rêve ? Où commence la vie, dans la vie qui ne rêve pas ou dans la vie qui rêve ? Où fut la première fois ? se demande le rêveur. Dans le souvenir tout est net — mais dans la rêverie qui s'attache au souvenir ? Il semble que cette rêverie vienne rebondir sur l'insondable. L'enfance se constitue par fragments dans le temps d'un passé indéfini, gerbe mal faite de commencements vagues. Le *tout de suite* est une fonction temporelle de la pensée claire, de la vie qui se déroule sur un seul plan. En méditant la rêverie pour descendre jusqu'aux sécurités de l'archétype, il faut la « profonder », soit dit pour nous servir d'une expression que certains alchimistes aimaient à employer.

Ainsi, prise dans la perspective de ses valeurs d'archétype, replacée dans le cosmos des grands archétypes qui sont à la base de l'âme humaine, l'enfance méditée est plus que la somme de nos souvenirs. Pour comprendre notre attachement au monde, il faut ajouter à chaque archétype une enfance, notre enfance. Nous ne pouvons pas aimer l'eau, aimer le feu, aimer l'arbre sans y mettre un amour, une amitié qui remonte à notre enfance. Nous les aimons d'enfance. Toutes ces beautés du monde, quand nous les aimons maintenant dans le chant des poètes, nous les aimons dans une enfance retrouvée, dans une enfance réanimée à partir de cette enfance qui est latente en chacun de nous.

Ainsi, il suffit du mot d'un poète, de l'image neuve mais archétypement vraie, pour que nous retrouvions les univers d'enfance. Sans enfance, pas de vraie cosmicité. Sans chant cosmique, pas de poésie. Le poète réveille en nous la cosmicité de l'enfance.

Nous donnerons par la suite bien des images où les poètes déterminent en nous, au sens de Minkowski, un « retentissement » des archétypes de l'enfance et de la cosmicité.

Car, c'est là le fait phénoménologique décisif : l'enfance, dans sa valeur d'archétype, est *communicable*. Une âme n'est jamais sourde à une *valeur d'enfance*. Pour singulier que soit le trait évoqué, s'il a le signe de la primitivité de l'enfance, il réveille en nous l'archétype de l'enfance. L'enfance, somme des insignifiances de l'être humain, a une signification phénoménologique propre, une signification phénoménologique pure puisqu'elle est sous le signe de l'émerveillement. Par la grâce du poète nous sommes devenus le pur et simple sujet du verbe s'émerveiller.

Que de noms propres viennent blesser, brimer, briser l'enfant anonyme des solitudes ! Et dans la mémoire elle-même, trop de visages reviennent qui nous empêchent de retrouver les souvenirs des heures où nous étions seuls, bien seuls, dans le profond ennui d'être seuls, libres aussi de penser au monde, libres de voir le soleil qui se couche, la fumée qui monte d'un toit, tous ces grands phénomènes qu'on voit mal quand on n'est pas seul à regarder.

La fumée qui monte d'un toit !... trait d'union du village et du ciel... Dans les souvenirs elle est toujours bleue, lente et légère. Pourquoi ?

Enfants, on nous *montre* tant de choses que nous perdons le sens profond de *voir*. Voir et montrer sont phénoménologiquement en violente antithèse. Et comment les adultes nous montreraient-ils le monde qu'ils ont perdu !

Ils savent, ils croient qu'ils savent, ils disent qu'ils savent... Ils démontrent à l'enfant que la terre est ronde, qu'elle tourne autour du soleil. Pauvre enfant rêveur, que ne faut-il pas écouter ! Quelle délivrance pour ta rêverie quand tu quittes la classe pour remonter sur le coteau, sur ton coteau !

Quel être cosmique qu'un enfant rêveur !

X

Entre la mélancolie légère dont naît toute rêverie et la mélancolie lointaine d'un enfant qui a beaucoup rêvé, l'accord est profond. Par la mélancolie de l'enfant songeur, la mélancolie de toute rêverie a un passé. Une continuité d'être, la continuité de l'existentialisme de l'être songeur, se forme dans cet accord. Nous connaissons sans doute des rêveries qui préparent notre vigueur, qui dynamisent des projets. Mais, précisément, elles tendent à rompre avec le passé. Elles alimentent une révolte. Or, les révoltes qui restent dans les souvenirs d'enfance nourrissent mal les révoltes intelligentes d'aujourd'hui. La psychanalyse a pour fonction de les guérir. Mais les rêveries mélancoliques ne sont point nocives. Elles aident même à notre repos, elles donnent du corps à notre repos.

Si nos recherches sur la rêverie naturelle, sur la rêverie reposante pouvaient être poursuivies, elles devraient se constituer en une doctrine complémentaire de la psychanalyse. La psychanalyse étudie une *vie d'événements*. Nous cherchons à connaître la vie sans événements, une vie qui n'engrène pas sur la vie des autres. C'est la vie des autres qui apporte dans notre vie les événements. Au regard de cette vie attachée à sa paix, à cette vie sans événements, tous les événements risquent d'être des « traumas », des brutalités masculines qui troublent la paix naturelle de notre *anima*, de l'être féminin qui, en nous, répétons-le, ne vit bien que dans sa rêverie.

Adoucir, effacer le caractère traumatique de certains souvenirs d'enfance, tâche salutaire de la psychanalyse, revient à dissoudre ces concrétions psychiques formées autour d'un événement singulier. Mais on ne dissout pas une substance dans le néant. Pour dissoudre les concrétions malheureuses, la rêverie nous offre ses eaux calmes, les eaux obscures qui dorment au fond de toute vie. L'eau, toujours l'eau vient nous tranquilliser. De toute façon les rêveries reposantes doivent trouver une substance de repos.

Si la nuit et ses cauchemars relèvent de la psychanalyse, la rêverie des belles heures de repos n'a besoin, pour être positivement salutaire, que d'être maintenue par une conscience de tranquillité. C'est la fonction même d'une phénoménologie de la rêverie de redoubler le bienfait de la rêverie par une conscience de rêverie. La poétique de la rêverie n'a plus qu'à déterminer les intérêts d'une rêverie qui maintiennent le rêveur dans une conscience de tranquillité.

Ici, dans une rêverie vers l'enfance, le poète nous appelle à la tranquillité consciente. Il s'offre à nous transmettre le pouvoir tranquillisant de la rêverie. Mais, encore une fois, cette tranquillité a une substance, la substance d'une mélancolie tranquille. Sans cette substance de la mélancolie, cette tranquillité serait vide. Elle serait la tranquillité du rien.

On s'explique alors que ce qui nous entraîne vers les rêveries de l'enfance soit une sorte de nostalgie de la nostalgie. Le poète des eaux pâles et immobiles, Georges Rodenbach, connaît cette nostalgie redoublée. Il semble que ce qu'il regrette de l'enfance, ce ne soient pas des joies mais la tristesse tranquille, la tristesse sans cause de l'enfant solitaire. La vie ne nous dérange que trop de cette mélancolie radicale. C'est à cette mélancolie d'enfance que Rodenbach doit l'unité de son génie poétique. Il est des lecteurs pour penser que la poésie mélancolique est monotone. Mais si notre rêverie nous rend sensibles aux nuances oubliées, les poèmes de Rodenbach nous réapprennent à rêver doucement, à rêver fidèlement. Rêveries vers l'enfance : nostalgie de la fidélité !

Ainsi le poème XIV dans *Le miroir du ciel natal* (1898), en chacune de ses stances, ranime la mélancolie première :

> *Douceur du passé qu'on se remémore*
> *A travers les brumes du temps*
> *Et les brumes de la mémoire.*
>
> *Douceur de se revoir soi-même enfant,*
> *Dans la vieille maison aux pierres trop noircies*
> . . . .
> *Douceur de retrouver sa figure amincie*
> *D'enfant pensif, le front aux vitres...*

La poésie flamboyante, la poésie aux syllabes qui sonnent, cherchant l'éclat des sons et des couleurs, aura fort peu de sympathie pour cet enfant pensif, « le front aux vitres ». On ne lit plus Rodenbach. Mais une enfance est là : l'enfance désœuvrée, l'enfance qui, en s'ennuyant, connaît le tissu *uni* de la vie. Dans la rêverie teintée de mélancolie, c'est en ce tissu que le rêveur connaît l'existentialisme de la vie tranquille. Avec le poète alors nous retournons à des plages d'enfance, écartées de toute tempête.

Dans le même poème, Rodenbach écrit (p. 63) :

> *A-t-on été cet enfant que voilà ?*
> *Silencieuse et triste enfance*
> *Qui jamais ne rit.*

et page 64 :

> *Enfant trop nostalgique et qui se sentait triste*
> . . . .
> *Enfant qui ne jouait jamais, enfant trop sage*
> *Enfant dont l'âme était trop atteinte du Nord*
> *Ah ! ce noble, ce pur enfant qu'on a été*
> *Et qu'on se remémore*
> *Toute sa vie...*

Ainsi, bien simplement, le poète nous met en présence d'un *souvenir d'état*. Dans un poème sans couleur, sans événements, nous reconnaissons des *états* que nous avons connus ; car dans l'enfance la plus turbulente, la plus joyeuse, n'y a-t-il pas des heures « du Nord » ?

Ces heures sans horloge sont encore en nous. La rêverie nous les rend, propices, apaisantes. Elles sont simplement mais noblement humaines. Tous les mots du poème de Rodenbach sont vrais et si nous rêvons sur un tel poème, nous reconnaissons bientôt que ces mots ne sont pas superficiels, ils nous appellent à une profondeur du souvenir. C'est qu'en nous, parmi toutes nos enfances, il y a celle-là : l'enfance mélancolique, une enfance qui avait déjà le sérieux et la noblesse de l'humain. Les conteurs de souvenirs ne la racontent guère. Comment racontant des événements, pourraient-ils nous faire séjourner dans un état ? Il faut peut-être un poète pour nous révéler de telles *valeurs d'être*. En tout cas, la rêverie vers l'enfance connaîtra un grand bienfait de repos si elle s'approfondit en suivant la rêverie d'un poète.

En nous, encore en nous, toujours en nous, l'enfance est un état d'âme.

XI

Cet état d'âme nous le retrouvons dans nos rêveries, il vient nous aider à mettre notre être au repos. C'est vraiment l'enfance sans ses turbulences. On peut sans doute avoir le souvenir d'avoir été un enfant difficile. Mais les actes de la colère de ce lointain passé ne revivifient pas la colère d'aujourd'hui. Psychologiquement, les événements hostiles sont maintenant désarmés. La rêverie véritable ne saurait être hargneuse ; la rêverie vers l'enfance, la plus adoucie de nos rêveries, doit nous donner la paix. Dans une thèse récente, André Saulnier a étudié « l'esprit d'enfance » dans l'œuvre de Mme Guyon (1). Il va de soi que pour une âme religieuse, l'enfance peut apparaître comme l'innocence incarnée. L'adoration de l'Enfant Divin fait vivre l'âme qui prie dans une atmosphère d'innocence première. Mais le mot *innocence première* conquiert trop facilement ses valeurs. Il faut de plus fines recherches morales pour stabiliser les valeurs psychologiques. Ce sont ces recherches morales qui doivent nous aider à reconstituer en nous l'esprit d'enfance et surtout à appliquer dans notre vie complexe l'esprit d'enfance. Dans cette « application », il faut que l'enfant qui subsiste en nous devienne vraiment le *sujet* de notre vie d'amour, le sujet de nos actes d'oblation, de nos actes bons. Par l' « esprit d'enfance » Mme Guyon retrouve la bonté naturelle, simple, sans débat. Le bienfait est si grand que, pour Mme Guyon, il faut que la grâce intervienne, une grâce qui vient de l'Enfant Jésus. Mme Guyon écrit : « J'étais, comme j'ai dit, dans un état d'enfance : lorsqu'il me fallait parler ou écrire, il n'y avait rien de plus grand que moi ; il me semblait

---

(1) André Saulnier, *L'esprit d'enfance dans la vie et la poésie de Mme Guyon*, thèse dactylographiée.

que j'étais toute pleine de Dieu ; et cependant, rien de plus petit et de plus faible que moi ; car j'étais comme un petit enfant. Notre Seigneur voulut que non seulement je portasse son état d'Enfance d'une manière qui charmait ceux qui en étaient capables ; mais il voulait de plus que je commençasse d'honorer d'un culte extérieur sa divine Enfance. Il inspira ce bon Frère questeur, dont j'ai parlé, de m'envoyer un Enfant Jésus en cire, et d'une beauté ravissante ; et je m'apercevais que plus je le regardais, plus les dispositions d'enfance m'étaient imprimées. On ne saurait croire la peine que j'ai eue à me laisser aller à cet état d'enfance ; car ma raison s'y perdait, et il me semblait que c'était moi qui me donnais cet état. Lorsque j'avais réfléchi, il m'était ôté et j'entrais dans une peine intolérable ; mais sitôt que je m'y laissais aller, je me trouvais au-dedans une candeur, une innocence, une simplicité d'enfant, et quelque chose de divin (1). »

Kierkegaard a compris combien l'homme serait métaphysiquement grand si l'enfant était son maître. Dans la méditation qui a pour titre : « Les lis des champs et les oiseaux du ciel », il écrit : « Et qui m'apprendrait le bon cœur d'un enfant ! Quand le besoin imaginaire ou réel plonge dans le souci et le découragement, rend maussade ou abat, on aime ressentir l'influence bienfaisante d'un enfant, se mettre à son école et, l'âme apaisée, l'appeler son maître avec reconnaissance (2). » Nous avons tant besoin des leçons d'une vie qui commence, d'une âme qui s'épanouit, d'un esprit qui s'ouvre ! Dans les grands malheurs de la vie, on prend courage quand on est le soutien d'un enfant. Kierkegaard, dans sa méditation, vise le destin d'éternité. Mais dans une humble vie qui n'a pas les certitudes de la foi, les images de son beau livre agissent. Et pour entrer dans l'esprit même de la méditation kierkegaardienne, il faudrait dire que c'est le souci qui soutient. Le souci qu'on a pour l'enfant soutient un courage invincible. L' « esprit d'enfance » de Mme Guyon reçoit chez Kierkegaard un afflux de volonté.

XII

Le plan du présent essai ne nous permet pas de suivre les recherches des mythologues qui ont montré l'importance des mythes de l'enfance dans l'histoire des religions. En étudiant,

---

(1) Madame Guyon, *Œuvres*, t. II, p. 267 (cité par SAULNIER, *loc. cit.*, p. 74).
(2) S. KIERKEGAARD, *Les lis des champs et les oiseaux du ciel*, trad. J.-H. TISSEAU, Alcan, 1935, p. 97.

entre autres, l'œuvre de Karl Kerényi on verra quelle perspective d'approfondissement de l'être peut se dessiner dans une enfance divinisée (1). Pour Kerényi l'enfant en Mythologie est un net exemple de *mythologème*. Pour bien saisir la valeur et l'action de ce mythologème, de cette accession d'un être dans la mythologie, il faut arrêter le cours d'une biographie, donner à l'enfant un tel relief que son état d'enfance puisse régner en permanence sur la vie, être un dieu immortel de la vie. Dans un bel article de *Critique* (mai 1959), Hervé Rousseau, étudiant l'œuvre de Kerényi, marque en traits nets l'isolement de l'enfant divin. Cet isolement peut être dû à un crime humain : l'enfant est abandonné, son berceau est livré aux flots, emporté loin des hommes. Mais ce drame préalable est à peine vécu dans les légendes. Il n'est indiqué que pour souligner le détachement de l'enfant prestigieux qui ne doit pas suivre une destinée humaine. Le mythologème de l'enfant exprime, selon Kerényi, dit Hervé Rousseau, « l'état solitaire de l'enfant essentiellement orphelin, mais malgré tout chez lui dans le monde originel et aimé des dieux » (*loc. cit.*, p. 439).

Orphelin dans la famille des hommes et aimé dans la famille des dieux, voilà les deux pôles du mythologème. Il nous faut une grande tension de rêverie pour en revivre sur le plan humain tout l'onirisme. N'y a-t-il pas des rêveries où nous fûmes un peu orphelin et où nous tendions nos espoirs vers des êtres idéalisés, les dieux mêmes de nos espérances ?

Mais, en rêvant à la famille des dieux, nous glisserions à des biographies. Le mythologème de l'enfance nous invite à de plus grands songes. Pour notre propre rêverie, c'est dans cette adhésion au *cosmos originel* que nous devenons sensible au mythologème des enfances divinisées. Dans tous les mythes des enfances divinisées, le monde prend soin de l'enfant. L'enfant dieu est le fils du monde. Et le monde est jeune devant cet enfant qui représente une naissance continuée. En d'autres termes, le cosmos jeune est une enfance exaltée.

De notre simple point de vue de rêveur, toutes ces enfances divinisées sont la preuve de l'activité d'un archétype qui vit au fond de l'âme humaine. Archétype de l'enfant, mythologème de l'enfant divinisé sont corrélatifs. Sans archétype de l'enfant nous recevrions les nombreux exemples livrés par la mythologie comme de simples faits historiques. Comme nous l'indiquions

---

(1) Cf. en particulier le livre de Kerényi écrit en collaboration avec C. G. Jung, *Introduction à l'essence de la Mythologie*, trad., Payot.

précédemment, en dépit de nos lectures des œuvres de mythologues, il ne saurait être question pour nous de classer les documents qu'ils nous offrent. Le seul fait que ces documents soient nombreux prouve que le problème s'est posé d'une enfance de la divinité. C'est le signe d'une permanence de l'enfance, d'une permanence qui est vivante dans les rêveries. En tout rêveur vit un enfant, un enfant que la rêverie magnifie, stabilise. Elle l'arrache à l'histoire, elle le met hors du temps, étranger au temps. Une rêverie de plus, cet enfant permanent, magnifié, le voilà dieu.

De toute façon, quand on maintient en soi un fond d'enfance, on lit avec d'autant plus d'adhésion tout ce qui touche à l'archétype de l'enfance et au mythologème de l'enfance. Il semble qu'on prenne part à cette restitution de puissance des rêves abolis. On doit sans doute conquérir l'objectivité qui est la gloire de l'archéologue. Mais cette objectivité conquise ne supprime pas des intérêts complexes. Comment ne pas admirer ce qu'on étudie, quand on voit surgir du fond du passé les légendes des âges de la vie.

XIII

Mais nous ne notons ces grands états d'âme de l'esprit religieux que pour indiquer une perspective de recherches où l'enfant apparaîtrait comme un idéal de vie. Nous n'explorons pas l'horizon religieux. Nous voulons rester au contact des documents psychologiques que nous pouvons revivre personnellement, dans la modestie de nos rêveries familières.

Mais ces rêveries familières, que nous avons placées sous la tonalité dominante de la mélancolie, connaissent des variations qui en modifient le caractère. Il semble que la rêverie mélancolique ne soit qu'une ouverture de rêverie. Mais c'est une rêverie si consolante qu'un bonheur de rêver nous anime. Voici une nuance nouvelle que nous trouvons dans le grand livre de Franz Hellens : *Documents secrets*. Écrivant des souvenirs d'enfance, le poète nous dit l'importance vitale de l'obligation d'écrire (1). Dans la lente écriture, les souvenirs d'enfance se détendent, respirent. La paix de la vie d'enfance récompense l'écrivain. Franz Hellens sait que les souvenirs d'enfance ne sont pas des anecdotes (2). Les anecdotes sont souvent des accidents

---

(1) A Paris, en exil, Adam Mickiewicz dit : « Quand j'écris, il me semble être en Lithuanie. » Ecrire sincèrement, c'est retrouver sa jeunesse, son pays.
(2) Franz HELLENS écrit (*loc. cit.*, p. 167) : « L'histoire humaine, comme celle des peuples, est faite autant de légendes que de réalité et l'on n'exagérerait

qui cachent la substance. Ce sont des fleurs fanées. Mais nourrie par la légende, la force végétale de l'enfance subsiste en nous toute la vie. Le secret de notre végétalisme profond est là. Franz Hellens écrit : « L'enfance n'est pas une chose qui meurt en nous et se dessèche dès qu'elle a accompli son cycle. Ce n'est pas un souvenir. C'est le plus vivant des trésors, et il continue de nous enrichir à notre insu... Malheur à qui ne peut se souvenir de son enfance, la ressaisir en soi-même, comme un corps dans son propre corps, un sang neuf dans le vieux sang : il est mort dès qu'elle l'a quitté (1). »

Et Hellens cite Hölderlin : « Ne chassez pas l'homme trop tôt de la cabane où s'est écoulée son enfance. » Cette prière de Hölderlin n'est-elle pas adressée au psychanalyste, cet huissier qui croit devoir chasser l'homme de ce grenier des souvenirs où il allait pleurer quand il était enfant ? La maison natale — perdue, détruite, rasée — reste le corps de logis pour nos rêveries vers l'enfance. Les refuges du passé accueillent et protègent nos rêveries.

Bien abrités, les souvenirs renaissent comme des rayonnements d'être plutôt que comme des dessins figés. Franz Hellens nous confie : « Ma mémoire est fragile, j'oublie vite le contour, le trait ; seule la mélodie demeure en moi. Je retiens mal l'objet, mais je ne peux oublier l'atmosphère, qui est la sonorité des choses et des êtres (2). » Franz Hellens se souvient en poète.

Et quel sens aussi du solide végétalisme de l'enfance à travers tous les âges d'une vie ! Rencontrant Gorki en Italie, Franz Hellens traduit ainsi son impression : « Je me trouvais devant un homme qui résumait et éclairait singulièrement, par un seul regard de ses yeux bleus, cette conception que je m'étais faite de l'âge mûr envahi et comme renouvelé par la fraîcheur d'une enfance qui n'a cessé de croître en lui à son insu (3). »

Une enfance qui ne cesse de croître, tel est bien le dynamisme qui anime les rêveries d'un poète quand il nous fait vivre une enfance, quand il nous suggère de revivre notre enfance.

En suivant le poète, il semble que si nous approfondissons notre rêverie vers l'enfance, nous enracinons plus profondément l'arbre de notre destin. Le problème reste ouvert de savoir où le

---

point en affirmant que la légende est une réalité supérieure. Je dis la légende et non l'anecdote ; l'anecdote décompose, la légende construit. » Et tout être humain porte témoignage quand il se souvient de son enfance, d'une enfance légendaire. Toute enfance est, à fond de mémoire, légendaire.
(1) Franz HELLENS, *loc. cit.*, p. 146.
(2) *Loc. cit.*, p. 151.
(3) Franz HELLENS, *loc. cit.*, p. 161.

destin de l'homme a ses véritables racines. Mais à côté de l'homme réel, plus ou moins fort pour redresser la ligne de son destin, malgré le heurt des conflits, malgré tous les troubles des complexes, il y a en chaque homme un *destin de la rêverie*, destin qui court devant nous par nos songes et qui prend corps dans nos rêveries. N'est-ce pas aussi dans la rêverie que l'homme est le plus fidèle à soi-même ? Et si nos songes nourrissent un peu nos actes, il y aura toujours un bénéfice à méditer sur nos plus anciens songes dans l'atmosphère de l'enfance. Franz Hellens a cette révélation : « J'éprouve un grand soulagement. Je rentre d'un long voyage et j'ai acquis une certitude : l'enfance de l'homme pose le problème de sa vie entière ; il appartient à l'âge mûr d'en trouver la solution. J'ai marché trente ans avec cette énigme, sans lui accorder une pensée, et je sais aujourd'hui que tout était déjà dit en me mettant en route.

« Les revers, les chagrins, les déceptions ont passé sur moi, en tout cas sans m'atteindre ou me lasser (1). »

XIV

Les images visuelles sont si nettes, elles forment si naturellement des tableaux qui résument la vie, qu'elles ont un privilège de facile évocation dans nos souvenirs d'enfance. Mais qui voudrait pénétrer dans la zone de l'enfance indéterminée, dans l'enfance à la fois sans noms propres et sans histoire, serait sans doute aidé par le retour des grands souvenirs vagues, tels que sont les souvenirs des odeurs d'autrefois. Les odeurs ! premier témoignage de notre fusion au monde. Ces souvenirs des odeurs d'autrefois, on les retrouve en fermant les yeux. On a fermé les yeux jadis pour en savourer la profondeur. On a fermé les yeux, donc tout de suite on a rêvé un peu. En rêvant bien, en rêvant simplement dans une rêverie tranquille, on va les retrouver. Dans le passé comme dans le présent, une odeur aimée est le centre d'une intimité. Il est des mémoires fidèles à cette intimité. Les poètes vont nous donner des témoignages sur ces odeurs d'enfance, sur ces odeurs qui imprègnent les saisons de l'enfance.

Un grand écrivain, trop tôt enlevé à la poésie française, écrivait :

Mon enfance est une gerbe d'odeurs (2).

---
(1) Franz HELLENS, *loc. cit.*, p. 173.
(2) Louis CHADOURNE, *L'inquiète adolescence*, p. 32.

Et dans un autre ouvrage qui raconte une aventure loin de la terre natale, Chadourne met toute la mémoire des jours anciens sous le signe des odeurs : « Jours de notre enfance dont les tourments eux-mêmes nous paraissent félicité et dont le tenace parfum embaume notre tardive saison (1). » Quand c'est la mémoire qui respire, toutes les odeurs sont bonnes. Les grands rêveurs savent ainsi respirer le passé, tel Milosz qui « évoque le charme obscur des jours enfuis » : « L'odeur moussue et somnolente des vieilles demeures est la même en tous pays, et fort souvent, dans le cours de mes solitaires pèlerinages aux lieux saints du souvenir et de la nostalgie, m'avait-il suffi de fermer les yeux dans quelque logis ancien pour me reporter aussitôt à la sombre maison de mes ancêtres danois et pour revivre de la sorte, en l'espace d'un instant, toutes les joies et toutes les tristesses d'une enfance accoutumée à l'odeur tendre si pleine de pluie et de crépuscule des antiques demeures (2). » Les chambres de la maison perdue, les couloirs, la cave et le grenier sont des gîtes pour des odeurs fidèles, des odeurs que le rêveur sait n'appartenir qu'à lui :

Notre enfance éternise un parfum de velours (3).

Quel étonnement alors quand, dans une lecture, une odeur singulière nous est communiquée, restituée dans la mémoire des temps perdus. Une saison, une *saison personnelle* tient dans cette odeur singulière. Telle :

*... l'odeur d'un pauvre capuchon mouillé
par toi Automne*

Et Louis Chadourne ajoute :

*Qui donc ne se souvient
— ô fraternité
d'un arbre, d'une maison ou d'une enfance* (4)

Car le capuchon mouillé par l'automne donne tout cela, donne un monde.

Un capuchon mouillé et toutes nos enfances d'octobre, tous nos courages d'écolier renaissent en notre mémoire. L'odeur était restée dans le *mot*. Proust avait besoin de la pâte de la

---

(1) Louis CHADOURNE, *Le livre de Chanaan*, p. 42.
(2) O. W. MILOSZ, *L'amoureuse initiation*, Paris, Grasset, p. 17.
(3) Yves COSSON, *Une croix de par Dieu*, 1958 (sans pagination).
(4) Louis CHADOURNE, *Accords*, p. 31.

madeleine pour se souvenir. Mais déjà un mot inattendu trouve à lui seul la même puissance. Que de souvenirs nous reviennent quand des poètes nous disent leur enfance ! Voici le printemps de Chadourne qui tient dans l'arôme d'un bourgeon :

> *dans l'arôme amer et poisseux des bourgeons* (1).

Qu'on cherche un peu : chacun trouvera dans sa mémoire l'odeur d'un bourgeon du printemps. Pour moi, l'arôme du printemps était dans le bourgeon du peuplier. Ah ! jeunes rêveurs, écrasez entre vos doigts le bourgeon poisseux du peuplier, goûtez à cette pâte onctueuse et amère et vous aurez des souvenirs pour toute la vie (2).

L'odeur dans sa première expansion est ainsi une racine du monde, une vérité d'enfance. L'odeur nous donne les univers d'enfance en expansion. Quand les poètes nous font entrer dans ce domaine des odeurs évanouies, ils nous donnent des poèmes d'une grande simplicité. Émiliane Kerhoas, dans *Saint-Cadou*, dit ainsi :

> *Gomme odorante*
> *des jours anciens*
> . . . .
> *ô Paradis d'Enfance.*

La gomme qui coule de l'arbre tient l'odeur de tout le verger du Paradis de nos étés.

Dans un poème qui a pour titre *Enfance*, Claude-Anne Bozombres dit avec la même simplicité :

> *L'arôme des sentiers*
> *ourlés de menthe*
> *danse dans mon enfance* (3).

Parfois une conjonction singulière d'odeurs rappelle du fond de notre mémoire une nuance odorale si unique que nous ne savons pas si nous rêvons ou si nous nous souvenons, tel ce trésor de souvenir intime : « La menthe nous jetait au visage son haleine pendant qu'en ton mineur nous escortait la fraîcheur

---

(1) Louis CHADOURNE, *Accords*, p. 36.
(2) Alain BOSQUET, (*Premier Testament*, p. 47) écrit :
   Combien de souvenirs ? combien de souvenirs
   Puis un parfum très seul :
   il m'a tout expliqué.
(3) C. A. BOZOMBRES, *Tutoyer l'arc-en-ciel*, éd. Cahiers de Rochefort, p. 24.

de la mousse (1). » A elle seule, l'odeur de menthe est un complexe de chaleur et de fraîcheur. Elle est orchestrée ici par la douceur humide de la mousse. Une telle rencontre à été vécue, vécue dans le lointain de la vie qui appartient à un autre temps. Il ne s'agit pas d'en faire aujourd'hui l'expérience. Il faut rêver beaucoup pour trouver le juste climat d'enfance qui équilibre le feu de la menthe et l'odeur du ruisseau. De toute façon, on sent bien que l'écrivain qui nous livre cette synthèse respire son passé. Le souvenir et la rêverie sont en totale symbiose.

Dans son livre : *Muses d'aujourd'hui* qui porte en sous-titre : *Essai de physiologie poétique*, Jean de Gourmont donne une grande place aux « images odorales, les plus subtiles, les plus intraduisibles de toutes les images » (2). Il cite ce vers de Marie Dauguet :

L'accord des buis amers et des œillets musqués.

Ces unions de deux odeurs appartiennent au passé. C'est dans la mémoire que se fait le mélange. Les sensations présentes seraient esclaves de leur objet. Buis et œillet, dans le lointain du souvenir, ne nous rendent-ils pas un très ancien jardin ?

Jean de Gourmont voit là une application de la formule des synesthésies assemblées par Huysmans. Mais le poète, en mettant deux odeurs dans le coffret d'un vers (3) les converse pour une durée indéfinie. D'une neige d'enfance, Henri Bosco dit qu'il en respirait « l'odeur de rose et de sel ». C'est l'odeur même du froid vivifiant (4).

Tout un univers évanoui est gardé par une odeur. Lucie Delarue-Mardrus, la belle Normande, écrit : « L'odeur de mon pays était une pomme. » Et il est de Lucie Delarue-Mardrus ce vers si souvent cité sans référence (5) :

Et qui donc a jamais guéri de son enfance.

Dans une vie de voyages doublée de voyages fabuleux, du lointain des âges, sonne aussi ce cri :

Ah ! je ne guérirai jamais de mon pays.

---

(1) Jacques de BOURBON-BUSSET, *Le silence et la joie*, p. 110.
(2) Jean de GOURMONT, *Muses d'aujourd'hui*, p. 94.
(3) Que n'ai-je la sacralité poétique qu'il faudrait pour ouvrir « le tabernacle du sonnet », ce qu'à vingt ans Valéry avait le droit de faire. Cf. Henri MONDOR, *Les premiers temps d'une amitié* (André Gide et Valéry), p. 15.
(4) Henri Bosco, *Bargabot*, p. 130.
(5) Cité par Jean de GOURMONT, *loc. cit.*, p. 75.

Plus on est loin du pays natal, plus on souffre de la nostalgie de ses odeurs. Dans un récit d'aventures aux lointaines Antilles, un personnage de Chadourne reçoit la lettre d'une vieille servante qui gère sa ferme au Périgord. Une lettre « si palpitante d'humble tendresse, imprégnée de l'odeur de mon grenier à foin, de mon cellier, de toutes ces choses qui étaient dans mes sens et dans mon cœur » (1). Toutes ces odeurs reviennent ensemble dans le syncrétisme des souvenirs des temps d'enfance où la vieille servante était la bonne nourrice. Foin et cellier, le sec et l'humide, la cave et le grenier, tout s'assemble pour donner à l'exilé l'odeur totale de la maison.

Henri Bosco connaît ces synthèses indestructibles : « J'ai été élevé dans l'odeur de la terre, du blé et du vin nouveau. Il m'en revient encore, alors que j'y pense, une vive vapeur de joie et de jeunesse (2). » Bosco donne la nuance décisive : une *vapeur de joie* monte de la mémoire. Les souvenirs sont l'encens en réserve dans le passé. Un auteur oublié a écrit : « Car les odeurs, comme les sons musicaux, sont de rares sublimateurs de l'essence de la mémoire. » Comme George du Maurier pratiquait bien aisément l'ironie à l'égard de soi-même, il ajoute entre parenthèses : « Voilà une phrase d'une prodigieuse subtilité — j'espère qu'elle signifie quelque chose (3). » Mais *signifier* est peu de chose quand il s'agit de donner aux souvenirs leur atmosphère de rêve. Attachée à ses souvenirs d'odeur, une enfance sent bon. C'est dans les cauchemars de la nuit et non pas dans les libres rêveries que l'âme est tourmentée par les odeurs d'enfer, par le soufre et la poix qui brûlent dans cet enfer excrémentiel où souffrait Auguste Strindberg. La maison natale ne sent pas le renfermé. La mémoire est fidèle aux parfums d'autrefois. Un poème de Léon-Paul Fargue dit cette fidélité aux odeurs :

> *Regarde. Le poème des âges s'amuse et sonne...*
> *O jardin de jadis, veilleuse parfumée...* (4).

Chaque odeur d'enfance est une veilleuse dans la chambre des souvenirs. Jean Bourdeillette a cette prière :

> *Maître des odeurs et des choses*
> *Seigneur*
> *Pourquoi sont-elles mortes avant moi*
> *Ces compagnes infidèles* (5).

---

(1) Louis Chadourne, *Terre de Chanaan*, p. 155.
(2) Henri Bosco, *Antonin*, p. 14.
(3) George du Maurier, *Peter Ibbeston*, p. 18.
(4) Léon-Paul Fargue, *Poèmes*, 1912, p. 76.
(5) Jean Bourdeillette, *Reliques des songes*, Paris, Seghers, 1958, p. 65.

Et comme le poète veut de toute son âme maintenir les odeurs dans leur fidélité :

> *Votre odeur dormira dans mon cœur jusqu'au bout*
> *Fauteuil fané de l'enfance.*

Quand, en lisant les poètes, on découvre que toute une enfance est évoquée par le souvenir d'un parfum isolé, on comprend que l'odeur, dans une enfance, dans une vie, est, si l'on ose dire, un *détail immense*. Ce rien ajouté au tout travaille l'être même du rêveur. Ce rien lui fait vivre la rêverie agrandissante : avec une totale sympathie, nous lisons le poète qui donne cet agrandissement d'enfance en germe dans une image. Quand j'ai lu ce vers d'Edmond Vandercammen :

> *Mon enfance remonte à ce pain de froment,*

une odeur de pain chaud a envahi une maison de ma jeunesse. Le flan et la miche sont revenus sur ma table. Des fêtes s'associent à ce pain domestique. Le monde était en liesse pour fêter le pain chaud. Deux coqs sur la même broche cuisaient devant l'âtre écarlate.

> *Un soleil bien beurré rôtissait au ciel bleu*

Dans les jours de bonheur, le monde est comestible. Et quand les grandes odeurs qui préparaient les festins me reviennent en mémoire, il me semble, en baudelairien que je fus, que « je mange des souvenirs ». L'envie me prend soudain de collectionner chez les poètes tous les pains chauds. Comme ils m'aideraient à donner au souvenir les grandes odeurs de la fête recommencée, d'une vie qu'on reprendrait en jurant reconnaissance pour les premiers bonheurs.

Chapitre IV

LE « COGITO » DU RÊVEUR

> Pour toi-même, sois un songe
> De blé rouge et de fumée
> . . . .
> Tu ne vieilliras jamais.
>
> (Jean Rousselot,
> *Agrégation du temps*,
> Seghers, p. 19.)

> « La vie est insupportable
> à qui n'a pas à toute heure sous
> la main un enthousiasme. »
>
> (Maurice Barrès,
> *Un homme libre*, p. 62.)

I

Le rêve de la nuit ne nous appartient pas. Ce n'est pas notre bien. Il est, à notre égard, un ravisseur, le plus déconcertant des ravisseurs : il nous ravit notre être. Les nuits, les nuits n'ont pas d'histoire. Elles ne se lient pas l'une à l'autre. Et quand on a beaucoup vécu, quand on a vécu déjà quelque vingt mille nuits, on ne sait jamais dans quelle nuit ancienne, très ancienne on est parti rêver. La nuit n'a pas d'avenir. Sans doute, il est des nuits moins noires où notre être du jour vit encore assez pour trafiquer avec ses souvenirs. Le psychanalyste explore ces demi-nuits. En ces demi-nuits, notre être est encore là traînant des drames humains, toute la lourdeur des vies mal faites. Mais déjà, sous cette vie abîmée, un abîme de non-être est ouvert où s'engloutissent certains rêves nocturnes. Dans de tels rêves absolus, nous sommes rendus à un état anté-subjectif. Nous devenons insaisissables à nous-mêmes, car nous donnons des morceaux de nous-mêmes à n'importe qui, à n'importe quoi. Le rêve nocturne disperse notre être sur des fantômes d'êtres hétéroclites qui ne sont même plus des ombres de nous-mêmes. Les mots : fantômes et ombres sont des mots trop forts. Ils tiennent encore trop à des réalités. Ils nous empêchent d'aller jusqu'à l'extrémité de l'effacement de l'être, jusqu'à l'obscurité de notre être se dissolvant dans la nuit. La sensibilité métaphysique du poète nous aide à nous approcher de nos abîmes nocturnes. Je crois les rêves formés, dit Paul Valéry, « par quelque autre dormeur, comme si dans la nuit, ils se trompaient d'absent » (1). Aller s'absenter chez des êtres qui s'absentent, telle est bien la fuite absolue, la démission de toutes les puissances de l'être, la dispersion de tous les êtres de notre être. Ainsi nous sombrons dans le rêve absolu.

Que peut-on récupérer d'un tel désastre de l'être ? Y a-t-il encore des sources de vie au fond de cette non-vie ? Que de rêves il faudrait connaître, par le fond et non par la surface, pour déterminer le dynamisme des affleurements ! Si le rêve descend assez profondément dans les abîmes de l'être, comment croire, avec les psychanalystes, qu'il garde toujours, systématiquement, des significations sociales. Dans la vie nocturne, il est des profondeurs où nous nous ensevelissons, où nous avons la volonté de ne plus vivre. En ces profondeurs, intimement, nous frôlons le néant, notre néant. Est-il d'autres néants que le néant de notre être ? Tous les effacements de la nuit convergent vers ce néant de notre être. A la limite, les rêves absolus nous plongent dans l'univers du Rien.

Déjà nous reprenons vie quand ce Rien s'emplit d'Eau. Alors nous dormons mieux, sauvés du drame ontologique. Plongés dans les eaux du bon sommeil, nous sommes en équilibre d'être avec un univers en paix. Mais être en équilibre d'être avec un univers, est-ce vraiment être ? Est-ce que l'eau du sommeil n'a pas dissous notre être ? En tout cas, nous devenons des êtres sans histoire en entrant dans le règne de la Nuit sans histoire. Quand nous dormons ainsi dans les eaux du sommeil profond, nous connaissons parfois des remous, mais jamais de courants. Nous vivons des rêves de séjour. Ce ne sont pas des rêves de vie. Pour un rêve qu'on raconte en revenant à la lumière du jour, que de rêves dont on a perdu le fil ! Le psychanalyste ne travaille pas à ces profondeurs. Il croit pouvoir expliquer les lacunes, sans prendre attention à ce que ces trous noirs qui interrompent la ligne des rêves racontés sont peut-être la marque de l'instinct de mort qui travaille au fond de nos ténèbres. Seul, parfois, un poète peut nous apporter une image de ce lointain séjour, un

---

(1) Paul VALÉRY, *Eupalinos. L'âme et la danse. Dialogue de l'arbre*, Paris, Gallimard, p. 199.

écho du drame ontologique d'un sommeil sans mémoire, quand notre être fut peut-être tenté par le non-être.

Dans le Rien ou dans l'Eau sont les rêves sans histoire, des rêves qui ne pourraient s'éclairer que dans une perspective d'anéantissement. Il va donc de soi que dans de tels rêves, le rêveur ne trouvera jamais une garantie de son existence. De tels rêves nocturnes, ces rêves d'extrême nuit, ne peuvent être des expériences où l'on peut formuler un *cogito*. Le sujet y perd son être, ce sont des rêves sans sujet.

Quel est le philosophe qui nous donnera la Métaphysique de la nuit, la métaphysique de la nuit humaine ? Les dialectiques du noir et du blanc, du non et du oui, du désordre et de l'ordre ne suffisent pas pour encadrer le néant qui travaille au fond de notre sommeil. Quelle distance parcourue depuis les rivages du Rien, de ce Rien que nous fûmes jusqu'à ce quelqu'un, si falot qu'il puisse être, et qui retrouve son être par delà le sommeil ! Ah ! comment un Esprit peut-il se risquer à dormir.

Mais la Métaphysique de la nuit ne restera-t-elle pas une somme de vues périphériques sans jamais pouvoir retrouver le *cogito* perdu, un *cogito* radical qui ne serait pas le *cogito* d'une ombre ?

Il faut donc envisager des rêves nocturnes de moins grand sommeil pour retrouver des documents de psychologie subjective. Quand on aura mieux mesuré les pertes ontiques des rêves extrêmes, on sera plus prudent dans les déterminations ontologiques du rêve nocturne. Par exemple, alors même qu'il s'agit de rêves qui, sortis de la nuit, peuvent être déroulés sur le fil d'une histoire, nous dira-t-on jamais quel est l'être véritable du *personnage entraînant* ? Est-ce vraiment nous ? Toujours nous ? Y reconnaissons-nous notre être entraînant, cette simple habitude de devenir qui est attachée à notre être ? Même si nous pouvons le redire, le retrouver dans son étrange devenir, le rêve n'est-il pas le témoignage de l'être perdu, d'un être qui se perd, d'un être qui fuit notre être ?

Alors un philosophe du songe se demande : puis-je vraiment passer du rêve nocturne à l'existence du sujet rêvant, comme le philosophe lucide passe de la pensée — d'une pensée quelconque — à l'existence de son être pensant (1) ? En d'autres

---

(1) La grammaire de la nuit n'est pas la même que la grammaire du jour. Dans le rêve de la nuit, la fonction du *quelconque* n'existe pas. Il n'y a pas de rêve quelconque, il n'y a pas d'images oniriques quelconques. Tous les adjectifs du rêve nocturne sont des adjectifs qualificatifs. Le philosophe qui croit pouvoir

termes, pour suivre les habitudes du langage philosophique, il ne nous semble pas qu'on puisse parler d'un *cogito* valable pour un rêveur de rêve nocturne. Il est certes difficile de dessiner la frontière qui sépare les domaines de la Psyché nocturne et de la Psyché du jour, mais cette frontière existe. Il y a deux centres d'être en nous, mais le centre nocturne est un centre de concentration floue. Ce n'est pas un « sujet ».

L'enquête psychanalytique descend-elle jusqu'à l'anté-sujet ? Si elle pénétrait dans cette sphère pourrait-elle y trouver des éléments d'explication pour l'élucidation des drames de la personnalité ? Voilà un problème qui, pour nous, reste ouvert. Il nous semble que les malheurs humains ne descendent pas aussi profondément ; les malheurs de l'homme restent « superficiels ». Les nuits profondes nous rendent à l'équilibre de la vie stable.

Déjà, quand on médite sur les leçons de la psychanalyse, on sent bien que l'on est renvoyé à la zone superficielle, à la zone socialisée. On se trouve d'ailleurs devant un curieux paradoxe. Quand le patient a exposé les péripéties bizarres de son rêve, quand il a souligné le caractère inattendu de certains événements de sa vie nocturne, voici que le psychanalyste, fort de sa culture étendue, peut lui dire : « Je connais cela, je comprends cela, je m'attendais à cela. Vous êtes un homme comme les autres. Vous n'avez pas, malgré toutes les aberrations de votre rêve, le privilège d'une existence singulière. »

Et c'est alors le psychanalyste qui a la charge d'énoncer le *cogito* du rêveur en disant : « Il rêve la nuit, donc il existe la nuit. Il rêve comme tout le monde, donc il existe comme tout le monde. »

« Il se croit lui-même, durant la nuit et il est n'importe qui. »

N'importe qui ? Ou peut-être — désastre de l'être humain — n'importe quoi ?

N'importe quoi ? Quelque poussée de sang chaud, quelque hormone excessive qui a perdu la sagesse organique.

N'importe quoi venant d'un n'importe quand ? Quelque lait trop chiche des biberons d'autrefois.

La substance psychique examinée par le psychanalyste apparaîtrait alors comme une somme d'accidents. Elle resterait imprégnée aussi par les rêves d'autrefois. Le psychanalyste philosophe devrait dire, sur le mode du *cogito* : « Je rêve, donc je

---

inclure le rêve dans la pensée aurait bien de la peine, en restant dans le monde du rêve, à passer, comme il le fait si aisément en ses méditations lucides, du *quelconque* au *quelqu'un*.

suis substance rêvante. » Les rêves seraient alors ce qui s'enracine le plus profondément dans la substance rêvante. Les pensées, on peut les contredire, et par conséquent les effacer. Mais les rêves ? Les rêves de la substance rêvante ?

Alors — demandons une fois de plus — où placer le *je* dans cette substance rêvante ? En elle, le *je* se dissout, se perd... En elle, le *je* se prête à soutenir des accidents périmés. Dans le rêve nocturne, le *cogito* du rêveur balbutie. Le rêve nocturne ne nous aide pas à formuler même un *non-cogito* qui donnerait un sens à notre volonté de dormir. C'est ce *non-cogito* qu'une métaphysique de la nuit devrait solidariser avec des pertes d'être.

En somme, le psychanalyste pense trop. Il ne rêve pas assez. A vouloir nous expliquer le fond de notre être par des résidus que la vie du jour dépose sur la surface, il oblitère en nous le sens du gouffre. Dans nos cavernes, qui nous aidera à descendre ? Qui nous aidera à retrouver, à reconnaître, à connaître notre être double qui, d'une nuit à l'autre, nous garde dans l'existence. Ce somnambule qui ne chemine pas sur les routes de la vie, mais qui descend, toujours descend à la quête de gîtes immémoriaux.

Le rêve nocturne, en ses profondeurs, est un mystère d'ontologie. Que peut bien être l'être d'un rêveur qui, au fond de sa nuit, croit vivre encore, qui croit être encore l'être des simulacres de vie ? Il se trompe sur son être celui qui perd de l'être. Déjà dans la vie claire, le sujet du verbe tromper est difficile à stabiliser. Dans le rêve abyssal n'y a-t-il pas des nuits où le rêveur se trompe d'abîmes ? Descend-il en lui-même ? Va-t-il au-delà de lui-même ?

Oui, tout est questions au seuil d'une métaphysique de la nuit.

Avant d'aller si loin, peut-être faudra-t-il étudier des plongées dans le moins-être sur un domaine plus accessible que le rêve de la psyché nocturne. C'est à ce problème que nous voulons réfléchir, en traitant simplement du *cogito* de la rêverie et non pas d'un *cogito* du rêve nocturne.

II

Si le « sujet » qui rêve le rêve nocturne nous échappe, s'il est mieux saisi objectivement par ceux qui le reconstituent en analysant les récits que le rêveur leur en fait, ce n'est pas sur les documents des rêves nocturnes que le phénoménologue peut travailler. Il doit laisser l'étude du rêve nocturne au psychanalyste, à l'anthropologue aussi qui comparera le rêve nocturne aux mythes. Toutes ces études mettront au jour l'homme immobile, l'homme anonyme, l'homme intransformable que notre point de vue de phénoménologue nous amène à dénommer l'homme sans sujet.

Dès lors, ce n'est pas en étudiant le rêve nocturne que nous pourrons déceler les tentatives d'individualisation qu'animent l'homme réveillé, l'homme que les idées réveillent, l'homme que l'imagination appelle à la subtilité.

Ainsi, puisque nous voulons toucher les puissances poétiques du psychisme humain, le mieux est pour nous de concentrer toutes nos recherches sur la simple rêverie, en essayant de bien dégager la spécificité de la simple rêverie.

Et voici pour nous, entre rêve nocturne et rêverie, la différence radicale, une différence relevant de la phénoménologie : alors que le rêveur de rêve nocturne est une ombre qui a perdu son moi, le rêveur de rêverie, s'il est un peu philosophe, peut, au centre de son moi rêveur, formuler un *cogito*. Autrement dit, la rêverie est une activité onirique dans laquelle une lueur de conscience subsiste. Le rêveur de rêverie est présent à sa rêverie. Même quand la rêverie donne l'impression d'une fuite hors du réel, hors du temps et du lieu, le rêveur de la rêverie sait que c'est lui qui s'absente — lui, en chair et en os, qui devient un « esprit », un fantôme du passé ou du voyage.

On nous objectera aisément qu'il y a toute une gamme d'états intermédiaires qui vont des rêveries un peu claires à des rêvasseries informes. A travers cette zone confuse, les fantasmes nous conduisent insensiblement du jour vers la nuit, de la somnolence au sommeil. Mais va-t-il de soi que de la rêverie on tombe dans le rêve ? Y a-t-il vraiment des rêves qui *continuent* des rêveries ? Si le rêveur de rêverie se laisse prendre par la somnolence, sa rêverie s'effiloche, elle va se perdre dans les sables du sommeil, comme les ruisseaux du désert. La place est libre pour un rêve nouveau, un rêve qui, comme tous les rêves nocturnes, a un commencement abrupt. De la rêverie au rêve, le dormeur a franchi une frontière. Et le rêve est si nouveau que les conteurs de rêve font bien rarement confidence d'une rêverie antécédente.

Mais ce n'est pas dans le règne des faits que nous répondrons à l'objection d'une continuité de la rêverie et du rêve. Les principes de la phénoménologie seront notre premier recours. En effet, phénoménologiquement parlant, c'est-à-dire en donnant l'examen phénoménologique comme lié, par principe, à toute prise de conscience, il nous faut répéter qu'une conscience qui s'enténèbre, qui diminue, qui s'endort n'est déjà plus une conscience. Les rêveries de l'endormissement sont des *faits*. Le sujet qui les subit a quitté le règne des valeurs *psychologiques*. Nous avons donc bien le droit de négliger les rêveries qui descendent la mauvaise pente et de réserver nos recherches pour les rêveries qui nous gardent dans une conscience de nous-mêmes.

La rêverie va naître naturellement, dans une prise de conscience sans tension, dans un *cogito* facile, donnant des certitudes d'être à l'occasion d'une image qui plaît — une image qui nous plaît parce que nous venons de la créer, en dehors de toute responsabilité, dans l'absolue liberté de la rêverie. La conscience imaginante tient son objet (telle image qu'elle imagine) dans une immédiateté absolue. Jean Delay, dans un bel article paru dans *Médecine de France*, se sert du terme *psychotrope* « pour désigner l'ensemble des substances chimiques, d'origine naturelle ou artificielle, qui ont un tropisme psychologique, c'est-à-dire qui sont susceptibles de modifier l'activité mentale... Grâce aux progrès de la psycho-pharmacologie, les cliniciens disposent aujourd'hui d'une grande variété de drogues psychotropes permettant de faire varier en des sens différents les comportements psychologiques et d'instaurer à volonté un régime de détente, un régime de stimulation, un régime de rêve ou de délire » (1). Mais si la substance bien choisie détermine des psychotropismes, c'est parce qu'il y a des psychotropismes. Et un psychologue affiné pourrait user d'images psychotropes. Car il y a des images psychotropes qui stimulent le psychisme en l'entraînant en un mouvement poursuivi. L'image psychotrope met une petite ligne d'ordre dans le chaos psychique. Le chaos psychique, c'est l'état de la psyché oisive, le moins-être du rêveur sans images. La pharmaceutique du milligramme vient alors enrichir ce psychisme larvé.

Devant un tel succès, un songeur d'efficacité ne peut rester court. La substance chimique apporte l'image. Mais qui nous apporterait l'image, la seule image, ne nous donnerait-il pas tous les bienfaits de la substance ? *Bien simuler l'effet dans l'ordre de la psychologie c'est être bien près de susciter la cause.* L'être, du rêveur de rêverie se constitue par les images qu'il suscite. L'image nous réveille de notre torpeur et notre réveil s'annonce en un *cogito*. Une valorisation de plus et nous voici en présence de la rêverie positive, d'une rêverie qui produit, d'une rêverie

---

(1) Jean Delay, Dix ans de psycho-pharmaceutique en psychiatrie, *apud Médecine de France*, Paris, Olivier Perrin, p. 19.

qui, quelle que soit la faiblesse de ce qu'elle produit, peut bien être dénommée rêverie poétique. Dans ses produits et en son producteur, la rêverie peut bien recevoir le sens étymologique du mot *poétique*. La rêverie assemble de l'être autour de son rêveur. Elle lui donne des illusions d'être plus qu'il est. Ainsi, sur ce moins-être qu'est l'état détendu où se forme la rêverie se dessine un relief — un relief que le poète saura gonfler jusqu'à un plus-être. L'étude philosophique de la rêverie nous appelle à des nuances d'ontologie (1).

Et cette ontologie est facile, car c'est l'ontologie du bien-être — d'un bien-être à la mesure de l'être du rêveur qui sait le rêver. Pas de bien-être sans rêverie. Pas de rêverie sans bien-être. Déjà, par a rêverie, on découvre que l'être est un bien. Un philosophe dira : l'être est une valeur.

Faut-il nous interdire cette caractérisation sommaire de la rêverie par le bonheur, sous prétexte que le bonheur est psychologiquement un état plat, pauvre, puéril — sous prétexte aussi que le seul mot de bonheur éteint toute analyse, noie le psychisme dans la banalité ? Les poètes — nous en citerons bientôt — nous apporteront les *nuances* d'un bonheur cosmique, des nuances si nombreuses et si diverses qu'il faut bien dire que le monde de la rêverie commence avec la nuance. Et c'est ains que le rêveur de rêverie reçoit une impression d'originalité. Avec la nuance, on saisit que le rêveur connaît le *cogito* naissant.

Le *cogito* qui pense peut errer, attendre, choisir — le *cogito* de la rêverie est tout de suite attaché à son objet, à son image. Le trajet est le plus court de tous entre le sujet qui imagine et l'image imaginée. La rêverie vit de son premier intérêt. Le sujet de la rêverie est étonné de recevoir l'image, étonné, charmé, réveillé. Les grands rêveurs sont des maîtres de la conscience étincelante. Une sorte de *cogito* mult ple se renouvelle dans le monde fermé d'un poème. Il faudra sans doute d'autres puissances conscencielles pour prendre possession de la totalité du poème. Mais déjà dans l'éclat d'une image nous trouvons une illumination. Que de rêveries pointillées viennent relever l'état rêveur ! Deux types de rêveries ne sont-ils pas possibles suivant qu'on se laisse couler dans la suite heureuse des images ou bien qu'on vit au centre d'une image en la sentant rayonner ? Un *cogito* s'assure dans l'âme du rêveur qui vit au centre d'une image rayonnante.

---

(1) J'ai la nostalgie des remèdes aux beaux noms. Il y avait de si belles phrases dans la médecine il y a seulement deux cents ans. Quand le médecin savait « jeter du véhicule dans les humeurs » le malade comprenait qu'on allait l'animer.

III

Soudain une image se met au centre de notre être imaginant. Elle nous retient, elle nous fixe. Elle nous infuse de l'être. Le *cogito* est conquis par un objet du monde, un objet qui, à lui seul, représente le monde. Le détail imaginé est une pointe acérée qui pénètre le rêveur, il suscite en lui une méditation concrète. Son être est à la fois être de l'image et être d'adhésion à l'image qui étonne. L'image nous apporte une illustration de notre étonnement. Les registres sensibles se correspondent. Ils se complètent l'un l'autre. Nous connaissons, dans une rêverie qui rêve sur un simple objet, une polyvalence de notre être rêvant.

Une fleur, un fruit, un simple objet familier viennent soudain solliciter qu'on pense à eux, qu'on rêve près d'eux, qu'on les aide à se hausser au rang de compagnon de l'homme. Nous ne saurions pas bien sans les poètes trouver des compléments directs de notre *cogito* de rêveur. Tous les objets du monde ne sont pas disponibles pour des rêveries poétiques. Mais une fois qu'un poète a choisi son objet, l'objet lui-même change d'être. Il est promu au poétique.

Quelle joie alors de prendre le poète au mot, de rêver avec lui, de croire ce qu'il dit, de vivre dans le monde qu'il nous offre en mettant le monde sous le signe de l'objet, d'un fruit du monde, d'une fleur du monde !

IV

Début de vie, début de rêve, Pierre Albert-Birot nous suggère ainsi de vivre le bonheur d'Adam : « Je sens que le monde entre en moi comme les fruits que je mange, oui vraiment, je me nourris du Monde (1). » Chaque fruit bien goûté, chaque fruit poétiquement exalté est un type de monde heureux. Et le rêveur en rêvant bien sait qu'il est un rêveur des biens du monde, des biens *les plus proches* que lui offre le monde.

Les fruits et les fleurs vivent déjà dans l'être du rêveur. Francis Jammes le savait : « Je ne peux guère éprouver de sentiment qui ne s'accompagne de l'image d'une fleur ou d'un fruit (2). »

---

(1) Pierre ALBERT-BIROT, *Mémoires d'Adam*, p. 126.
(2) Francis JAMMES, *Le roman du lièvre*, notes adjointes, p. 271.

Grâce à un fruit, c'est tout l'être du rêveur qui s'arrondit. Grâce à une fleur, c'est tout l'être du rêveur qui se détend. Oui, quelle détente de l'être dans ce seul vers d'Edmond Vandercammen :

> *Je devine une fleur, adorable loisir...* (1).

La fleur née dans la rêverie poétique est alors l'être même du rêveur, son être fleurissant. Le jardin poétique domine tous les jardins de la terre. Dans aucun jardin du monde, on ne pourra cueillir cet œillet, l'œillet d'Anne-Marie de Backer :

> *Il m'a laissé tout ce qu'il faut pour vivre*
> *Ses œillets noirs et son miel dans mon sang* (2).

Un psychanalyste diabolisera facilement ces deux vers. Mais nous dira-t-il cet immense parfum d'une fleur de poète qui imprègne toute une vie ? Et ce miel — l'être incorruptible — associé au parfum de la noirceur gardé par les œillets, qui nous dira comment il maintient le rêveur en vie ? En lisant en toute sympathie de tels poèmes, on sent qu'à un passé de ce qui fut s'est uni un passé de ce qui *aurait pu être* :

> *Les souvenirs manqués sont pires qu'il ne faut*
> *Ils parlent sans arrêt pour inventer la vie.*

Ainsi les images de la rêverie du poète creusent la vie, agrandissent les profondeurs de la vie. Cueillons encore cette *fleur* dans le jardin psychique :

> *La pivoine d'argent s'effeuille au fond des fables* (3).

A quelle profondeur de réalité psychique descend le surréalisme des femmes !

Fleurs et fruits, beautés du monde, pour bien les rêver, il faut les dire et les bien dire. Le rêveur d'objets ne trouve que les accents de l'enthousiasme éphémère. Quel appui il reçoit quand le poète lui dit : tu as bien vu, donc tu as le droit de rêver. Alors, entendant la voix du poète, il entre dans le chœur

---

(1) Edmond VANDERCAMMEN, *L'étoile du berger*, p. 15.
(2) Anne-Marie de BACKER, *Les étoiles de novembre*, p. 16.
(3) Anne-Marie de BACKER, *loc. cit.*, p. 19.

de la « célébration ». Les êtres célébrés sont promus à une nouvelle dignité d'existence. Écoutons Rilke « célébrer » la pomme :

> *Osez dire ce que vous appelez pomme.*
> *Cette douceur, qui d'abord se condense*
> *pour, avec une douceur dressée dans le goût,*
>
> *parvenir à la clarté, à l'éveil, à la transparence,*
> *devenir une chose d'ici, qui signifie et le soleil et la terre* — (1)

Le traducteur s'est trouvé là devant une telle condensation de poésie qu'il a dû, en notre langue analytique, la disperser un peu. Mais les centres de condensation demeurent. La douceur « dressée dans le goût » concentre une douceur du monde. Le fruit qu'on tient dans la main donne des gages de sa maturité. Sa maturité est transparente. Maturité, temps économisé pour le bien d'une heure. Que de promesses en un seul fruit qui réunit le double signe du ciel ensoleillé et de la terre patiente. Le jardin du poète est un jardin fabuleux. Un passé de légendes ouvre mille voies à la rêverie. Des avenues d'univers rayonnent à partir de l'objet « célébré ». La pomme célébrée par le poète est le centre d'un cosmos, un cosmos où il fait bon vivre, où l'on est sûr de vivre.

> *Tous les fruits du pommier sont des soleils levants*

dit un autre poète pour « célébrer » la pomme (2).

Dans un autre sonnet à Orphée (3), c'est l'orange qui est centre du monde, un centre de dynamisme qui transmet des mouvements, des frénésies, des exubérances, car la maxime de vie que nous propose Rilke est ici : « Dansez l'orange », « Tanzt die Orange » :

> *Dansez l'orange. Le paysage plus chaud,*
> *projetez-le hors de vous, qu'elle rayonne de maturité*
> *dans les airs de son pays !...*

Ce sont les jeunes filles qui doivent « danser l'orange », légères comme des parfums. Les parfums ! souvenirs de l'atmosphère natale.

La pomme, l'orange sont pour Rilke, comme il le dit de la rose, des « objets inépuisables » (4). « Objet inépuisable », c'est

---

(1) Rilke, *Sonnets à Orphée*, I, n° XIII, in *Les élégies de Duino et les sonnets à Orphée*, trad. Angelloz, Aubier, 1943, p. 167.
(2) Alain Bosquet, *Premier Testament*, p. 26.
(3) *Sonnets I*, n° XV, trad. Angelloz, p. 171.
(4) *Sonnets II*, n° VI, loc. cit., p. 205.

bien le signe de l'objet que la rêverie du poète fait sortir de son inertie objective ! La rêverie poétique est toujours neuve devant l'objet auquel elle s'attache. D'une rêverie à une autre, l'objet n'est plus le même, il se renouvelle et ce renouvellement est un renouveau du rêveur. Angelloz donne un commentaire étendu du sonnet qui « célèbre » l'orange (1). Il le place sous l'inspiration de Paul Valéry, *L'âme et la danse* (la danseuse est « l'acte pur des métamorphoses ») ; sous le signe aussi des pages qu'André Gide a écrites dans *Les nourritures terrestres* sur « La ronde de la grenade ».

Malgré une pointe intempestive, la grenade, comme la pomme, comme l'orange, est ronde.

Plus ronde est la beauté du fruit, plus elle est sûre de ses puissances féminines. Quel redoublement de plaisir pour nous quand toutes ces rêveries nous les rêvons en *anima* !

Quoi qu'il en soit, quand on lit de tels poèmes, on se sent en état de *symbolisme ouvert*. L'immobile héraldique ne peut retenir que des valeurs esthétiques désuètes. Pour en bien rêver, il faudrait être infidèle aux emblèmes. Devant la fleur, devant le fruit, le poète nous rend à la naissance d'un bonheur. Et justement, Rilke y trouve « le bonheur de l'éternelle enfance » :

> *Vois les fleurs, ces fidèles de la terre*
> *Celui qui les emporterait dans l'intimité du sommeil et dormirait*
> *profondément avec les choses — : ô comme il reviendrait léger,*
> *différent en face du jour différent, de la commune profondeur* (2).

Sans doute, pour le grand renouvellement, il faudrait emporter les fleurs dans nos rêves de la nuit. Mais le poète nous montre que, dans la rêverie déjà, les fleurs coordonnent des images généralisées. Non pas simplement des images sensibles, des couleurs et des parfums, mais des images de l'homme, des délicatesses de sentiments, des chaleurs de souvenir, des tentations d'offrande, tout ce qui peut fleurir dans une âme humaine.

Devant cette prodigalité des fruits qui nous invitent à goûter au monde, devant ces Mondes-Fruits qui sollicitent nos rêveries, comment ne pas affirmer que l'homme de la rêverie est cosmiquement heureux. A chaque image correspond un type de bonheur. Ce n'est pas de l'homme de la rêverie qu'on peut dire qu'il « est jeté au monde ». Le monde lui est tout accueil et lui-même est principe d'accueil. L'homme de la rêverie baigne

(1) Rilke, *loc. cit.*, p. 266.
(2) *Sonnets à Orphée II*, n° XIV, *loc. cit.*, p. 221.

dans le bonheur de rêver le monde, baigne dans le bien-être d'un monde heureux. Le rêveur est double conscience de son bien-être et du monde heureux. Son *cogito* n'est pas divisé dans la dialectique du sujet et de l'objet.

La corrélation du rêveur à son monde est une corrélation forte. C'est ce monde vécu par la rêverie qui renvoie le plus directement à l'être de l'homme solitaire. L'homme solitaire possède directement les mondes qu'il rêve. Pour douter des mondes de la rêverie, il faudrait ne pas rêver, il faudrait sortir de la rêverie. L'homme de la rêverie et le monde de sa rêverie sont au plus proche, ils se touchent, ils se compénètrent. Ils sont sur le même plan d'être ; s'il faut lier l'être de l'homme à l'être du monde, le *cogito* de la rêverie s'énoncera ainsi : je rêve le monde, donc le monde existe comme je le rêve.

Ici apparaît un privilège de la rêverie poétique. Il semble qu'en rêvant dans une telle solitude nous ne puissions toucher qu'un monde si singulier qu'il est étranger à tout autre rêveur. Mais l'isolement n'est pas si grand et les rêveries les plus profondes, les plus particulières sont souvent communicables. Du moins, il y a des familles de rêveurs dont les rêveries se consolident, dont les rêveries approfondissent l'être qui les reçoit. Et c'est ainsi que les grands poètes nous apprennent à rêver. Ils nous nourrissent des images avec lesquelles nous pouvons concentrer nos rêveries de repos. Ils nous offrent leurs images psychotropes par lesquelles nous animons un onirisme éveillé. C'est en de telles rencontres qu'une Poétique de la Rêverie prend conscience de ses tâches : déterminer des consolidations des mondes imaginés, développer l'audace de la rêverie constructrice, s'affirmer dans une bonne conscience de rêveur, coordonner des libertés, trouver du vrai dans toutes les indisciplines du langage, ouvrir toutes les prisons de l'être pour que l'humain ait tous les devenirs. Autant de tâches souvent contradictoires entre ce qui concentre l'être et ce qui l'exalte.

V

Bien entendu, la Poétique de la Rêverie que nous esquissons n'est à aucun titre une Poétique de la Poésie. Les documents d'onirisme éveillé que nous livre la rêverie doivent être travaillés — souvent longuement travaillés — par le poète pour recevoir la dignité des poèmes. Mais, enfin, ces documents formés par la rêverie sont la matière la plus propice pour être façonnés en poèmes.

C'est, pour nous qui ne sommes pas poète, une des voies d'accès à la poésie. La substance fluente de nos songes, les poètes nous aident à la canaliser, à la maintenir dans un mouvement qui reçoit des lois. Le poète garde assez distinctement la conscience de rêver pour dominer la tâche d'écrire sa rêverie. Faire une œuvre avec une rêverie, être auteur dans la rêverie même, quelle promotion d'être !

Quel relief dans notre langage qu'une image poétique ! Si nous pouvions parler en ce haut langage, monter avec le poète dans cette solitude de l'être parlant qui donne un sens nouveau aux mots de la tribu, nous serions dans un règne où n'entre pas l'homme actif pour qui l'homme de la rêverie « n'est qu'un rêveur » et pour qui le monde de la rêverie « n'est qu'un rêve ».

Qu'importent pour nous, philosophe du songe, les démentis de l'homme retrouvant, après son rêve, les objets et les hommes ! La rêverie *a été* un état réel, malgré les illusions dénoncées après coup. Et je suis sûr que ce fut moi le rêveur. J'étais là quand toutes ces belles choses étaient présentes en ma rêverie. Ces illusions ont été belles, donc bienfaisantes. L'expression poétique gagnée dans la rêverie augmente la richesse de la langue. Bien sûr, si l'on analyse les illusions par le moyen des concepts, elles se dispersent au premier choc. Mais est-il encore, dans le siècle où nous sommes, des professeurs de rhétorique qui analysent les poèmes avec des idées ?

En tout cas, en cherchant un peu, un psychologue trouve toujours, sous un poème, une rêverie. Est-ce la rêverie du poète ? On n'en est jamais sûr, mais, en aimant le poème, on se prend à lui donner des racines oniriques, et c'est ainsi que la poésie nourrit en nous des rêveries que nous n'avons pas su exprimer.

Restera toujours que la rêverie est une paix première. Des poètes le savent. Des poètes nous le disent. Par l'exploit d'un poème, la rêverie va d'un nirvana à la paix poétique. Henry Benrath, dans un livre sur Stefan George, écrivait : « Toute création découle d'une espèce de nirvana psychique (1). » C'est par la rêverie, dans un onirisme éveillé, sans aller jusqu'au nirvana, que bien des poètes sentent s'ordonner les forces de la production. La rêverie est cet état simple où l'œuvre prend d'elle-même ses convictions sans être tourmentée par des censures. Et c'est ainsi que pour bien des écrivains et poètes la liberté de la rêverie ouvre les voies à l'œuvre : « C'est une bizarre disposition de mon esprit, écrit Julien Green, de ne croire à une chose que si je l'ai

---

(1) Henry Benrath, *Stefan George*, p. 27.

rêvée. Par croire, je n'entends pas seulement posséder une certitude, mais retenir en soi de telle sorte que l'être s'en trouve modifié (1). » Quel beau texte pour une philosophie de la rêverie que celui où il est dit que le rêve coordonne la vie, prépare des croyances à la vie !

Le poète Gilbert Trolliet donne pour titre à un de ses poèmes : *Tout est d'abord rêvé*, et il écrit :

> *J'attends. Tout est repos. Donc futur innervé*
> *Tu es image en moi. Tout est d'abord rêvé* (2).

Ainsi la rêverie créatrice anime les nerfs du futur. Des ondes nerveuses courent sur les lignes d'images que dessine la rêverie (3).

Dans une page de *L'antiquaire*, Henri Bosco nous donne un beau document qui doit nous aider à prouver que la rêverie est la *materia prima* d'une œuvre littéraire. Les formes prises au réel ont besoin d'être gonflées de matière onirique. L'écrivain nous montre la coopération de la fonction psychique du réel et de la fonction de l'irréel. Dans le roman de Bosco, c'est un personnage qui parle, mais quand un écrivain atteint à la fois cette lucidité et cette profondeur, on ne peut se tromper sur l'intimité de la confidence : « Nul doute qu'en ce temps singulier de ma jeunesse, ce que j'ai vécu, j'ai cru le rêver, et ce que j'ai rêvé, j'ai cru le vivre... Bien souvent, ces deux mondes (du réel et du rêve) se compénétraient et, à mon insu, me créaient un troisième monde équivoque entre la réalité et le songe. Parfois, la réalité la plus évidente y fondait dans les brumes, tandis qu'une fiction d'une étrange bizarrerie illuminait l'esprit et le rendait merveilleusement subtil et lucide. Alors les vagues images mentales se condensaient, si bien qu'on eût cru pouvoir les toucher du doigt. Les objets tangibles, par contre, devenaient leurs propres fantômes, dont je n'étais pas loin de croire qu'on eût pu passer à travers aussi facilement qu'on transperce les murs lorsqu'on circule dans les songes. Quand tout rentrait dans l'ordre, je n'en recevais d'autre signe qu'une soudaine et extraordinaire faculté d'amour pour les bruits, les voix, les parfums, les mouvements,

---

(1) Julien GREEN, *L'aube vermeille*, 1950, p. 73 : la citation de Green est prise comme exergue par le psychiatre J. H. VAN DEN BERG pour une étude sur Robert Desoille, *Évolution psychiatrique*, n° 1, année 1952.
(2) Gilbert TROLLIET, *La bonne fortune*, p. 61.
(3) En dépassant tout destin humain, un visionnaire comme Blake pouvait dire : « Tout ce qui existe aujourd'hui fut autrefois imaginé. » Et c'est Paul Eluard qui se réfère à cet absolu de l'imagination (Paul ELUARD, *Sentiers...*, p. 46).

les couleurs et les formes, qui tout à coup devenaient autrement perceptibles et d'une présence pourtant familière qui me ravissait (1). »

Quelle invitation à rêver ce qu'on voit et à rêver ce qu'on est. Le *cogito* du rêveur se déplace et va prêter son être aux choses, aux bruits, aux parfums. Qui existe ? Quelle détente pour notre propre existence !

Pour avoir le bénéfice sédatif d'une telle page, il faut la lire *en lecture lente*. Nous la *comprenons* trop vite (l'écrivain est si clair !). Nous oublions de la rêver comme elle a été rêvée. En rêvant maintenant, en une lente lecture, nous allons y croire, nous allons en profiter comme d'un don de jouvence, y mettre notre jeunesse de rêverie, car nous aussi, jadis, nous avons cru vivre ce que nous rêvions... Si nous acceptons l'action hypnotique de la page du poète, notre être rêvant, de lointaine mémoire, nous est rendu. Une sorte de *souvenir psychologique*, rappelant à la vie une ancienne Psyché, rappelant l'être même du rêveur que nous fûmes, soutient notre rêverie de lecture. Le livre vient de nous parler de nous-mêmes.

VI

Le psychiatre a sans doute rencontré chez de nombreux patients la fantomalisation des objets familiers. Mais le psychiatre, en ses rapports objectifs, ne nous aide pas, comme l'écrivain, à faire que les fantômes soient *nos* fantômes. Pris dans les documents des aliénistes, les fantômes ne sont que des *brumes durcies* offertes à la *perception*. L'aliéniste les ayant nommés, il n'a pas à nous décrire comment ces fantômes participent à notre imagination par leur matière intime. Au contraire, les fantômes qui se forment dans la rêverie de l'écrivain sont nos intercesseurs pour nous apprendre à séjourner dans la vie double, à la frontière sensibilisée du réel et de l'imaginaire.

Ces fantômes de la rêverie, une force *poétique* les mène. Cette force poétique anime tous les sens ; la rêverie devient polysensorielle. De la page poétique nous recevons un renouvellement de la joie de percevoir, une subtilité de tous les sens — subtilité qui porte le privilège d'une perception d'un sens à un autre, dans une sorte de correspondance baudelairienne alertée. Des correspondances réveillantes et non plus assoupissantes. Ah ! comme une page qui nous plaît peut nous faire vivre ! Ainsi, à lire

---

(1) Henri Bosco, *L'antiquaire*, p. 143.

Bosco, on apprend que les objets les plus pauvres sont des sachets de parfum, que des lumières internes rendent translucides, à certaines heures, les corps opaques, que toute sonorité est une voix. Comme elle sonne, la timbale où l'on a bu enfant ! De toute part, venant de tous les objets, une intimité nous assiège. Oui, vraiment, nous rêvons en lisant. La rêverie qui travaille poétiquement nous maintient dans un espace d'intimité qui ne s'arrête à aucune frontière — espace unissant l'intimité de notre être qui rêve à l'intimité des êtres que nous rêvons. C'est en ces intimités composites que se coordonne une poétique de la rêverie. Tout l'être du monde s'amasse poétiquement autour du *cogito* du rêveur.

Au contraire, la vie active, la vie animée par la fonction du réel est une vie morcelée, morcelante hors de nous et en nous. Elle nous rejette à l'extérieur de toute chose. Alors, nous sommes toujours *dehors*. Toujours vis-à-vis des choses, vis-à-vis du monde, vis-à-vis des hommes à l'humanité bigarrée. Sauf dans les grands jours des amours vraies, sauf aux heures de l'Umarmung novalisienne, l'homme est une surface pour l'homme. L'homme cache sa profondeur. Il devient, comme dans la parodie de Carlyle, la conscience de ses habits. Son *cogito* ne lui assure que l'existence dans un mode d'existence. Et c'est ainsi qu'à travers des doutes factices, des doutes auxquels — si l'on ose dire — il ne croit pas, il s'institue penseur.

Le *cogito* du rêveur ne suit pas de si compliqués préambules. Il est facile, il est sincère, il est lié tout naturellement à son complément d'objet. Les bonnes choses, les douces choses s'offrent en toute naïveté au rêveur naïf. Et les songes s'accumulent en face d'un objet familier. L'objet est alors le compagnon de rêverie du rêveur. Des certitudes faciles viennent enrichir le rêveur. Une communication d'être se fait, dans les deux sens, entre le rêveur et son monde. Un grand rêveur d'objets, comme est Jean Follain, connaît ces heures où la rêverie s'anime en une ontologie ondulante. Une ontologie à deux pôles unis répercute ses certitudes. Le rêveur serait trop seul si l'objet familier n'accueillait pas sa rêverie. Jean Follain écrit :

> *Dans la maison refermée*
> *il fixe un objet dans le soir*
> *et joue à ce jeu d'exister* (1).

En « ce jeu d'exister » comme le poète joue bien ! Il désigne

---

(1) Jean FOLLAIN, *Territoires*, p. 70.

son existence à l'objet sur la table, à un détail infime qui donne l'existence à une chose :

> *La moindre fêlure*
> *d'une vitre ou d'un bol*
> *peut ramener la félicité d'un grand souvenir*
> *les objets nus*
> *montrent leur fine arête*
> *étincellent d'un coup*
> *au soleil*
> *mais perdus dans la nuit*
> *se gorgent aussi bien d'heures*
> *longues*
> *ou brèves* (1).

Quel poème de la tranquillité ! Dites-le lentement : en vous descendra un *temps d'objet*. L'objet que nous rêvons, comme il nous aide à oublier l'heure, à être en paix avec nous-mêmes ! Seul à seul, « dans la maison refermée » avec un objet élu comme un compagnon de solitude, quelle assurance d'être dans la simple existence ! D'autres rêveries viendront qui, comme celles d'un peintre qui aime à vivre l'objet dans ses apparences toujours particulières, pourront rendre le rêveur à la vie pittoresque, d'autres rêveries aussi qui viendront de bien lointains souvenirs. Mais une sollicitation à une présence toute simple appelle le rêveur d'objet à une existence sous-humaine. C'est souvent dans le regard de quelque animal, de quelque chien que le rêveur croit trouver cette existence sous-humaine. Les yeux de l'âne de Bérénice ont donné de tels songes à Maurice Barrès. Mais la sensibilité des rêveurs de regard est si grande que tout ce qui regarde remonte au niveau de l'humain. Un objet inanimé s'ouvre à de plus grands songes. La rêverie sous-humaine qui égalise le rêveur et l'objet devient une rêverie sous-vivante. Vivre cette non-vie, c'est conduire jusqu'à l'extrême « le jeu d'exister » où nous engage Follain sur la pente douce de ses poèmes.

Des rêveries d'objets aussi sensibilisées nous amènent à retentir au drame d'objet que nous suggère le poète :

> *Quand tombe des mains de la servante*
> *la pâle assiette ronde*
> *de la couleur des nuées*
> *il en faut ramasser les débris*
> *tandis que frémit le lustre*
> *dans la salle à manger des maîtres* (2).

(1) Jean FOLLAIN, *loc. cit.*, p. 15.
(2) Jean FOLLAIN, *Territoires*, p. 30. Le poème a pour titre : « L'assiette ».

Qu'elle soit pâle et ronde, qu'elle soit de la couleur des nuées, en ces prestiges de mots simples poétiquement réunis, l'assiette reçoit une existence poétique. Elle n'est point décrite et pourtant qui rêve un peu ne la confondra avec aucune autre. Pour moi, elle est l'assiette Jean Follain. Un tel poème pourrait être un test d'adhésion à la poésie de la vie commune. Quelle solidarité entre les êtres de la maison. Quelle pitié humaine le poète sait inspirer au lustre qui frémit de la mort d'une assiette ! De la servante aux maîtres, de l'assiette aux cristaux du lustre, quel champ magnétique pour mesurer l'humanité des êtres de la maison, de tous les êtres, hommes et choses. Aidés par le poète, comme nous nous réveillons des sommeils de l'indifférence ! Oui, comment pouvons-nous être indifférents devant un tel objet ? Pourquoi chercher plus loin quand nous pouvons rêver aux nuées du ciel en contemplant une assiette ?

A rêver devant un objet inerte, un poète trouvera toujours un drame de la vie et de la non-vie :

Je suis un caillou gris ; je n'ai pas d'autres titres
Je rêve, en durcissant les rêves de mon choix (1).

Au lecteur de mettre à ce poème son préambule de chagrinss de revivre tous les menus chagrins qui font le regard gris, touter les peines qui font un cœur de pierre. Dans ce poème du *Premie. Testament*, le poète nous appelle au courage qui endurcit la vie Alain Bosquet sait d'ailleurs que pour dire tout l'être de l'homme, il faut exister comme la pierre et le vent :

C'est un honneur d'être le vent
C'est un bonheur d'être la pierre (2).

Mais pour un rêveur de choses, y a-t-il des « natures mortes » ? Les choses qui ont été humaines peuvent-elles être indifférentes ? Les choses qui ont été nommées ne revivent-elles pas dans la rêverie de leur nom ? Tout dépend de la sensibilité rêveuse du rêveur. Chesterton écrit : « Les choses mortes ont un tel pouvoir de s'emparer de l'esprit vivant que je me demande s'il est possible à quiconque de lire le catalogue d'une vente aux enchères sans tomber sur des choses qui, brusquement saisies, feraient couler des larmes élémentaires (3). »

(1) Alain Bosquet, *Premier Testament*, Paris, Gallimard, p. 28.
(2) *Loc. cit.*, p. 52.
(3) G. K. Chesterton, *La vie de Robert Browning*, trad., p. 66.

Seule la rêverie peut éveiller une telle sensibilité. Dispersées aux enchères, offertes à n'importe quel acquéreur, les choses, les douces choses, retrouveront-elles chacune leur rêveur ? Un bon écrivain champenois, le Troyen Grosley, dit que sa grand'mère, quand elle ne savait répondre à ses questions d'enfant, ajoutait :

Va, va, quand tu seras grand, tu verras qu'il y a bien des choses dans un chosier.

Mais notre chosier s'est-il vraiment empli ? Ne s'est-il pas plutôt encombré avec des objets qui ne portent pas témoignage de notre intimité ? Nos vitrines à bibelots ne sont pas vraiment des « chosiers » dans le style de la grand'mère champenoise. Qu'un curieux vienne au salon et nous exhibons nos bibelots. Les bibelots ! autant d'objets qui ne disent pas tout de suite leur nom. On les veut rares. Ce sont des échantillons d'univers inconnus. Il faut de la « culture » pour se démêler au milieu de ce bric-à-brac d'univers échantillonnés. Pour faire compagnie avec les objets, pas trop n'en faut. On ne rêve pas bien, en des rêveries bienfaisantes, devant des objets dispersés. La rêverie d'objets est une fidélité à l'objet familier. La fidélité du rêveur à son objet est la condition de la rêverie intime. La rêverie entretient la familiarité.

Un auteur allemand a pu dire : « Chaque nouvel objet, bien considéré, ouvre en nous un nouvel organe » (Jeder neue Gegenstand, wohl beschaut, schliesst ein neues Organ in uns auf). Les choses ne vont pas aussi vite. Il faut beaucoup rêver devant un objet pour que l'objet détermine en nous une sorte d'organe onirique. Les objets privilégiés par la rêverie deviennent les compléments directs du *cogito* du rêveur. Ils tiennent au rêveur, ils tiennent le rêveur. Ils sont alors, dans l'intimité du rêveur, des organes de rêverie. Nous ne sommes pas disponibles pour rêver n'importe quoi. Nos rêveries d'objets, si elles sont profondes, se font dans l'accord de nos organes oniriques et de notre chosier. Ainsi notre chosier nous est précieux, oniriquement précieux, puisqu'il nous donne les bienfaits des *rêveries attachées*. Dans de telles rêveries, le rêveur se reconnaît comme sujet rêvant. Quelle preuve d'être que de retrouver, en une fidélité de rêverie, et son moi rêveur et l'objet même qui accueille notre rêverie. Ce sont là des liaisons d'existences qu'on ne saurait trouver dans la méditation du rêve nocturne. Le *cogito* diffus du rêveur de rêverie reçoit des objets de sa rêverie une tranquille confirmation de son existence.

VII

Les philosophes de l'ontologie forte, qui gagnent l'être dans sa totalité et le gardent intégralement même en décrivant les modes les plus fugaces, dénonceront aisément cette ontologie dispersée qui s'accroche à des détails, peut-être à des accidents et qui croit multiplier ses preuves en multipliant ses points de vue.

Mais dans tout le cours de notre vie de philosophe, nous avons tenu à choisir à notre mesure les sujets de nos études. Et une étude philosophique de la rêverie nous sollicite par son caractère à la fois simple et bien défini. La rêverie est une activité psychique manifeste. Elle apporte des documents sur des différences dans la *tonalité de l'être*. Au niveau de la tonalité de l'être peut donc être proposée une ontologie différentielle. Le *cogito* du rêveur est moins vif que le *cogito* du penseur. Le *cogito* du rêveur est moins sûr que le *cogito* du philosophe. L'être du rêveur est un être diffus. Mais, en revanche, cet être diffus est l'être d'une diffusion. Il échappe à la ponctualisation du *hic* et du *nunc*. L'être du rêveur envahit ce qui le touche, diffuse dans le monde. Grâce aux ombres, la région intermédiaire qui sépare l'homme et le monde est une région pleine, et d'une plénitude à la densité légère. Cette région intermédiaire amortit la dialectique de l'être et du non-être. L'imagination ne connaît pas le non-être. Tout son être peut bien passer pour un non-être aux yeux de l'homme de raison, aux yeux de l'homme au travail, sous la plume du métaphysicien de l'ontologie forte. Mais, en contrepartie, le philosophe qui se donne assez de solitude pour entrer dans la région des ombres baigne dans un milieu sans obstacles où aucun être ne dit non. Il vit par sa rêverie dans un monde homogène à son être, à son demi-être. L'homme de la rêverie est toujours dans l'espace d'un volume. Habitant vraiment tout le volume de son espace, l'homme de la rêverie est de toute part *dans* son monde, dans un *dedans* qui n'a pas de *dehors*. Ce n'est pas pour rien qu'on dit communément que le rêveur est *plongé* dans sa rêverie. Le monde ne lui fait plus vis-à-vis. Le moi ne s'oppose plus au monde. Dans la rêverie, il n'y a plus de non-moi. Dans la rêverie, le *non* n'a plus de fonction : tout est accueil.

Un philosophe féru d'histoire de la philosophie pourrait dire que l'espace où est plongé le rêveur est un « médiateur plastique » entre l'homme et l'univers. Il semble que dans le monde intermédiaire où se mêlent rêverie et réalité, il se réalise une plasticité de l'homme et de son monde sans qu'on ait jamais besoin de savoir où est le principe de cette double malléabilité. Ce caractère de la rêverie est si vrai qu'on peut dire, à l'inverse, où il y a malléabilité, il y a rêverie. Dans la solitude, il suffit qu'une pâte soit offerte à nos doigts pour que nous nous mettions à rêver (1).

Le rêve nocturne, à l'inverse de la rêverie, ne connaît guère cette plasticité douce. Son espace est encombré de solides — et les solides gardent toujours en réserve une sûre hostilité. Ils tiennent leurs formes — et quand une forme apparaît, il faut *penser*, il faut nommer. Dans le rêve nocturne, le rêveur souffre d'une géométrie dure. C'est dans le rêve nocturne qu'un objet pointu nous blesse dès que nous le voyons. Dans les cauchemars de la nuit, les objets sont méchants. Une psychanalyse qui travaillerait sur les deux bords, du côté objectif et du côté subjectif, reconnaîtrait que les méchants objets nous aident, si l'on ose dire, à réussir nos « actes manqués ». Nos cauchemars sont souvent des coordinations d'actes manqués. Ils nous font vivre souvent des vies manquées. Et comment la psychanalyse si abondante dans les études du rêve-désir a-t-elle donné si peu de place à l'étude du rêve-remords ? La mélancolie de certaines de nos rêveries ne descend pas jusqu'à ces malheurs vécus, revécus, qu'un rêveur nocturne peut toujours craindre de revivre.

Nous ne pouvons nous empêcher de renouveler sans cesse nos efforts pour marquer la différence entre le rêve de la nuit et la rêverie d'une conscience éveillée. Nous sentons bien qu'en éliminant de nos enquêtes les œuvres littéraires qui s'inspirent des cauchemars nous fermons des perspectives visant la destinée humaine et, en même temps, que nous nous privons de la splendeur littéraire des mondes d'apocalypse. Mais il nous fallait écarter bien des problèmes si nous voulions traiter, en toute simplicité, le problème de la rêverie d'une conscience éveillée.

Si ce problème était élucidé, peut-être que l'onirisme de la journée pourrait aider à mieux connaître l'onirisme de la nuit.

On s'apercevrait qu'il y a des états mixtes, des rêveries-rêves et des rêves-rêveries — des rêveries qui tombent au rêve et des rêves qui se colorent en rêverie. Robert Desnos a fait remarquer que nos rêves nocturnes sont entrecoupés par de simples rêveries. En ces rêveries nos nuits retrouvent la douceur.

Une enquête plus large que la nôtre sur l'esthétique de l'onirisme devrait envisager une étude des Paradis artificiels tels qu'ils sont décrits par les écrivains et les poètes. Que de visées

(1) Cf. *La terre et les rêveries de la volonté*, éd. Corti, chap. IV.

phénoménologiques il faudrait pour déceler le « je » des différents états correspondant à différents narcotiques ! Il faudrait, pour le moins, classer ces « je » en trois espèces : le « je » du sommeil — s'il existe ; le « je » de la narcose — s'il garde valeur d'individualité ; le « je » de la rêverie, maintenu dans une telle vigilance qu'il peut se donner le bonheur d'écrire.

Qui fixera jamais le poids ontologique de tous les « je » imaginés ? Un poète écrit :

> *Ce songe en nous, est-il le nôtre*
> *je vais seul et multiplié*
> *suis-je moi-même, suis-je un autre*
> *ne sommes-nous qu'imaginés* (1).

Y a-t-il un « je » qui assume ces multiples « je » ? Un « je » de tous ces « je » qui a la maîtrise de tout notre être, de tous nos êtres intimes ? Novalis écrit : « Die höchste Aufgabe der Bildung ist, sich seines transzendantalen Selbst zu bemächtigen, das Ich seines Ichs zugleich zu sein (2). » Si les « je » varient de tonalité d'être, où est le « je » dominateur ? En cherchant le « je » des « je », ne trouverons-nous pas, en rêvant comme Novalis, le « je » du « je », le je transcendantal ?

Mais que cherchons-nous dans les Paradis artificiels — nous qui ne sommes que psychologue en chambre ? Des rêves ou des rêveries ? Quels sont pour nous les documents déterminants ? Des livres, toujours des livres. Est-ce que les Paradis artificiels seraient des Paradis s'ils n'étaient pas *écrits* ? Pour nous, lecteurs, ces Paradis artificiels sont des Paradis de lecture.

C'est pour être lus que les Paradis artificiels ont été écrits, avec la certitude que la valeur poétique serait, de l'auteur au lecteur, le moyen de communication. C'est pour écrire que tant de poètes ont essayé de vivre les rêveries de l'opium. Mais qui nous dira la part respective de l'expérience et de l'art ? Edmond Jaloux, à propos d'Edgar Poe, fait une remarque pénétrante. L'opium d'Edgar Poe est un *opium imaginé*. Imaginé avant, réimaginé après, jamais écrit pendant. Qui nous donnera la différence entre l'opium vécu et l'opium magnifié ? Nous, lecteurs qui ne voulons pas savoir, mais qui voulons rêver, nous devons suivre la montée qui va de l'expérience au poème. « La

---

(1) Géo Libbrecht, Enchanteur de toi-même, apud *Poèmes choisis*, Paris, Seghers, p. 43.
(2) Novalis, *Schriften*, éd. Minor, t. II, 1907, p. 117. « La tâche suprême de la culture, c'est de prendre la possession de son soi transcendantal, d'être en même temps le je de son je. »

puissance de l'imagination de l'homme, conclut Edmond Jaloux, est plus grande que tous les poisons (1). » Edmond Jaloux dit encore en parlant d'Edgar Poe : « Il prête donc au pavot une des particularités les plus saisissantes de sa propre spiritualité (2). »

Mais, là encore, celui qui vit les images psychotropes, ne peut-il y trouver les impulsions de la substance psychotrope ? La beauté des images augmente leur efficacité. La multiplicité des images relaie l'uniformité de la cause. Un poète n'hésite pas à se donner tout entier à l'efficacité de l'image. Henri Michaux écrit : « Pas besoin d'opium. Tout est drogue à qui choisit pour y vivre l'autre côté (3). »

Et qu'est-ce qu'un beau poème sinon une folie retouchée ? Un peu d'ordre poétique imposé aux images aberrantes ? Un maintien d'une intelligente sobriété dans l'emploi — intensif tout de même — des drogues imaginaires. Les rêveries, les folles rêveries, mènent la vie.

---

(1) Edmond JALOUX, *Edgar Poe et les femmes*, Genève, Ed. du Milieu du Monde, 1943, p. 125.
(2) *Loc. cit.*, p. 129.
(3) Henri MICHAUX, *Plume*, p. 68.

CHAPITRE V

RÊVERIE ET COSMOS

> « L'homme qui a une âme n'obéit qu'à l'univers. »
>
> (Gabriel GERMAIN, *Chants pour l'âme d'Afrique*, p. 89.)

> « Définir comment Milosz pense le monde, c'est faire le portrait du pur poète de tous les temps. »
>
> (Jean de BOSCHÈRE, Préface aux *Poèmes de O.V. de L. Milosz*, éd. Laffont, p. 34.)

> Moi j'habitais un proverbe si vaste qu'il me fallait l'univers pour l'emplir.
>
> (Robert SABATIER, *Dédicace d'un navire*, p. 47.)

I

Quand un rêveur de rêveries a écarté toutes les « préoccupations » qui encombraient la vie quotidienne, quand il s'est détaché du souci qui lui vient du souci des autres, quand il est vraiment ainsi l'*auteur de sa solitude*, quand enfin il peut contempler, sans compter les heures, un bel aspect de l'univers, il sent, ce rêveur, un être qui s'ouvre en lui. Soudain un tel rêveur est *rêveur de monde*. Il s'ouvre au monde et le monde s'ouvre à lui. On n'a jamais bien vu le monde si l'on n'a pas rêvé ce que l'on voyait. En une rêverie de solitude qui accroît la solitude du rêveur, deux profondeurs se conjuguent, se répercutent en échos qui vont de la profondeur de l'être du monde à une profondeur d'être du rêveur. Le temps est suspendu. Le temps n'a plus d'hier et n'a plus de demain. Le temps est englouti dans la double profondeur du rêveur et du monde. Le Monde est si majestueux qu'il ne s'y passe plus rien : le Monde repose en sa tranquillité. Le rêveur est tranquille devant une Eau tranquille. La rêverie ne peut s'approfondir qu'en rêvant devant un monde tranquille. La *Tranquillité* est l'être même et du Monde et de son Rêveur. Le philosophe en sa rêverie de rêveries connaît une ontologie de la tranquillité. La Tranquillité est le lien qui unit le Rêveur et son Monde. Dans une telle Paix s'établit une psychologie des majuscules. Les mots du rêveur deviennent des noms du Monde. Ils accèdent à la majuscule. Alors le Monde est grand et l'homme qui le rêve est une Grandeur. Cette grandeur dans l'image est souvent une objection pour un homme de raison. Il lui suffirait que le poète lui avoue une ivresse poétique. Il le comprendrait peut-être en faisant du mot *ivresse* un mot abstrait. Mais le poète, pour que l'ivresse soit vraie, boit à la coupe du monde. La métaphore ne lui suffit plus, il lui faut l'image. Voici par exemple l'image cosmique de la coupe agrandie :

> *Dans ma coupe à bord d'horizon*
> *Ja bois à la rasade*
> *Une simple gorgée de soleil*
> *Pâle et glacé* (1).

Un critique, d'ailleurs sympathique au poète, dit que le poème de Pierre Chappuis « fonde son prestige sur l'imprévu de la métaphore et l'association inusitée des termes » (2). Mais pour un lecteur qui suit le gradient d'agrandissement de l'image, tout s'unit dans la grandeur. Le poète vient de lui apprendre à boire concrètement dans la coupe du monde.

En sa rêverie solitaire, le rêveur de rêverie cosmique est le véritable sujet du verbe contempler, le premier témoignage de la puissance de contemplation. Le Monde est alors le complément direct du verbe contempler. Contempler en rêvant, est-ce *connaître* ? Est-ce *comprendre* ? Ce n'est certainement pas *percevoir*. L'œil qui rêve ne voit pas ou du moins il voit dans une autre vision. Cette vision ne se constitue pas avec des « restes ». La rêverie cosmique nous fait vivre en un état qu'il faut bien désigner comme anté-perceptif. La communication du rêveur et de son monde est, dans la rêverie de solitude, toute proche, elle n'a pas de « distance », pas cette distance qui marque le

---

(1) Pierre Chappuis, d'un poème publié par la *Revue neuchâteloise*, mars 1959. Le poème a pour titre : *A l'horizon tout est possible*. Sans prendre la peine de nous donner une image, Barrès se contentait de dire que sur le bord des lacs italiens « on s'enivre « à la coupe de lumière » qu'est ce paysage » (*Du sang, de la volupté et de la mort*, Paris, Albert Fontemoing, p. 174). Les vers de Chappuis m'aident mieux à rêver, dans la majesté de l'image, qu'une trop courte métaphore.
(2) Marc Eigeldinger, in *Revue neuchâteloise*, p. 19.

monde perçu, le monde fragmenté par les perceptions. Bien entendu, nous ne parlons pas ici de la rêverie de lassitude, post-perception où s'enténèbrent les perceptions perdues. Que devient l'image perçue quand l'imagination prend en charge l'image pour en faire le signe d'un monde ? Dans la rêverie du poète, le monde est imaginé, directement imaginé. On touche là un des paradoxes de l'imagination : alors que les penseurs qui reconstruisent un monde retracent un long chemin de réflexion, *l'image cosmique est immédiate*. Elle nous donne le tout avant les parties. Dans son exubérance, elle croit dire le tout du Tout. Elle tient l'univers par un de ses signes. Une seule image envahit tout l'univers. Elle diffuse dans tout l'univers le bonheur que nous avons d'habiter dans le monde même de cette image. Le rêveur, en sa rêverie sans limite ni réserve, se donne corps et âme à l'image cosmique qui vient de l'enchanter. Le rêveur est dans un monde, il n'en saurait douter. Une seule image cosmique lui donne une unité de rêverie, une unité de monde. D'autres images naissent de l'image première, s'assemblent, s'embellissent mutuellement. Jamais les images ne se contredisent, le rêveur de monde ne connaît pas la division de son être. Devant toutes les « ouvertures » du monde, le penseur de monde se fait une règle d'hésiter. Le *penseur* de monde est l'être d'une hésitation. Dès l'ouverture du monde par une image, le *rêveur* de monde habite le monde qui vient de lui être offert. D'une image isolée peut naître un univers. Une fois de plus nous voyons en action l'imagination grandissante suivant la règle énoncée par Arp :

Le petit tient le grand en laisse (1).

Nous indiquions dans le chapitre précédent qu'un fruit à lui seul était une promesse de monde, une invitation à être au monde. Quand l'imagination cosmique travaille sur cette image première, c'est le monde lui-même qui est un fruit gigantesque. La lune, la terre sont des astres fruités. Comment goûter autrement un poème comme celui de Jean Cayrol :

O silence rond comme la terre
mouvements de l'Astre muet
gravitation du fruit autour du noyau d'argile (2).

Le monde est ainsi rêvé en sa rondeur, en sa rondeur de fruit.

---

(1) Arp, *Le siège de l'air*, édit. Alain Gheerbrant, 1946, p. 75.
(2) Jean Cayrol, *Le miroir de la Rédemption du monde*, p. 25.

Alors le bonheur reflue du monde vers le fruit. Et le poète qui a pensé le monde comme un fruit peut dire :

> *Que personne ne blesse le Fruit*
> *il est le passé de la joie qui s'arrondit* (1).

Si au lieu d'un livre de loisir nous écrivions une thèse de philosophie esthétique, nous devrions ici multiplier les exemples de cette puissance de cosmicité des images poétiquement privilégiées. Un cosmos particulier se forme autour d'une image particulière dès qu'un poète donne à l'image un destin de grandeur. Le poète donne à l'objet réel son double imaginaire, son double idéalisé. Ce double idéalisé est immédiatement idéalisant et c'est ainsi qu'un univers naît d'une image en expansion.

II

Dans leur grandissement jusqu'au devenir cosmique, les images sont certainement des unités de rêverie. Mais elles sont si nombreuses, ces unités de rêverie, qu'elles sont éphémères. Une unité plus stable apparaît quand un rêveur rêve de matière, quand en ses songes il va « au fond des choses ». Tout devient à la fois grand et stable quand la rêverie unit cosmos et substance. Au cours d'interminables recherches sur l'imagination des « quatre éléments », sur les matières que de tout temps l'homme a toujours imaginées pour soutenir l'unité du monde, nous avons bien souvent rêvé sur l'action des images traditionnellement cosmiques. Ces images prises d'abord tout près de l'homme grandissent d'elles-mêmes jusqu'à leur niveau d'univers. On rêve devant son feu, et l'imagination découvre que le feu est le moteur d'un monde. On rêve devant une source et l'imagination découvre que l'eau est le sang de la terre, que la terre a une profondeur vivante. On a sous les doigts une pâte douce et parfumée et l'on se prend à malaxer la substance du monde.

Revenu de telles rêveries, on ose à peine dire qu'on a rêvé si grand. Comme dit le poète, l'homme « ne pouvant plus songer, il pensa » (2). Et le rêveur du monde se met à penser le monde par la pensée des autres. Si tout de même on veut en parler, de ces songes qui reviennent sans cesse vivants et actifs, on se réfugie dans l'histoire, dans une histoire lointaine, dans une

---
(1) *Loc. cit.*, p. 45.
(2) Ernest La Jeunesse, *L'imitation de notre maître Napoléon*, Paris, 1897, p. 51.

lointaine histoire, dans l'histoire des cosmos oubliés. Les philosophes de l'Antiquité ne nous ont-ils pas donné des témoignages précis des mondes substantialisés par une matière cosmique ? C'étaient là *les rêves de grands penseurs*. Je m'étonne toujours que les historiens de la philosophie *pensent* ces grandes images cosmiques sans jamais les *rêver*, sans jamais leur restituer le privilège de rêverie. Rêver les rêveries et penser les pensées, voilà sans doute deux disciplines difficiles à équilibrer. Je crois de plus en plus, au terme d'une culture bousculée, que ce sont là les disciplines de deux vies différentes. Le mieux me semble alors de les séparer et de rompre ainsi avec l'opinion commune qui croit que la rêverie conduit à la pensée. Les cosmogonies anciennes n'organisent pas des pensées, elles sont des audaces de rêveries et pour leur redonner vie il faut réapprendre à rêver. Il est de nos jours des archéologues qui comprennent l'onirisme des premiers mythes. Quand Charles Kerényi écrit : « L'eau est le plus mythologique des éléments », il pressent que l'eau est l'élément de l'onirisme doux. C'est par exception que de l'eau sortent des divinités malveillantes. Mais dans le présent essai, nous n'utilisons pas les documents mythologiques, nous n'envisageons que les rêveries que nous pouvons revivre.

Par la cosmicité d'une image nous recevons donc une expérience de monde, la rêverie cosmique nous fait habiter un monde. Elle donne au rêveur l'impression d'un *chez soi* dans l'univers imaginé. Le monde imaginé nous donne un *chez soi* en expansion, l'envers du *chez soi* de la chambre. Victor Ségalen, le poète du voyage, disait que la chambre c'est « le but du revenir » (1). En rêvant à l'univers, toujours *on part*, on habite dans l'*ailleurs* — dans un ailleurs toujours *confortable*. Pour bien désigner un monde rêvé, il faut le marquer par un bonheur.

Nous retrouvons donc toujours notre thèse qu'il nous faut affirmer dans le grand comme dans le petit : la rêverie est une conscience de bien-être. Dans une image cosmique aussi bien que dans une image de notre logis nous sommes dans le bien-être d'un repos. L'image cosmique nous donne un repos concret, spécifié ; ce repos correspond à un besoin, à un appétit. A la formule générale du philosophe : le monde est ma représentation, il faut substituer la formule : le monde est mon appétit. Mordre dans le monde sans autre « souci » que le bonheur de mordre, n'est-ce pas entrer dans le monde. Quelle prise sur le monde

---

(1) Victor SÉGALEN, Équipée, *Voyage au pays du réel*, Paris, Plon, 1929, p. 92.

qu'une morsure. Le monde est alors le complément direct du verbe je mange. Et c'est ainsi que pour Jean Wahl, l'agneau est le complément direct du loup. Le philosophe de l'être écrit ainsi, en commentant l'œuvre de William Blake : « L'agneau et le tigre sont un même être (1). » Tendre chair, fortes dents, quelle harmonie, quelle unité de l'être total !

Liant le monde au besoin de l'homme, Franz von Baader écrivait : « La seule preuve possible de l'existence de l'eau, la plus convaincante et la plus intimement vraie — c'est la soif (2). »

Comment dire, devant toutes les offrandes que le Monde offre à l'homme, que l'homme est rejeté du Monde et d'abord jeté dans le Monde ?

A chaque appétit, un monde. Le rêveur participe alors au monde en se nourrissant de l'une des substances du monde, substance dense ou rare, chaude ou douce, claire ou pleine de pénombre suivant le *tempérament de son imagination*. Et quand un poète vient aider le rêveur en renouvelant les belles images du monde, le rêveur accède à la santé cosmique.

III

Un bien-être diffus sort du rêve. Diffus-diffusant, suivant la règle onirique du passage du participe passé au participe présent. Le bien-être diffusant transforme le monde en « milieu ». Donnons un exemple de ce renouveau de la santé cosmique gagnée par une adhésion à un milieu du monde. Nous empruntons cet exemple à la méthode du « training autogène » du psychiatre J. H. Schultz. Il s'agit de réapprendre au malade angoissé les certitudes de la bonne respiration : « Dans les états que nous essayons d'induire, la respiration devient très souvent, selon les récits des patients, une sorte de « milieu » dans lequel ils se meuvent... Je me soulève et m'abaisse en respirant comme une barque sur une mer tranquille... Dans les cas normaux, il suffit d'employer la formule : « Respirez calmement. » Le rythme

---

(1) Jean WAHL, *Pensée, Perception*, Calmann-Lévy, 1948, p. 218. Et quel document pour une métaphysique de la mâchoire ! On lit dans les *Principes de phonologie* de TROUBETZKOY, trad., 1949, p. XXIII en note : « Martynov, un aliéné russe, de la fin du siècle, avait publié une brochure intitulée : *Découverte du mystère de la langue humaine en révélation de la faillite de la linguistique savante* où il cherche à prouver que tous les mots des langues humaines remontent aux racines signifiant « manger » (note de Jacobsen). Mordre, c'est bien une entrée en matière pour participer au monde. »
(2) E. SUSINI, *Franz von Baader et le romantisme mystique*, t. I, p. 143.

respiratoire peut acquérir un tel degré d'évidence *intérieure* (1) qu'on pourra dire : « Je suis toute respiration (2). »

Le traducteur de la page de Schultz ajoute en note : « Cette traduction n'est qu'une faible approximation de l'expression allemande : « Es atmet mich », littéralement : « Ça me respire. » Autrement dit : le monde vient respirer en moi, je participe à la bonne respiration du monde, je suis plongé dans un monde respirant. Tout respire dans le monde. La bonne respiration, celle qui va me guérir de mon asthme, de mon angoisse, est une respiration cosmique. »

Dans une de ses *Orientales*, Mickiewicz (*Œuvres traduites*, t. I, p. 83), dit la pleine vie de la poitrine agrandie : « Oh ! comme il est doux de respirer de toute sa poitrine ! Je respire librement, pleinement, largement. Tout l'air de l'Arabistan suffit à peine à mes poumons. »

Jules Supervielle traduisant en poète un poème de Jorge Guillen connaît cette respiration du monde :

> *Air que je respire à fond*
> *Tant de soleils l'on fait dense*
> *Et, pour plus d'avidité,*
> *Air où le temps se respire.*

Dans l'heureuse poitrine humaine, le monde se respire, le temps se respire. Et le poème continue :

> *Je respire, je respire*
> *Si à fond que je me vois*
> *Jouissant du paradis*
> *Par excellence, le nôtre* (3).

Un grand respirant, comme fut Gœthe, met la météréologie sous le signe de la respiration. L'atmosphère tout entière est, dans une respiration cosmique, respirée par la terre. Dans une conversation avec Eckermann, Gœthe disait : « Je me représente la terre avec son cercle de vapeurs comme un grand être vivant qui aspire et respire éternellement. Si la terre aspire, elle attire à elle le cercle de vapeurs qui s'approche de sa surface et s'épaissit

---

(1) Souligné par nous.
(2) J. H. Schultz, *Le training autogène*. Adaptation, P.U.F., p. 37. Cf. G. Sand, *Dernières pages* : Une nuit d'hiver, p. 33 :
« L'air qu'on prend sans y faire attention et en pensant à autre chose ne vivifie pas comme celui qu'on prend pour le prendre. » Dans sa thèse de médecine soutenue à Lyon en 1958, François Dagognet a apporté bien des éléments à une psychologie de la respiration. Un chapitre de cette thèse est publié par la revue *Thalès*, 1960.
(3) Jules Supervielle, *Le corps tragique*, Éd. Gallimard, pp. 122-123.

en nuages et pluie. J'appelle cet état l'*affirmation aqueuse* ; s'il durait au delà du temps réglé, il noierait la terre. Mais celle-ci ne le permet pas ; elle respire de nouveau et renvoie en haut les vapeurs d'eau qui se répandent dans tous les espaces de la haute atmosphère et s'amincissent à tel point, que non seulement l'éclat du soleil les traverse, mais que l'éternelle nuit de l'espace infini, vu à travers elles, se colore d'une brillante teinte bleue. J'appelle ce second état de l'atmosphère la *négation aqueuse*. Dans l'état de négation aqueuse, non seulement aucune humidité n'arrive d'en haut, mais de plus l'humidité de la terre... disparaît dans l'air, de telle sorte que si cet état se prolongeait au delà du temps réglé, même sans soleil, la terre courrait le risque de se dessécher et de se durcir entièrement (1). »

Quand des comparaisons vont aussi facilement de l'homme au monde, un philosophe raisonnable pose sans risque d'erreur son diagnostic d'anthropomorphisme. Le raisonnement qui soutient les images est simple : puisque la terre est « vivante », il va de soi que, comme tous les êtres vivants, elle respire. Elle respire, comme l'homme respire, en chassant loin d'elle son haleine. Mais ici c'est Gœthe qui parle, c'est Gœthe qui raisonne, c'est Gœthe qui imagine. Dès lors si l'on veut atteindre le niveau gœthéen, il faut renverser la direction de la comparaison. Ce serait trop peu de dire : la terre respire comme l'homme. Il faut dire : Gœthe respire comme la terre respire. Gœthe respire à pleins poumons comme la terre respire à pleine atmosphère. L'homme qui atteint à la gloire de la respiration respire cosmiquement (2).

Le premier sonnet de la deuxième partie des sonnets à Orphée est un sonnet de la respiration, d'une respiration cosmique (3) :

> *Respirer, ô invisible poème !*
> *Echange pur et qui jamais ne cesse entre notre être propre*
> *et les espaces du monde...*
>
> *Vague unique, dont*
> *je suis la mer progressive ;*
> *toi, la plus économe de toutes les mers possibles,*
> *gain d'espace.*
>
> *Combien parmi ces places des espaces furent déjà*
> *à l'intérieur de moi-même. Plus d'un vent*
> *est comme mon fils.*

(1) *Conversations de Gœthe avec Eckermann*, trad., t. I, p. 335.
(2) Barrès n'eût pas été si loin, lui qui guérit son angoisse en se donnant pour règle « de respirer avec sensualité » (*Un homme libre*, p. 234). En suivant une doctrine d'imagination, il faut au contraire beaucoup d' « en dehors » pour guérir un peu d' « en dedans ».
(3) Rilke, *Les élégies de Duino. Les sonnets à Orphée*, trad. Angelloz, p. 195.

Jusque-là va l'échange d'être dans une égalité de l'être qui respire et du monde respiré. Le vent, les brises, les grands souffles ne sont-ils pas les êtres, les fils, de la poitrine du poète qui respire ?

Et la voix et le poème ne sont-ils pas la respiration commune du rêveur et du monde. Le dernier tiercet le proclame :

> *Me reconnais-tu, air, toi, encore plein de lieux qui furent miens ?*
> *Toi, qui fus un jour l'écorce lisse,*
> *la courbure et la feuille de mes paroles ?*

Et comment ne pas vivre au sommet de la synthèse quand l'air du monde fait parler et l'arbre et l'homme, mêlant toutes les forêts, celles du végétal et celles des poètes ?

Ainsi les poèmes nous viennent en aide pour retrouver la respiration des grands souffles, la respiration première de l'enfant qui respire le monde. Dans mon utopie de guérison par les poèmes, je proposerais la méditation de ce seul vers :

> *Cantique de l'enfance, ô poumons de paroles* (1).

Quel agrandissement du souffle quand ce sont les poumons qui parlent, qui chantent, qui font des poèmes ! La poésie aide à bien respirer.

Faut-il ajouter que dans la rêverie poétique, triomphe de calme, sommet de la confiance au monde, on respire bien. Quel renforcement d'efficacité recevraient les exercices du « training autogène » si l'on pouvait associer aux exercices proposés par le psychiatre des rêveries bien choisies. Le patient de Schultz n'a pas pour rien évoqué la barque tranquille, la barque, ce berceau, cette berce, dormant sur les eaux qui respirent.

Il semble que de telles images, si on pouvait les bien assembler, donneraient une efficacité supplémentaire au contact que le bon psychiatre prend avec le patient.

IV

Mais notre but n'est pas d'étudier des rêveurs. Nous mourrions d'ennui s'il nous fallait faire des enquêtes près de compagnons de la relaxation. Nous voulons étudier, non pas la rêverie qui endort, mais la *rêverie œuvrante*, la rêverie qui prépare des œuvres. Les livres, et non plus les hommes, sont alors nos

---

(1) Jean LAUGIER, *L'espace muet*, Paris, Seghers.

documents et tout notre effort en revivant la rêverie du poète est d'éprouver le caractère œuvrant. De telles rêveries poétiques nous font accéder à un monde de valeurs psychologiques. L'axe normal de la rêverie cosmique est celui le long duquel l'univers sensible est transformé en un univers de la beauté. Est-il possible, *dans une rêverie*, de rêver à la laideur, à une laideur immobile qu'aucune lumière ne corrigerait ? Sur ce point nous touchons à nouveau la différence caractéristique du rêve et de la rêverie. Les monstres appartiennent à la nuit, au rêve nocturne (1). Les monstres ne s'organisent pas en univers monstrueux. Ils sont des morceaux d'univers. Et très précisément, dans la rêverie cosmique, l'univers reçoit une unité de beauté.

Pour traiter ce problème d'un cosmos valorisé par une unité de beauté, combien serait favorable la méditation de l'œuvre des peintres ! Mais comme nous croyons que chaque art réclame une phénoménologie spécifique, nous voulons présenter nos observations en nous servant des documents littéraires qui sont les seuls à être à notre disposition. Notons simplement une formule de Novalis qui exprime d'une manière décisive le pancalisme actif qui anime la volonté du peintre au travail : « L'art du peintre est l'art de voir beau (2). »

Mais cette volonté de voir beau est prise en charge par le poète qui doit voir beau pour dire beau. Il est des rêveries poétiques où le regard est devenu une activité. Le peintre, suivant une expression que Barbey d'Aurevilly emploie pour dire sa victoire sur les femmes, le peintre sait « se faire du regard », comme le chanteur, en un long exercice, sait se faire de la voix. L'œil n'est plus alors simplement le centre d'une perspective géométrique. Pour le contemplateur qui « s'est fait du regard », l'œil est le projecteur d'une force humaine. Une puissance éclairante subjective vient hausser les lumières du monde. Il existe une rêverie du regard vif, une rêverie qui s'anime dans un orgueil de voir, de voir clair, de voir bien, de voir loin et cet orgueil de vision est peut-être plus accessible au poète qu'au peintre : le peintre doit peindre cette vision surélevée, le poète n'a qu'à la proclamer.

Que de textes nous pourrions citer qui disent que l'œil est un centre de lumière, un petit soleil humain qui projette sa lumière sur l'objet regardé, bien regardé dans une volonté de voir *clairement*.

---

(1) Les caricatures appartiennent à l'« esprit ». Elles sont « sociales ». La rêverie solitaire ne saurait s'y complaire.
(2) Novalis, *Scriften*, éd. Minor, t. II, p. 228

Un texte très curieux de Copernic peut, à lui seul, nous aider à poser une cosmologie de la lumière, une astronomie de la lumière. Du Soleil, Copernic, ce réformateur de l'astronomie, écrit : « Certains l'ont appelé la prunelle du monde, d'autres l'Esprit (du monde), d'autres enfin son Recteur. Trismégiste l'appelle Dieu visible. L'*Électre* de Sophocle l'appelle l'omnivoyant (1). » Ainsi les planètes tournent autour d'un Œil de Lumière et non pas d'un corps lourdement attirant. Le regard est un principe cosmique.

Mais notre démonstration sera peut-être plus décisive en prenant des textes plus récents, plus nettement marqués de l'orgueil de voir. Dans une *Orientale* de Mickiewicz, un héros de la vision s'écrie : « Je fixais avec fierté les étoiles qui fixaient sur moi leurs yeux d'or, car elles ne voyaient dans le désert que moi seul (2). »

Dans un essai de jeunesse, Nietzsche écrit : « ... l'aurore se joue au ciel paré de multiples couleurs... Mes yeux ont un tout autre éclat. J'ai peur qu'ils ne fassent des trous dans le ciel » (3).

Plus contemplative, moins agressive est la cosmicité de l'œil chez Claudel : « Nous pouvons, dit le poète, voir dans l'œil une sorte de soleil réduit, portatif, donc un prototype de la faculté d'établir un *rayon* de lui à tout point de la circonférence (4). » Le poète ne pouvait laisser le mot *rayon* à la tranquillité géométrique. Il lui fallait rendre au mot *rayon* sa réalité solaire. Alors un œil de poète est le centre d'un monde, le soleil d'un monde.

Ce qui est rond est bien près d'être un œil quand le poète accepte les légères démences de la poésie :

> *O cercle magique : œil de tout être !*
> *Œil de volcan injecté des sangs malsains*
> *Œil de ce lotus noir*
> *Surgi des calmes du songe.*

Et Yvan Goll donnant au soleil-regard sa puissance impérieuse, peut écrire encore :

> *L'univers tourne autour de toi*
> *Œil à facettes qui chasse les yeux des étoiles*
> *Et les implique dans ton système giratoire*
> *Emportant des nébuleuses d'yeux dans ta démence* (5).

---

(1) COPERNIC, *Des révolutions des orbes célestes*, Introduction, traduction et notes de A. KOYRÉ, Paris, Alcan, p. 116.
(2) MICKIEWICZ, *loc. cit.*, t. I, p. 82.
(3) Richard BLUNCK, *Frédéric Nietzsche. Enfance et jeunesse*, trad. Eva SAUSER, Paris, Corréa, 1955, p. 97.
(4) Paul CLAUDEL, *Art poétique*, p. 106.
(5) Yvan GOLL, *Les cercles magiques*, Paris, édit. Falaize, p. 45.

Tout à nos rêveries heureuses nous n'abordons pas dans ce simple livre la psychologie du « mauvais œil ». Que de recherches il faudrait faire pour séparer le mauvais œil contre les hommes et le mauvais œil contre les choses ! Qui se croit une puissance contre les hommes admet facilement qu'il a puissance contre les choses. On trouve la note suivante dans le *Dictionnaire infernal* de Collin de Plancy (p. 553) : « Il y avait en Italie des sorcières qui, d'un seul regard, mangeaient le cœur des hommes et le dedans des concombres. »

Mais le rêveur de monde ne regarde pas le monde comme un objet, il n'a que faire de l'agressivité du regard *pénétrant*. Il est sujet contemplant. Il semble alors que le monde contemplé parcoure une échelle de clarté quand la conscience de voir est conscience de voir grand et est conscience de voir beau. La beauté travaille activement le sensible. La beauté est à la fois un relief du monde contemplé et une élévation dans la dignité de voir. Quand on accepte de suivre le développement de la psychologie esthétisante dans la double valorisation du monde et de son rêveur, il semble qu'on connaisse une communication de deux principes de vision entre l'objet beau et le voir beau. Alors dans une exaltation du bonheur de voir la beauté du monde, le rêveur croit qu'entre lui et le monde, il y a un échange de regards, comme dans le double regard de l'aimé à l'aimée. « Le ciel... semblait un grand œil bleu qui regardait amoureusement la terre (1). » Pour exprimer alors la thèse de Novalis d'un pancalisme actif, il faudrait donc dire : tout ce que je regarde me regarde.

Douceur de voir en admirant, orgueil d'être admiré, voilà des liaisons humaines. Mais, elles sont actives, dans les deux sens, dans notre admiration du monde. Le monde veut se voir, le monde vit dans une curiosité active avec des yeux toujours ouverts. En unissant les songes mythologiques nous pouvons dire : *Le Cosmos est un Argus*. Le Cosmos, somme de beautés, est un Argus, somme d'yeux toujours ouverts. Ainsi se traduit au niveau cosmique le théorème de la rêverie de vision : tout ce qui brille voit et il n'y a rien dans le monde qui brille plus qu'un regard.

De l'univers qui voit, de l'univers-argus, l'eau donne mille témoignages. A la moindre brise le lac se couvre d'yeux. Chaque vague se soulève pour mieux voir le rêveur. Théodore de Banville a pu dire : « Il existe une ressemblance effrayante entre le

---

(1) Théophile GAUTIER, *Nouvelles. Fortunio*, p. 94.

regard des lacs et celui des prunelles humaines (1). » Faut-il donner à cette « ressemblance effrayante » tout son sens ? Le poète a-t-il connu l'*effroi* qui saisit un rêveur de miroir quand le rêveur se sent regardé par lui-même ? Être vu par tous les miroirs du lac finit peut-être par la hantise d'être vu. C'est Alfred de Vigny, je crois, qui note la pudeur alarmée d'une femme qui s'aperçoit soudain que son chien vient de la regarder tandis qu'elle changeait de chemise.

Mais nous reviendrons par la suite sur ce renversement d'être que le rêveur apporte au monde contemplé par le peintre qui voit beau. Mais du monde au rêveur le renversement est encore plus grand quand le poète oblige le monde à devenir, au delà même d'un monde du regard, le *Monde de la parole*.

Dans le monde de la parole, quand le poète abandonne le langage significatif pour le langage poétique, l'esthétisation du psychisme devient le signe psychologique dominant. La rêverie qui veut s'exprimer devient rêverie poétique. C'est dans cette ligne que Novalis a pu dire nettement que la libération du sensible dans une esthétique philosophique se faisait en suivant l'échelle : musique, peinture, poésie.

Nous ne prenons pas à notre compte cette hiérarchie des arts. Pour nous, tous les sommets humains sont des *sommets*. Les sommets nous révèlent des prestiges de nouveautés psychiques. Par le poète le monde de la parole est renouvelé en son principe. Du moins le vrai poète est bilingue, il ne confond pas le langage de la signification et le langage poétique. Traduire une de ces langues dans l'autre ne saurait être qu'un pauvre métier.

L'exploit du poète au sommet de sa rêverie cosmique est de constituer un cosmos de la parole (2). Que de séductions le poète doit associer pour entraîner un inerte lecteur, pour que le lecteur comprenne le monde à partir des louanges du poète ! Vivre dans le monde de la louange, quelle adhésion au monde ! Toute chose aimée devient l'être de sa louange. En aimant les choses du monde on apprend à louanger le monde : on entre dans le cosmos de la parole.

Alors quelle nouvelle compagnie du monde et de son rêveur ! Une rêverie parlée transforme la solitude du rêveur solitaire en une compagnie ouverte à tous les êtres du monde. Le rêveur parle au monde et voici que le monde lui parle. De même que la dualité

---

(1) *Revue fantastique*, t. II, 15 juin 1861, dans un article consacré à Bresdin.
(2) « L'image est formée des mots qui la rêvent » dit Edmond JABÈS, *Les mots tracent*, p. 41.

du regardé au regardant se magnifie en une dualité du Cosmos à l'Argus, la dualité plus subtile de la Voix et du Son monte au niveau cosmique d'une dualité du souffle et du vent. Où est l'être dominant de la rêverie parlée ? Quand un rêveur parle, qui parle, lui ou le monde ?

Nous invoquerons ici un des axiomes de la Poétique de la rêverie, un véritable théorème qui doit nous convaincre de lier indissolublement le Rêveur et son Monde. Nous empruntons ce théorème poétique à un maître en rêveries poétiques : « Tout l'être du monde, s'il rêve, rêve qu'il parle (1). »

Mais l'être du monde, rêve-t-il ? Ah ! jadis, avant la « culture », qui en aurait douté ? Chacun savait que le métal, dans la mine, lentement mûrissait. Et comment mûrir sans rêver ? Comment, en un bel objet du monde, amasser des biens, des puissances, des odeurs, sans accumuler les rêves ? Et la terre — quand elle ne tournait pas — comment, sans rêves, eût-elle mûri ses saisons ? Les grands rêves de cosmicité sont garants de l'immobilité de la terre. Que la raison, après de longs travaux, vienne prouver que la terre tourne, il n'en reste pas moins qu'une telle déclaration est *oniriquement absurde*. Qui pourrait *convaincre* un rêveur de cosmos que la terre vire-volte sur elle-même et qu'elle vole dans le ciel ? On ne rêve pas avec des idées enseignées (2).

Oui, avant la culture, le monde a beaucoup rêvé. Les mythes sortaient de terre, ouvraient la terre pour qu'avec l'œil de ses lacs elle regarde le ciel. Un destin de hauteur montait des abîmes. Les mythes trouvaient ainsi tout de suite des voix d'homme, la voix de l'homme rêvant le monde de ses rêves. L'homme exprimait la terre, le ciel, les eaux. L'homme était la parole de ce macro-anthropos qu'est le corps monstrueux de la terre. Dans les rêveries cosmiques primitives, le monde est corps humain, regard humain, souffle humain, voix humaine.

Mais ces temps du monde parlant ne peuvent-ils renaître ? Qui va à fond de rêverie retrouve la rêverie naturelle, une rêverie de premier cosmos et de premier rêveur. Alors le monde n'est plus muet. La rêverie poétique ranime le monde des premières paroles. Tous les êtres du monde se mettent à parler par le nom qu'ils portent. Qui les a nommés ? Ne se sont-ils pas, tant leur nom est bien choisi, nommés eux-mêmes ? Un mot en entraîne

---

(1) Henri Bosco, *L'antiquaire*, p. 121. Et quelles pages que les pages 121-122 pour qui veut comprendre que la rêverie poétique unit le rêveur et le monde !

(2) Musset écrit (*Œuvres posthumes*, p. 78) : « Le poète n'a jamais songé que la terre tourne autour du soleil. »

un autre. Les mots du monde veulent faire des phrases. Le rêveur le sait bien qui, d'un mot qu'il rêve, fait sortir une avalanche de paroles. L'eau qui « dort » toute noire dans l'étang, le feu qui « dort » sous la cendre, tout l'air du monde qui « dort » dans un parfum — tous ces « dormants » témoignent, en dormant si bien, d'un rêve interminable. Dans la rêverie cosmique, rien n'est inerte, ni le monde ni le rêveur ; tout vit d'une vie secrète, donc tout parle sincèrement. Le poète écoute et répète. La voix du poète est une voix du monde.

Libre à nous, naturellement, de passer la main sur notre front et d'écarter toutes ces folles images, toutes ces « rêveries sur la rêverie » d'un philosophe inoccupé. Mais, alors, il ne faut pas lire plus avant la page d'Henri Bosco. Il ne faut pas lire les poètes. Les poètes, en leurs rêveries cosmiques, parlent du monde en paroles premières, en images premières. Ils parlent du monde dans le langage du monde. Les mots, les beaux mots, les grands mots naturels croient à l'image qui les a créés. Un rêveur de mots reconnaît dans un mot de l'homme à une chose du monde une sorte d'étymologie onirique. S'il y a des « gorges » dans la montagne, n'est-ce pas parce que le vent, jadis, y a parlé (1) ? Dans les *Vacances du lundi*, Théophile Gautier entend dans la gorge de la montagne des vents « animalisés », « les éléments surmenés et las de leurs tâches » (2). Il y a ainsi des mots cosmiques, des mots qui donnent l'être de l'homme à l'être des choses. Et c'est ainsi que le poète a pu dire : « Il est plus facile d'inclure l'univers dans un mot que dans une phrase (3). » Les mots, par la rêverie, deviennent immenses, ils abandonnent leur pauvre détermination première. Ainsi, le poète trouve le plus grand, le plus cosmique des carrés en écrivant :

O Grand carré qui n'a pas d'angles (4).

Ainsi des mots cosmiques, des images cosmiques tissent des liens de l'homme au monde. Un léger délire fait passer le rêveur

---

(1) Un grelot de plus à ma marotte de rêveur de mots : seul un géographe qui croit que les mots servent à décrire « objectivement » les « accidents » de terrain peut tenir comme synonymes gorge et étranglement. Pour un rêveur de mots c'est le féminin, bien entendu, qui dit ici une vérité humaine de la montagne. Pour dire mon attachement aux collines, aux vallons, aux chemins, aux bosquets, aux rochers, à la grotte, il me faudrait écrire une géographie « non figurative », une géographie des noms. En tout cas, cette géographie non-figurative est la géographie des souvenirs.
(2) Th. GAUTIER, *Les vacances du lundi*, p. 306.
(3) Marcel HAVRENNE, *Pour une physique de l'écriture*, p. 12.
(4) Henry BAUCHAU, *Géologie*, Paris, Gallimard, p. 84.

de rêveries cosmiques d'un vocabulaire de l'homme à un vocabulaire des choses. Les deux tonalités humaine et cosmique se renforcent. Par exemple, écoutant les arbres de la nuit préparer leurs tempêtes, le poète dira : « Les forêts frissonnent sous les caresses du délire aux doigts de cristal (1). » Ce qu'il y a d'électrique dans le frisson — qu'il coure sur les nerfs de l'homme ou sur les fibres de la forêt — a trouvé, dans l'image du poète, un détecteur sensible. De telles images ne nous apportent-elles pas la révélation d'une sorte de cosmicité intime ? Elles unissent au cosmos du dehors un cosmos du dedans. L'exaltation poétique — le délire aux mains de cristal — fait frissonner en nous une forêt intime.

Dans les images cosmiques, il semble souvent que les mots de l'homme infusent de l'énergie humaine dans l'être des choses. Voici, par exemple, l'herbe sauvée de son humilité par le dynamisme corporel d'un poète :

> *L'herbe*
> *emporte la pluie sur ses millions d'échines,*
> *retient le sol de ses millions d'orteils.*
> . . . .

L'herbe

> *répond à chaque menace en croissant.*
> *L'herbe aime le monde autant qu'elle-même,*
> *L'herbe est heureuse, que les temps soient durs ou non,*
> *L'herbe passe enracinée, l'herbe chemine*
> *debout* (2).

Ainsi, le poète met *debout* l'être plié-pliant. Par lui, la verdure a de l'énergie. Un appétit de vie augmente par la fougue des paroles. Le poète ne décrit plus, il exalte. Il faut le comprendre en suivant le dynamisme de son exaltation. On entre alors dans le monde en l'admirant. Le monde est constitué par l'ensemble de nos admirations. Et nous retrouvons toujours la maxime de notre critique admirative des poètes : Admire d'abord, tu comprendras ensuite.

---

(1) Pierre REVERDY, *Risques et périls*, p. 150. Et de même (p. 157), Pierre Reverdy écoute les peupliers qui vont si haut parler dans le ciel : « Les peupliers gémissent doucement dans leur langue maternelle. »
(2) Arthur LUNDKVIST, *Feu contre feu*, transcription du suédois par Jean-Clarence LAMBERT, Paris, éd. Falaize, p. 43.

V

Au cours de nos ouvrages antérieurs sur l'imagination des matières valorisées, nous avons bien souvent rencontré des manifestations de l'imagination cosmique, mais nous n'avons pas toujours considéré assez systématiquement la cosmicité essentielle qui fait grandir des images privilégiées. Dans le présent chapitre consacré à l'imagination cosmique, il manquerait, croyons-nous, quelque chose si nous ne donnions pas quelques exemples de ces *images princeps*. Nous emprunterons nos exemples à des œuvres que nous avons hélas ! connues trop tard pour soutenir nos thèses sur l'imagination de la matière, mais qui nous encouragent à poursuivre nos recherches sur la phénoménologie de l'imagination créatrice. N'est-il pas frappant que, dès qu'on rêve aux images de haute cosmicité, comme sont les images du feu, de l'eau, de l'oiseau, on ait le témoignage, en lisant les poètes, d'une activité toute neuve de l'imagination créatrice ?

Commençons par une simple rêverie devant l'âtre. Nous l'empruntons à l'un des livres les plus profonds d'Henri Bosco : *Malicroix*.

Il s'agit, bien entendu, de la rêverie d'un solitaire, d'une rêverie débarrassée de la traditionnelle surcharge d'image que l'on reçoit d'une *veillée familiale* autour de l'âtre. Le songeur de Bosco est si phénoménologiquement solitaire que les commentaires psychanalytiques seraient *superficiels*. Le songeur de Bosco est seul devant le feu primordial.

Le feu qui brûle dans l'âtre de *Malicroix* est un *feu de racines*. On ne rêve pas devant un feu de racines comme devant un feu de bûches. Le rêveur qui donne au feu une racine noueuse se prépare une rêverie accentuée, une rêverie à double cosmicité unissant à la cosmicité du feu la cosmicité de la racine. Les images se tiennent : sur la forte braise du bois dur *s'enracine* la courte flamme : « Une langue vive montait, qui se balançait dans l'air noir comme l'âme même du feu. Cette créature vivait au ras du sol, sur son vieux foyer de briques. Elle y vivait avec patience, elle avait la ténacité des petits feux qui durent et lentement creusent la cendre (1). » Ces petits feux qui « creusent la cendre » avec une lenteur de racine, il semble que la cendre

---

(1) Henri Bosco, *Malicroix*, Gallimard, p. 34.

les aide à brûler, que la cendre soit cet humus qui nourrit la tige du feu (1).

« C'était un de ces feux, continue Henri Bosco, d'une antique origine, qui jamais n'ont cessé d'être nourris et dont la vie a persisté, à l'abri de la cendre, sur le même foyer, depuis des années innombrables. »

Oui, à quel temps, vers quelle mémoire nous porte le songe devant ces feux qui creusent le passé comme ils « creusent la cendre » ? « Ces feux, dit le poète, ont sur notre mémoire une puissance telle que les vies immémoriales sommeillant au delà des plus vieux souvenirs s'éveillent en nous à leur flamme, et nous révèlent les pays les plus profonds de notre âme secrète. Seuls, ils éclairent, en deçà du temps qui préside à notre existence, les jours antérieurs à nos jours et les pensées inconnaissables dont peut-être notre pensée n'est souvent que l'ombre. A contempler ces feux associés à l'homme par des millénaires de feu, on perd le sentiment de la fuite des choses ; le temps s'enfonce dans l'absence ; et les heures nous quittent sans secousse. Ce qui fut, ce qui est, ce qui sera, devient en se fondant la présence même de l'être, et plus rien, dans l'âme enchantée, ne la distingue d'elle-même, sauf peut-être la sensation infiniment pure de son existence. On n'affirme point que l'on est ; mais que l'on soit, il reste encore une lueur légère. Serais-je ? se murmure-t-on, et l'on ne tient plus à la vie de ce monde que par ce doute, à peine formulé. Il ne reste d'humain en nous que la chaleur ; car nous ne voyons plus la flamme qui la communique. Nous sommes nous-mêmes ce feu familier qui brûle au ras du sol depuis l'aube des âges, mais dont toujours une pointe vive s'élève au-dessus du foyer où veille l'amitié des hommes (2). »

Nous n'avons pas voulu interrompre cette grande page d'ontologie douce, mais ligne par ligne, il faudrait la commenter pour en épuiser tous les enseignements philosophiques. Elle nous renvoie au *cogito* du rêveur, d'un rêveur qui s'en voudrait de douter de ses images pour affirmer son existence. Le *cogito* du rêveur de *Malicroix* nous ouvre l'existence d'une anté-existence. Le temps immémorial s'ouvre devant nous quand nous rêvons

---

(1) Les racines qui brûlent dans l'âtre de Malicroix sont des racines de tamaris. Mais c'est seulement quand le bien-être du rêveur s'accentuera qu'il en sentira « la flamme odorante » (p. 37). En brûlant, la racine exhalera les vertus de la fleur. Ainsi se consomme comme un sacrifice nuptial l'union du bois et de la flamme. On rêve deux fois devant un feu de racines.
(2) *Loc. cit.*, p. 35.

à l' « enfance » du feu. Toutes les enfances sont les mêmes : enfance de l'homme, enfance du monde, enfance du feu, autant de vies qui ne courent pas sur le fil d'une histoire. Le cosmos du rêveur nous met dans un temps immobile, il nous aide à nous fondre dans le monde. La chaleur est en nous et nous sommes dans la chaleur, dans une chaleur égale à nous-mêmes. La chaleur vient apporter au feu l'appui de sa douceur féminine. Une métaphysique brutale viendra-t-elle nous dire que nous sommes jetés à la chaleur, jetés dans le monde du feu. La métaphysique oppositionnelle ne peut rien contre les évidences de la rêverie. En lisant la page de Bosco, le bien-être du monde nous envahit de toute part. Tout se fond, tout s'unifie, le bien-être a l'odeur du tamaris, la chaleur est odorante.

A partir de ce repos dans le bien-être d'une image, l'écrivain nous fait vivre un cosmos de repos en expansion. Dans une autre page de *Malicroix*, Bosco écrit : « Dehors, l'air reposait sur la pointe des arbres et n'en bougeait pas. Dedans, le feu vivait avec prudence, pour durer jusqu'au jour. Il ne s'en échappait que le pur sentiment de l'être. En moi, nul mouvement : mes desseins étaient au repos, mes figures mentales sommeillaient dans l'ombre (1). »

Hors du temps, hors de l'espace, devant le feu, notre être n'est plus enchaîné à un *être-là*, notre moi, pour se convaincre de son existence, d'une existence qui dure, n'est plus obligé à des affirmations fortes, à des décisions qui nous donnent l'avenir des projets énergiques. La rêverie unie nous a rendu à une existence unie. Ah ! douce fluence de la rêverie qui nous aide à nous couler dans le monde, dans le bien-être d'un monde. Une fois de plus, la rêverie nous apprend que l'essence de l'être c'est le bien-être, un bien-être enraciné dans l'être archaïque. Sans *avoir été*, comment un philosophe peut-il être *sûr d'être* ? L'être archaïque m'apprend à être le même que moi-même. Le feu de *Malicroix*, si constant, si prudent, si patient, est un feu en paix avec lui-même.

Devant ce feu qui enseigne au rêveur l'archaïque et l'intemporel, l'âme n'est plus coincée en un coin du monde. Elle est au centre du monde, au centre de son monde. Le plus simple foyer encadre un univers. Du moins, ce mouvement en expansion est un des deux mouvements métaphysiques de la rêverie devant le feu. Il en est un autre qui nous ramène à nous-mêmes. Et c'est ainsi que devant le foyer, le rêveur est alternativement âme et

(1) H. Bosco, *Malicroix*, p. 138.

corps, corps et âme. Parfois, le corps reprend tout l'être. Le rêveur de Bosco connaît ces heures du corps dominant : « Assis devant le feu, je me laissai aller à la contemplation des tisons, des flammes, des cendres, jusqu'à une heure assez tardive. Mais rien ne sortit du foyer. Les tisons, les flammes, les cendres restèrent sagement ce qu'ils étaient ; et ne devinrent pas (ce qu'ils sont aussi) de mystérieuses merveilles. Ils me plaisaient pourtant, mais plus par leur chaleur utile que par leur puissance évocatrice. Je ne rêvais pas, je me chauffais. Et il est doux de se chauffer ; cela vous donne bien le sentiment du corps, le contact de vous-même ; et, si l'on imagine quelque chose, c'est, au dehors, la nuit, le froid, car on se pelotonne alors sur sa propre chaleur, frileusement entretenue (1). » Texte utile dans sa simplicité, car il nous apprend à ne rien oublier. Il est des heures où la rêverie digère la réalité, des heures où le rêveur incorpore son bien-être, où il se chauffe en profondeur. Avoir bien chaud, c'est pour le corps une manière de rêver. Et c'est ainsi que, dans les deux mouvements de la rêverie devant le feu, le mouvement qui nous fait couler dans un monde heureux et le mouvement qui nous fait de notre corps une sphère de bien-être, Henri Bosco nous apprend à nous chauffer corps et âme. Un philosophe qui saurait aussi bien accueillir la chaleur d'un foyer développerait aisément une métaphysique d'adhésion au monde, juste à l'antithèse des métaphysiques qui connaissent le monde par ses oppositions. Un rêveur de foyer ne peut s'y tromper : le monde de la chaleur est le monde de la douceur généralisée. Et pour un rêveur de mots, la chaleur c'est vraiment, dans toute la profondeur du terme, le feu au féminin.

La veillée de *Malicroix* continue. Vient alors l'heure où le feu s'assoupit. Il n'est plus « qu'un fragment de chaleur visible à l'œil. Plus une vapeur, pas un craquement. L'immobile lueur avait un aspect minéral... Vivait-elle ? Mais qui vivait, hors moi et mon corps solitaire » ? Le feu en mourant n'efface-t-il pas notre âme ? Nous vivions si unis à l'âme des lueurs du foyer ! Tout était lueur en nous et hors de nous. Nous vivions de la lumière douce, par la lumière douce. Les dernières lueurs du feu ont une telle tendresse ! On se croyait deux alors qu'on était seul. La moitié d'un monde vient de nous être retranchée.

Que d'autres pages il faudrait méditer pour comprendre que le feu *habite* la maison ? Dans le style de l'utilité, on dirait que le feu rend la maison habitable. Cette dernière expression appar-

---

(1) H. Bosco, *Malicroix*, p. 134-135.

tient au langage de ceux qui ne connaissent pas les rêveries du verbe habiter (1). Le feu transmet son amitié à la maison tout entière et fait ainsi de la Maison un Cosmos de la chaleur. Bosco sait cela, dit cela : « L'air dilaté par la chaleur emplissait tous les creux de la maison, pesant contre les murs, le sol, le plafond bas, les meubles massifs. La vie y circulait, du feu aux portes closes et des portes au feu, en traçant d'invisibles cercles de chaleur qui m'effleuraient le visage. L'odeur des cendres et du bois, entraînée par le mouvement de translation, rendait cette vie plus concrète encore. Les moindres lueurs de la flamme tremblaient en colorant faiblement les parois de plâtre. Un doux bourdonnement, où fusait un fil de vapeur légère, arrivait de l'âtre en travail. Toutes ces choses formaient un corps tiède dont la pénétrante douceur invitait au repos et à l'amitié (2). »

On nous objectera peut-être, en lisant cette page, que l'écrivain ne dit plus sa rêverie, mais qu'il décrit son bien-être dans une chambre close. Mais, lisons mieux, lisons en rêvant, lisons en nous souvenant. C'est de nous-mêmes, rêveurs, c'est de nous-mêmes, fidèles à la mémoire, que l'écrivain nous parle. A nous aussi, le feu a tenu compagnie. Nous avons connu l'amitié du feu. Nous communiquons avec l'écrivain parce que nous communiquons avec les images gardées au fond de nous-mêmes. Nous retournons rêver dans les chambres où nous avons connu l'amitié du feu. Henri Bosco nous redit tous les devoirs qu'implique cette amitié : « Il faut veiller... et alimenter ce feu simple, par piété, par prudence. Je n'ai d'ami que lui qui tiédit la pierre centrale de la maison, la pierre communicative, dont la chaleur et la lumière montent à mes genoux et à mes yeux. Là se scelle entre l'homme et le refuge, le vieux pacte du feu, de la terre et de l'âme, religieusement (3). »

Toutes ces rêveries devant le feu ont le grand signe de la simplicité. Pour les vivre dans leur simplicité, il faut aimer le repos. Un grand repos d'âme est le bénéfice de telles rêveries. Il y a naturellement bien d'autres images à mettre sous le signe du feu. Nous espérons pouvoir reprendre toutes les images du feu dans un autre ouvrage. Nous voulions seulement, dans le présent livre sur la rêverie, montrer que devant l'âtre, un rêveur a l'expérience d'une rêverie qui *s'approfondit*. Rêvant devant

---

(1) Nous avons étudié ces rêveries dans notre livre : *La poétique de l'espace*, P.U.F., 1957.
(2) Henri Bosco, *oc. cit.*, p. 165.
(3) Henri Bosco, *loc. cit.*, p. 220.

le feu, rêvant devant l'eau, on connaît une sorte de rêverie stable. Le feu, l'eau ont une puissance d'intégration onirique. Les images ont alors une racine. A les suivre, nous adhérons au monde, nous nous enracinons dans le monde.

Nous allons trouver, en suivant chez un poète une rêverie devant une eau dormante, de nouveaux arguments pour une métaphysique de l'adhésion au monde.

VI

Les rêveries devant une eau dormante nous apportent, elles aussi, un grand repos d'âme. Plus doucement, et par conséquent plus sûrement que les rêveries devant les flammes trop vivantes, elles abandonnent, ces rêveries de l'eau, les fantaisies désordonnées de l'imagination. Elles simplifient le rêveur. Avec quelle facilité, ces rêveries deviennent intemporelles ! Comme elles lient aisément le spectacle et le souvenir ! Le spectacle ou le souvenir ? Faut-il vraiment *voir* l'eau tranquille, la voir *actuellement* ? Pour un rêveur de mots, les mots : *eau dormante* ont une douceur hypnotique. En rêvant un peu, on en vient à savoir que *toute tranquillité est eau dormante*. Il y a une eau dormante au fond de toute mémoire. Et dans l'univers, l'eau dormante est une masse de tranquillité, une masse d'immobilité. Dans l'eau dormante, le monde se repose. Devant l'eau dormante, le rêveur *adhère* au repos du monde.

Le lac, l'étang sont là. Ils ont un privilège de présence. Le rêveur peu à peu est dans cette présence. En cette présence, le moi du rêveur ne connaît plus d'opposition. Il n'y a plus rien *contre* lui. L'univers a perdu toutes les fonctions du *contre*. L'âme est partout chez elle dans un univers qui repose sur l'étang. L'eau dormante intègre toute chose, l'univers et son rêveur.

Dans cette union, l'âme médite. C'est près d'une eau dormante que le rêveur pose le plus naturellement son *cogito*, un véritable *cogito* d'âme où va s'assurer l'être des profondeurs. Après une sorte d'oubli de soi qui descend à fond d'être, sans avoir besoin des bavardages du doute, l'âme du rêveur remonte à la surface, revient vivre sa vie d'univers. Où vivent-elles, ces plantes qui viennent poser leurs larges feuilles sur le miroir des eaux ? D'où viennent-elles ces rêveries si fraîches et si anciennes ? Le miroir des eaux ? C'est le seul miroir qui ait une vie intérieure. Combien sont proches, dans une eau tranquille, la surface et la profondeur ! Profondeur et surface sont réconciliées. Plus l'eau est profonde, plus le miroir est clair. La lumière sort des abîmes. Profondeur et surface s'appartiennent l'une à l'autre, et la rêverie des eaux dormantes va sans fin de l'une à l'autre. Le rêveur rêve à sa propre profondeur.

Ici, à nouveau, Henri Bosco va nous aider à donner corps à nos songes. Du fond d' « une retraite lacustre », il écrit : « Là seulement j'arrivais quelquefois à remonter du plus noir de moi-même, et à m'oublier. Mon vide intérieur se remplissait... La fluidité de ma pensée, où j'avais jusqu'alors vainement essayé de me trouver moi-même, me paraissait plus naturelle, et ainsi moins amère. J'avais parfois la sensation, presque physique, d'un autre monde subjacent et dont la matière, tiède et mouvante aussi, affleurait, par-dessous l'étendue morne de ma conscience. Et alors, comme l'eau limpide des étangs, elle frissonnait (1). » Les pensées passaient sur la conscience morne sans pouvoir assurer l'être. La rêverie fixe l'être en communion avec l'être de l'eau profonde. L'eau profonde contemplée dans une rêverie aide à dire l'âme profonde du rêveur : « Perdu sur les étangs, continue l'écrivain, j'avais bientôt l'illusion de me trouver, non plus dans un monde réel, composé de limon, d'oiseaux, de plantes et d'arbustes vivaces, mais au milieu même d'une âme, dont les mouvements, les calmes se confondaient à mes variations intérieures. Et cette âme me ressemblait. Ma vie mentale y dépassait facilement ma pensée. Ce n'était pas une évasion... mais une fusion intérieure (2). »

Ah ! sans doute, le mot *fusion* est connu des philosophes. Mais la chose ? Comment, sans la vertu d'une image, pourrions-nous avoir l'expérience métaphysique d'une « fusion » ? Fusion, totale adhérence à une substance du monde ! Adhésion de tout notre être à une vertu d'accueil comme il en est tant dans le monde. Le rêveur de Bosco vient de nous dire comment son âme de rêveur s'est fondue dans l'âme de l'eau profonde... Bosco a écrit vraiment une page de psychologie d'univers. Si, sur ce modèle, une psychologie d'univers pouvait être développée en accord avec une psychologie de la rêverie, combien mieux nous habiterions le monde !

VII

Le lac, l'étang, l'eau dormante, par la beauté d'un monde reflété, éveillent tout naturellement notre imagination cosmique. Un rêveur, près d'eux, reçoit une bien simple leçon pour imaginer

(1) Henri Bosco, *Hyacinthe*, Paris, Gallimard, p. 28.
(2) H. Bosco, *Hyacinthe*, p. 29.

le monde, pour doubler le monde réel par un monde imaginé. Le lac est un maître en aquarelles naturelles. Les couleurs du monde reflété sont plus tendres, plus douces, plus bellement artificielles que les couleurs lourdement substantielles. Déjà, ces couleurs portées par les reflets appartiennent à un univers idéalisé. Les reflets invitent ainsi tout rêveur de l'eau dormante à l'idéalisation. Le poète qui va rêver devant l'eau n'essaiera pas d'en faire une *peinture imaginaire*. Il ira toujours un peu au delà du réel. Telle est la loi phénoménologique de la rêverie poétique. La poésie continue la beauté du monde, esthétise le monde. Nous allons en avoir de nouvelles preuves en écoutant les poètes.

Au milieu d'un de ses romans d'extrême passion, d'Annunzio a placé une rêverie devant une eau limpide où l'âme vient trouver son repos, le repos dans le rêve d'un amour qui pourrait rester pur : « Entre mon âme et le paysage, il y avait une secrète correspondance, une affinité mystérieuse. Il semblait que l'image du bois dans l'eau des étangs fût vraiment l'image rêvée de la scène réelle. Comme dans le poème de Shelley, chaque étang paraissait un ciel étroit qui se serait enfoncé dans un monde souterrain, un firmament de la lumière rosée étendu sur la terre obscure, plus profond que la nuit profonde, plus pur que le jour, et où les arbres se seraient développés de la même façon que dans l'air supérieur, mais avec des finesses et des teintes plus parfaites que tous ceux qui ondoyaient en cet endroit. Et des vues délicieuses comme on n'en vit jamais à la surface de notre monde y étaient peintes par l'amour de l'eau pour la belle forêt ; et, dans toute leur profondeur, elles étaient pénétrées d'une clarté élyséennes, d'une atmosphère sans variations, d'un crépuscule plus doux que le nôtre. »

De quel lointain des âges nous venait cette heure-là ! (1)

La page dit tout : Dans cette rêverie, n'est-ce pas l'eau qui *rêve* ? Et pour rêver si fidèlement, si tendrement en augmentant la beauté de ce qu'on rêve, ne faut-il pas que l'eau de l'étang aime « la belle forêt » ? Cet amour n'est-il pas partagé ? La forêt n'aime-t-elle pas l'eau qui reflète sa beauté ? N'y a-t-il pas entre la beauté du ciel et la beauté des eaux une adoration mutuelle (2)? Dans ses reflets, le monde est beau deux fois.

(1) G. D'Annunzio, *L'enfant de volupté*, trad. Hérelle, p. 221.
(2) Sainte-Beuve lui-même — qui ne rêve guère — a dit dans *Volupté* :
La lune du firmament admire en paix celle des flots.

De quel lointain des âges vient cette clarté d'âme élyséenne ? Le poète le saurait si déjà l'amour nouveau qui l'inspire n'allait pas suivre la fatalité des amours vouées à la volupté. Cette heure est un souvenir de la pureté perdue. Car l'eau qui « se souvient » se souvient de ces heures-là. Qui rêve devant une eau limpide rêve à des puretés premières. Du monde au rêveur, la rêverie des eaux connaît une communication de la pureté. Comme on voudrait recommencer sa vie, une vie qui serait la vie des premiers rêves ! Toute rêverie a un passé, un lointain passé et la rêverie des eaux a, pour certaines âmes, un privilège de simplicité.

Le redoublement du ciel dans le miroir des eaux appelle la rêverie à une plus grande leçon. Ce ciel enfermé dans l'eau, n'est-il pas l'image d'un ciel enfermé en notre âme ? Ce rêve est excessif — mais il a été fait, il a été vécu par ce grand rêveur que fut Jean-Paul Richter. Jean-Paul pousse jusqu'à l'absolu la dialectique du monde contemplé et du monde recréé par la rêverie. Ne se demande-t-il pas quel est le plus vrai du ciel au-dessus de nos têtes, ou du ciel dans l'intimité d'une âme qui rêve devant une eau tranquille ? Jean-Paul n'hésite pas à répondre : « Le ciel intérieur restitue et reflète le ciel extérieur qui n'en est pas un (1). » Le traducteur a affaibli le texte. Il est nécessaire, écrit Jean-Paul, « dass der innere Himmel den äusseren, der selten einer ist, erstatte, reflektiere, verbaue » (2). Pour le rêveur du *Jubilé*, les forces constitutives appartiennent au ciel intérieur à l'âme qui rêve en regardant le monde au fond de l'eau. Le mot *verbaue* qui n'a pas été traduit est le mot extrême du renversement *total*. Le monde n'est pas seulement reflété, il n'est pas statiquement restitué ; c'est le rêveur qui se dépense tout entier pour constituer le ciel extérieur. Pour un grand rêveur, voir dans l'eau, c'est voir dans l'âme et le monde extérieur n'est bientôt plus que ce qu'il a rêvé. Cette fois, le réel n'est plus que le reflet de l'imaginé.

Il nous semble qu'un texte aussi décisif d'un rêveur aussi décidé que Jean-Paul Richter, ouvre la voie à une ontologie de l'imagination. Si nous sommes sensibles à cette ontologie, une image donnée au passage par un poète trouve en nous des échos prolongés. L'image est nouvelle, toujours nouvelle, mais la

---

(1) Jean-Paul Richter, *Le jubilé*, trad. Albert Béguin, Paris, Stock, 1930, p. 176.
(2) *Der Jubelsenior, Ein Appendix* von Jean Paul, Leipzig, J. G. Beigang, 1797, p. 364.

résonance est toujours la même. Ainsi, une simple image est un révélateur de Monde. Jean-Clarence Lambert écrit :

Le soleil sur le lac s'attarde comme un paon (1).

Une telle image réunit tout. Elle est au point de virement où le monde alternativement est spectacle ou regard. Quand le lac frissonne, le soleil lui donne l'éclat de mille regards. Le Lac est l'Argus de son propre Cosmos. Tous les êtres du Monde méritent les mots écrits en majuscules. Le Lac fait le beau comme le Paon fait la roue, pour étaler tous les yeux de son plumage. Une fois de plus, nous avons la preuve de la vérité de notre axiome de cosmologie imaginée : tout ce qui brille voit. Pour un rêveur de lac, l'eau est le premier regard du monde. Yvan Goll écrit dans un poème qui a pour titre : *Œil* :

> *Je te regarde me regarder : mon œil*
> *Monte je ne sais d'où*
> *A la surface de mon visage*
> *Avec l'impertinent regard des lacs* (2).

La psychologie de l'imagination des reflets devant une eau limpide est si variée qu'il faudrait écrire tout un livre pour en distinguer tous les éléments. Donnons un seul exemple où le rêveur se donne à une imagination qui plaisante. Nous emprunterons cette rêverie qui s'amuse à Cyrano de Bergerac. Un rossignol voit son image sur le miroir des eaux : « Le rossignol qui, du haut d'une branche, se regarde dedans (les eaux), croit être tombé dans la rivière... Il gazouille, il éclate, il s'égosille, et cet autre rossignol, sans rompre le silence, s'égosille en apparence comme lui et trompe l'âme avec tant de charme qu'on se figure qu'il ne s'égosille que pour se faire ouïr de nos yeux (3). » Poussant encore son jeu plus loin, Cyrano écrit :

> Le brochet qui le cherche, le touche et ne peut le sentir, court après lui et s'étonne de l'avoir tant de fois transpercé... C'est un rien visible, une nuit que la nuit fait mourir.

Un physicien aura beau jeu pour dénoncer l'illusion de ce brochet qui, comme un philosophe du songe, croit pouvoir se nourrir d'images « virtuelles ». Mais quand un poète se met à dire toutes ses fantaisies, ce n'est pas au physicien de l'arrêter.

---

(1) Jean-Clarence LAMBERT, *Dépaysage*, Paris, Falaize, p. 23.
(2) Yvan GOLL, *Les cercles magiques*, Paris, Falaize, p. 41.
(3) Cité par Adrien de MEEÜS, *Le romantisme* Paris Fayard, 1948, p. 45.

VIII

Pour donner un exemple concret d'une psychologie d'univers, nous allons suivre un récit où le décor d'un lac de montagne crée en quelque manière son personnage, où l'eau profonde et forte, provoquée par la nage, transforme un être humain en un être de l'eau — transforme une femme en Mélusine. Notre commentaire aura pour centre un grand livre de Jacques Audiberti : *Carnage*.

Audiberti ne donne qu'occasionnellement des images du reflet. Sa rêverie est attirée par l'eau comme si son imagination avait des pouvoirs d'hydromancie, des attirances d'hydrophilie. Le rêveur rêve de vivre dans l'épaisseur de l'eau. Il vivra des *images* du toucher. L'imagination nous donnera non plus seulement un au-delà des images contemplées, mais un au-delà des joies musculaires, un au-delà des puissances de la nage. A lire les pages que Jacques Audiberti a écrites dans un chapitre qui porte comme titre : *Le lac* (1), on pourrait croire d'abord qu'elles traduisent des exp riences positives. Mais chaque sensation notée est augmentée en une image. Nous entrons dans la région d'une poétique du sensible. Et s'il y a expérience, c'est d'une véritable expérience d'imagination qu'il faudrait parler. La réalité nue amortirait cette expérience de poétique du sensible. Dès lors, il ne faut pas lire de telles prouesses dans la vie de l'eau en les référant à nos expériences, à nos souvenirs, il faut les lire *imaginativement*, en participant à la poétique du sensible, à la poétique du toucher, la poétique des tonalités musculaires. Nous noterons au passage ces ornements psychologiques qui donnent une vie esthétique aux simples perceptions. Présentons d'abord l'héroïne du monde des eaux.

Audiberti rêve directement aux forces de la nature. Il n'a pas besoin de légendes et de contes pour créer une Mélusine. Tant qu'elle vit sur terre, sa Mélusine est une fille du village. Elle parle, elle vit comme les gens du village. Mais le lac la rend *seule* et dès qu'elle est seule près du lac, le lac devient un univers. La fille du village entre dans l'eau verte, dans une eau moralement verte, sœur de la substance intime d'une Mélusine. Et la voici qui plonge : une écume sort d'un gouffre blanchissant de mille fleurs d'aubépine l'intimité du monde liquide. La nageuse est maintenant sous les flots : « Plus rien, désormais, n'existait, qu'une extase de rumeur plus bleue que tout au monde... (2). »

---

(1) Jacques AUDIBERTI, *Carnage*, Paris, Gallimard, 1942, p. 36. Cf. pp. 49-50.
(2) J. AUDIBERTI, *Carnage*, p. 49.

« Une extase de rumeur plus bleue que tout au monde. » A quel registre sensible appartient cette image ? Que le psychologue en décide ; mais le rêveur de mots est ravi, car la rêverie des eaux est ici une rêverie parlée. La poétique de la parole est ici la poétique dominante. Il faut redire et encore redire pour entendre tout ce que dit le poète. Pour oreille qui veut entendre la voix des flots, quel coquillage que le mot *rumeur*.

L'écrivain continue : (la nageuse) « parcourait l'intérieur de l'azurage liquide... Nouée à l'eau bleue qui la cerne, l'emplit et la dissout, elle enregistrait les coups de foudre noirs que le jour infusé dessine sous les ondes. » Au sein des eaux naît un autre soleil, la lumière a des remous, elle propage des éblouissements. Qui voit sous les eaux doit souvent protéger sa rétine. A chaque brasse, le monde des eaux change de violence. L'ardente Mélusine, dit Jacques Audiberti, « enroulait à son corps ces chapelets d'univers furieux où se traduit la respiration des chevaux invisibles qu'abrite la merveille ». Car le poète — c'est sa fonction — doit nous donner les mondes de la merveille, ces mondes qui naissent d'une image cosmique exaltée. Et, cette fois grâce à l'exaltation, l'image cosmique n'est pas purement et simplement puisée dans le monde ; elle dépasse le monde en quelque manière au delà de tout ce qui est perçu. De sa nageuse, Audiberti écrit : « Dans l'étincelante nuit des eaux, nuit lacustre, nuit favorable, elle rentrait, voyageait, méditait, *bien au delà des pouvoirs de la nage* (1). »

Mais, des univers si nouveaux, si fortement imaginés, ne peuvent manquer de travailler en son tréfonds l'être qui les imagine. Si nous suivons en toute sincérité les images du poète, il nous semble que l'imagination anéantit en nous un être de la terre. Nous sommes tentés de laisser naître en nous un être des eaux. Le poète a inventé un être, donc il est possible d'inventer des êtres. Pour chaque monde inventé, le poète fait naître un sujet inventant. Il délègue sa puissance d'inventer à l'être qu'il invente. Nous entrons dans le règne du *je cosmisant*. Nous revivons, grâce au poète, le dynamisme d'une origine en nous et hors de nous. Un phénomène d'être se lève sous nos yeux, à fond de rêverie, et, comble de lumière le lecteur qui accepte les impulsions d'images du poète. La Mélusine d'Audiberti vit un changement d'être, elle anéantit une nature humaine pour recevoir une nature cosmique. « Elle cesse d'être, pour être bien plus » « accordée à la gloire de s'abolir, sans pourtant trépas-

---

(1) *Loc. cit.*, p. 50. C'est nous qui soulignons.

ser » (1). Se fondre dans l'élément fondamental est un suicide humain nécessaire à qui veut vivre un surgissement dans un nouveau cosmos. Oublier la terre, désavouer notre être terrestre, double nécessité à qui aime l'eau d'un amour cosmique. Alors, avant l'eau, il n'y a rien. Au-dessus de l'eau, il n'y a rien. L'eau est le tout du monde. Quel drame d'ontologies nous appelle à vivre le poète ! Quelle nouvelle vie qu'une vie où les événements sont suscités par des images ! En venant au lac, la Mélusine « rompait avec n'importe quelle forme de destinée sociale. Elle emplissait la coupe du néant de la nature. Elle devenait immense dans le suicide. Mais quand, baignée jusqu'au fond du cœur, elle retrouvait le monde et son dessèchement, elle ressentait, presque, qu'elle était l'eau du lac. L'eau du lac se lève. Elle marche » (2). Mélusine revenant sur la terre, marchant sur la terre a gardé l'énergie de la nage. L'eau, en elle, est l'être d'une énergie. Dans l'héroïne de l'eau d'Audiberti, on peut dire, en utilisant un vers de Tristan Tzara, que « l'eau douce et l'eau musclée » se sont rencontrées (3).

Cette eau qui « se lève », cette eau dressée, cette eau debout, quel nouvel être !

Nous touchons bien là une extrémité de la rêverie. Puisque le poète ose écrire cette rêverie extrême, il faut que le lecteur ose la lire jusqu'à une sorte d'au-delà des rêveries de lecteur, sans réticence, sans réduction, sans souci d' « objectivité », ajoutant même, s'il se peut, sa propre fantaisie à la fantaisie de l'écrivain. Une lecture toujours au sommet des images, tendue vers le désir de dépasser les sommets donnera au lecteur des exercices bien définis de phénoménologie. Le lecteur connaîtra l'imagination dans son essence puisqu'il la vivra dans son excès, dans l'absolu d'une image incroyable, signe d'un être extraordinaire.

Dans les rêveries habituelles de l'eau, dans la psychologie classique de l'eau, les Nymphes n'étaient pas, tout compte fait, des êtres extraordinaires. On pouvait les imaginer comme des êtres de brume, comme des eaux « follettes », sœurs flexibles des feux qui courent sur l'étang. Les nymphes ne réalisaient qu'une promotion humaine subalterne. Elles restaient des êtres de la douceur, de la mollesse, de la blancheur. Mélusine contredit la substance facile. Elle est une eau qui veut la verticalité, une

(1) J. AUDIBERTI, *Carnage*, p. 60.
(2) J. AUDIBERTI, *loc. cit.*, p. 50.
(3) Tristan TZARA *Parler seul*, éd. Caractères, p. 40.

eau dure et vigoureuse. Elle appartient davantage à une poétique de la rêverie des forces qu'à une poétique de la rêverie de la substance. Nous allons en avoir le témoignage en lisant plus avant ce grand livre qu'est *Carnage*.

IX

Dans une vie cosmique imaginée, imaginaire, les mondes différents souvent se touchent, se complètent. La rêverie de l'un appelle la rêverie de l'autre. Dans un ouvrage antérieur (1), nous avons assemblé de nombreux documents qui prouvent la continuité onirique qui unit les rêves de la nage et les rêves de vol. Déjà, par le pur miroir du lac, le ciel devient une eau aérienne. Le ciel est alors pour l'eau un appel à une communion dans la verticalité de l'être. L'eau qui reflète le ciel est une profondeur du ciel. Ce double espace mobilise toutes les valeurs de la rêverie cosmique. Dès qu'un être qui rêve sans limite, dès qu'un rêveur ouvert à tous les songes vit intensément dans un des deux espaces, il veut aussi vivre dans l'autre. Audiberti a réussi par ses songes de la nage à créer une eau si dynamique, une eau si « musclée », que la Mélusine des eaux rêve à des forces qui, dans un plongeon au fond du ciel, lui donneraient l'être d'une Mélusine des airs. Elle veut voler. Elle rêve aux êtres qui volent. Que de fois, au bord du lac, la Mélusine a contemplé l'épervier qui dessine des cercles autour du zénith ! Les ronds dans le ciel ne sont-ils pas les images des ronds qui courent sur la sensible rivière au moindre vent ? Le monde est un.

Les rêveries s'unissent, se soudent. L'être ailé qui tourne dans le ciel et les eaux qui vont sur leur propre tourbillon font alliance. Mais c'est l'épervier qui tourne le mieux. A quoi rêvent les éperviers qui dorment là-haut en tournant ? Ne sont-ils pas, eux aussi, comme la Lune du philosophe, emportés par un tourbillon. Oui, à quoi rêvent les philosophes quand les images de l'eau sont immédiatement des pensées du ciel ? Et, sans fin, le rêveur suit le voyage astronomique de l'épervier. Quelle gloire, quel prestige du vol que ce cercle si bien dessiné autour du zénith ! La nage ne connaissait que la ligne droite. Il faut voler comme l'épervier pour comprendre concrètement la géométrie du cosmos.

Mais soyons moins philosophe et reprenons notre apprentis-

---

(1) Cf. *L'air et les songes*, éd. Corti, chap. Ier.

sage de l'art psychologique de la dynamogénie en suivant les leçons de rêverie du poète.

Ainsi, Mélusine rêve deux fois, toujours deux fois — dans l'azur du ciel ou dans le bleu sombre du lac. Alors Audiberti écrit de grandes pages de psychologie dynamisée sur le vol essayé, sur le vol réalisé, sur le vol manqué. D'abord, voici les convictions acquises dans les rêves de la nuit, convictions oniriques qui se trouvent préparées ou confirmées par la rêverie d'allègement qui ne quitte pas l'esprit de Mélusine durant le jour : « Parfois, les yeux fermés, couchée dans l'herbe ou sur son lit, elle essayait de s'évader des pesanteurs. On sort de son corps dans ce qu'il a d'irréductible au pèlerinage léger. On se situe, avec force, dans l'air, au-dessus de sa dépouille — et, pourtant, cette dépouille, votre chair, vous l'emportez avec vous, mais désossée, désenvenimée. Une nuit, même, elle crut réussir. Elle se sentit portée vers le plafond. Elle ne touchait plus ni du dos, ni des pieds, ni du ventre. Elle montait doucement... Rêvait-elle ? Ne rêvait-elle pas ? Elle saisit, pourtant la poutre de sa main gauche. Elle put arracher, avant de redescendre, trois brins de bois léger, témoignages certains. Et puis elle retomba — retomba ! — dans le sommeil. Au réveil, les trois brins de bois avaient disparu (1). »

L'écrivain qui imagine est ici psychologue exact. Il sait que, dans le rêve de vol, le rêveur est comblé de preuves objectives. Le rêveur arrache au plafond une écharde de bois, il cueille une feuille au sommet de l'arbre, il prend un œuf dans le nid du corbeau. A ces faits précis s'unissent des raisonnements bien liés, des arguments bien choisis qu'on donnera à ceux qui ne savent pas voler. Hélas, au réveil, les preuves ne sont plus dans les mains, les bonnes raisons ne sont plus dans l'esprit.

Mais le bienfait du rêve nocturne de légèreté demeure. La rêverie reprend le germe de l'être aérien formé dans la nuit. La rêverie le nourrit, non plus avec des preuves, non plus avec des expériences, mais avec des images. Ici, une fois de plus, les images peuvent tout. Quand une impression heureuse d'allègement vient dans l'âme, elle vient aussi au corps et la vie a, un instant, un destin d'images.

Se sentir léger est une sensation si concrète ! — si utile, si précieuse, si humanisante ! Pourquoi les psychologues ne se soucient-ils pas de nous constituer une pédagogie de cette légèreté de l'être ? C'est donc au poète que revient le devoir de nous

---

(1) J. AUDIBERTI, *loc. cit.*, p. 56-57.

apprendre à incorporer les impressions de légèreté dans notre vie, à donner du corps à des impressions trop souvent négligées. Là encore, suivons Audiberti.

Dès que la Mélusine gravit la pente douce de la colline, en une marche légère, elle vole : « Ivre de tant de ciels mangés comme des grains, les grains de l'élixir d'azur qui fait voler, elle marche, elle marche encore, mais des ailes, déjà, lui poussent, noires ailes de nuit, découpées par le faîte épineux des montagnes. Non ! Les montagnes elles-mêmes font partie de la substance de ces ailes, les montagnes avec leurs alpages, leurs maisonnettes, leurs sapins... Elle admet que ces ailes vivent, qu'elles battent. Elles vont battre. Elles battent. Elle marche. Elle vole. Elle cesse de marcher. Elle vole. Elle est de toute part ce qui vole... (1). »

Il faut lire ces pages en une grande tension de lecture, en croyant ce qu'on lit. L'écrivain veut convaincre le lecteur de la réalité des forces cosmiques en action dans les images de vol. Il a une foi qui, plus encore que celle qui soulève les montagnes, les fait voler. Les sommets ne sont-ils pas des ailes ? Dans son appel à une sympathie de l'imagination, l'écrivain harcèle le lecteur, il le talonne. Il me semble que j'entends le poète dire : « T'envoleras-tu, enfin, lecteur ! Resteras-tu assis, inerte, alors que tout un univers est tendu vers le destin de voler ? »

Ah ! les livres aussi ont leur propre rêverie. Ils ont chacun une tonalité de rêverie, car toute rêverie a une tonalité particulière. Si l'on méconnaît trop souvent l'individualité d'une rêverie, c'est parce qu'on a décidé de tenir la rêverie comme un état psychique confus. Mais les livres qui rêvent corrigent cette erreur. Les livres sont donc nos vrais maîtres à rêver. Sans une totale sympathie de lecture, pourquoi lire ? Mais quand on entre vraiment dans la rêverie du livre, comment cesser de lire ?

Alors, poursuivant la lecture du livre d'Audiberti, les yeux s'ouvrent : on voit le vol conquérir le monde. Le monde doit voler. Il y a tant d'êtres qui vivent de voler, que le vol est sûrement le proche destin du monde sublimé : « ... tant d'oiseaux, les petits, les gros, et la libellule froissante, et le semblide aux ailes de mica (2), deux fois plus court que sa femelle. Oui, c'est un lac, l'univers. Piétiner sur le plancher de ce lac, les genoux un peu bas, comme maintenant elle fait, elle en éprouve de la honte » (3).

---

(1) J. AUDIBERTI, *loc. cit.*, p. 63.
(2) Que d'autres oiseaux qui font voler au ciel le cristal, tous les minéraux de la terre.
(3) *Loc. cit.*, p. 63.

Alors, sans cesse, il faut recommencer toute la prouesse qui portera la rêveuse dans l'azur du ciel. Un être qui peut voler ne doit pas rester sur la terre : « Il faut que, pour de bon, elle s'envole. Il faut qu'elle fonde et nage et cingle à travers les airs. Vole, fille de rien, âme seule, bougie obscure... Vole !... Elle vole... Les substances s'altèrent. Un souffle épais comme du flot la soutient. Elle atteint à la puissance oiselante. Elle domine (1). »

Mais, dans l'extrême succès, voici l'effondrement. La rêverie atterrit. Un immense regret « tremble dans les cloches de la défaite » qui sonnent la syncope d'un être retombant d'un tel rêve dans la réalité. « Ne volera-t-elle jamais ? De l'essence de l'air à l'essence de l'eau, l'écart serait-il si grand ? » Est-il possible qu'une rêverie si grande, si forte, si entraînante puisse être contredite par la réalité ? Elle se soudait si bien à la vie, à notre vie ! Elle donnait vie si sûrement à un essor de la vie ! Elle avait donné tant d'être à notre être imaginant ! Elle avait été pour nous une ouverture à un monde si nouveau, si au-dessus du monde usé par la vie quotidienne !

Ah ! du moins, quelque faiblesse qu'aient nos ailes imaginaires, la rêverie de vol nous ouvre un monde, elle est ouverture au monde, grande ouverture, large ouverture. Le ciel est la fenêtre du monde. Le poète nous apprend à la tenir grande ouverte.

Malgré les larges et nombreux extraits que nous avons faits du livre de Jacques Audiberti, nous n'avons pas pu suivre la rêverie des airs dans tous ses remous et dans toutes ses reprises, nous n'avons pu dire toutes les péripéties d'une dialectique qui va de l'univers liquide à l'univers aérien. En morcelant nos citations, nous avons rompu avec l'entraînement du texte, avec l'entraînement poétique des images qui, malgré leurs richesses et leur fantaisie, conquiert *une unité de rêverie*. Nous voudrions cependant avoir convaincu notre lecteur du surcroît de puissance psychique que l'art du poète apporte au simple récit des événements du rêve. Une unité de poésie vient se greffer sur l'unité de rêverie.

Si une Poétique de la Rêverie pouvait se constituer, elle dégagerait des protocoles d'examen qui nous permettraient d'étudier systématiquement l'activité de l'imagination. De l'exemple que nous venons d'exposer, on tirerait ainsi un protocole de questions à poser pour déterminer les possibilités d'adhésion à la poésie des images. Ce sont les valeurs poétiques qui rendent

---

(1) *Loc. cit.*, p. 64.

la rêverie psychiquement bénéfique. Par la poésie, la rêverie devient positive, devient une activité qui doit intéresser le psychologue.

Faute de suivre le poète dans sa rêverie délibérément *poétique*, comment fera-t-on une psychologie de l'imagination ? Prendra-t-on des documents chez ceux qui n'imaginent pas, qui se défendent d'imaginer, qui « réduisent » les images foisonnantes à une idée stable, chez ceux — plus subtils négateurs de l'imagination — qui « interprètent » les images, ruinant à la fois toute possibilité d'une ontologie des images et d'une phénoménologie de l'imagination ?

Que seraient les grands rêves de la nuit s'ils n'étaient soutenus, nourris, poétisés par les belles rêveries des jours heureux ? Comment un rêveur de vol reconnaîtrait-il son expérience nocturne dans la page qui lui consacre Bergson (1). Bergson, en expliquant ce rêve, comme plusieurs autres, par des causes psycho-physiologiques, ne paraît pas envisager l'action propre de l'imagination. Pour lui, l'imagination n'est pas une réalité psychologique autonome. Voici alors les conditions physiques, qui, d'après lui, déterminent le rêve de vol. De votre vol onirique « si vous vous réveillez brusquement, voici, je crois, ce que vous trouverez. Vous sentiez que vos pieds avaient perdu leur point d'appui, puisque vous étiez en effet étendu. D'autre part, croyant ne pas dormir, vous n'aviez pas connaissance d'être couché. Vous vous disiez donc que vous ne touchiez plus la terre, encore que vous fussiez debout. C'est cette conviction que développait votre rêve. Remarquez, dans les cas où vous vous sentiez voler, que vous croyez votre corps sur le côté, à droite ou à gauche, en l'enlevant d'un brusque mouvement du bras qui serait comme un coup d'aile. Or, ce côté est justement celui sur lequel vous êtes couché. Réveillez-vous et vous trouverez que la sensation d'effort pour voler ne fait qu'un avec la sensation de pression du bras et du corps contre le lit. Celle-ci, détachée de sa cause, n'était plus qu'une vague sensation de fatigue, attribuable à un effort. Rattachée alors à la conviction que votre corps avait quitté le sol, elle est déterminée en sensation précise d'effort pour voler ».

Bien des points de cette « description » corporelle pourraient donner lieu à controverses. Souvent le rêve de vol est un rêve sans ailes. Les petites ailes du talon de Mercure suffisent à donner l'élan. Il est bien difficile de rattacher les délices du vol nocturne

---

(1) H. Bergson, *L'énergie spirituelle*, Alcan, p. 90.

à la fatigue d'un bras coincé dans la literie. Mais notre critique majeure ne s'adresse pas à ces faits corporels mal rapportés. Ce qui manque dans l'explication bergsonienne, ce sont les vertus d'image vivante, la vie en totale imagination. Dans ce domaine les poètes en savent plus que le philosophe.

X

En suivant dans les derniers paragraphes de ce chapitre, différentes rêveries d'évasion qui partent des images privilégiées du feu, de l'eau, de l'air, des vents et du vol, nous avons profité d'images qui d'elles-mêmes se dilatent, se propagent jusqu'à devenir des images du Monde. On pourrait nous demander d'étudier dans le même esprit les images qui sont sous le signe du quatrième élément, de l'élément terrestre. Mais, en faisant une telle étude, nous quitterions les perspectives du présent ouvrage. Nous n'aurions plus affaire à des rêveries de la tranquillité de l'être, aux rêveries de notre oisiveté. Pour faire des recherches sur ce qu'on peut appeler la psychologie des substances, il faut penser et il faut vouloir.

Des rêveries qui pensent, nous en avons souvent rencontrées dans les études que nous avons entreprises pour « comprendre » l'alchimie. Nous nous sommes alors essayé à une compréhension mixte, à une compréhension qui accueillerait à la fois des images et des idées, des contemplations et des expériences. Mais cette compréhension mixte est impure et qui veut suivre l'extraordinaire développement de la pensée scientifique doit rompre définitivement avec les liens de l'image et du concept. Pour mettre en action cette décision, nous avons fait dans notre enseignement philosophique de nombreux efforts. Nous avons écrit entre autres un livre qui a pour sous-titre : *Contribution à une psychanalyse de la connaissance objective*. Et, plus particulièrement, sur le problème de l'évolution des connaissances touchant la matière, dans notre livre : *Le matérialisme rationnel*, nous avons essayé de montrer comment l'alchimie des quatre éléments ne préparait nullement à la connaissance de la science moderne (1).

Ainsi, de tout ce passé de culture, il reste que, pour nous, les images des substances sont touchées par une polémique entre imagination et pensée. Nous ne devions donc pas songer à en reprendre l'examen dans un livre consacré à la simple rêverie.

---

(1) Cf. 1° *La formation de l'esprit scientifique. Contribution à une psychanalyse de la connaissance objective*, Vrin ; 2° *Le matérialisme rationnel*, P.U.F.

Bien entendu, les rêveries devant les matières de la terre ont aussi leur détente. La pâte qu'on pétrit met une douce rêverie dans les doigts. Ces rêveries nous ont assez retenu dans les livres que nous avons écrits sur les matières de la terre pour que nous n'en reprenions pas l'examen dans le présent ouvrage.

A côté de ces rêveries qui pensent, à côté de ces images qui se donnent comme des pensées, il y a aussi des rêveries qui veulent, des rêveries d'ailleurs très réconfortantes, très confortantes puisqu'elles préparent un vouloir. Nous en avons réunis de plusieurs types dans le livre auquel nous avons donné précisément pour titre : *La terre et les rêveries de la volonté*. De telles rêveries de la volonté préparent et soutiennent le courage au travail. En étudiant la poétique on trouverait les chants du travailleur. Ces rêveries agrandissent le métier. Elles mettent le métier dans l'Univers. Les pages que nous avons consacrées aux rêveries de la forge ont voulu prouver le destin cosmique des grands métiers.

Mais les ébauches que nous avons pu faire dans notre livre *La terre et les rêveries de la volonté* devraient être multipliées. Elles devraient surtout être reprises pour mettre tous les métiers dans le mouvement de la vie de notre temps. Quel livre alors il faudrait écrire pour mettre les rêveries de la volonté au niveau des métiers d'aujourd'hui ! On ne pourrait plus se satisfaire des pauvres pédagogies manuelles où l'on s'émerveille de voir un enfant s'intéresser à des métiers-jouets. L'homme vient d'entrer dans une nouvelle maturité. L'imagination doit donc servir la volonté, éveiller la volonté à de toutes nouvelles perspectives. Et c'est ainsi qu'un rêveur de rêveries ne peut se satisfaire de rêveries coutumières. Quelle joie on aurait si l'on pouvait se détacher d'un livre qui s'achève pour en reprendre un autre ! Mais il ne faut pas dans un tel désir en venir à confondre les genres. Les rêveries de la volonté ne doivent pas venir brutaliser, masculiniser les rêveries du loisir.

Et, puisqu'il est de bonne méthode, quand on termine un livre, de se reporter aux espérances qu'on nourrissait en le commençant, je vois bien que j'ai maintenu toutes mes rêveries dans les facilités de l'*anima*. Écrit en *anima*, nous voudrions que ce simple livre soit lu en *anima*. Mais tout de même, pour qu'il ne soit pas dit que l'*anima* est l'être de toute notre vie, nous voudrions encore écrire un autre livre qui, cette fois, serait l'œuvre d'un *animus*.

Table des matières

INTRODUCTION	1
CHAPITRE PREMIER. — **Rêveries sur la rêverie.** Le rêveur de mots	25
— II. — **Rêveries sur la rêverie.** « Animus »-« Anima »	48
— III. — **Les rêveries vers l'enfance**	84
— IV. — **Le « cogito » du rêveur**	124
— V. — **Rêverie et cosmos**	148

Imprimé en France
Imprimerie des Presses Universitaires de France
73, avenue Ronsard, 41100 Vendôme
Octobre 1993 — N° 39 767

COLLECTION « QUADRIGE »

ALAIN	Propos sur l'éducation *suivis de* Pédagogie enfantine
ALQUIÉ F.	Le Désir d'éternité
ALTHUSSER L.	Montesquieu, la politique et l'histoire
ANDREAS-SALOMÉ L.	Ma Vie
ARON R.	La Sociologie allemande contemporaine
ASSOUN P.-L.	Introduction à la métapsychologie freudienne
ATTALI J.	Analyse économique de la vie politique
ATTALI J. et GUILLAUME M.	L'Anti-économique
AUBENQUE P.	Le Problème de l'être chez Aristote
AUBENQUE P.	La Prudence chez Aristote
AYMARD A. et AUBOYER J.	L'Orient et la Grèce antique
BACHELARD G.	La Philosophie du non
BACHELARD G.	La Poétique de l'espace
BACHELARD G.	La Poétique de la rêverie
BACHELARD G.	Le Nouvel Esprit scientifique
BACHELARD G.	La Flamme d'une chandelle
BACHELARD G.	Le Rationalisme appliqué
BACHELARD G.	La Dialectique de la durée
BACHELARD G.	Le Matérialisme rationnel
BALANDIER G.	Sens et puissance
BALANDIER G.	Sociologie actuelle de l'Afrique noire
BALANDIER G.	Anthropologie politique
BARON S. W.	Histoire d'Israël, T. I
BARON S. W.	Histoire d'Israël, T. II
BARRET-KRIEGEL B.	Les Droits de l'homme et le droit naturel
BERGSON H.	Essai sur les données immédiates de la conscience
BERGSON H.	L'Energie spirituelle
BERGSON H.	L'Evolution créatrice
BERGSON H.	Le Rire
BERGSON H.	Les Deux Sources de la morale et de la religion
BERGSON H.	Matière et mémoire
BERGSON H.	La Pensée et le mouvant
BERGSON H.	Durée et simultanéité
BERNARD C.	Principes de médecine expérimentale
BLANCHÉ R.	L'Axiomatique
BLONDEL M.	L'Action (1893)
BORNE E.	Le Problème du mal
BOUDON R.	Effets pervers et ordre social
BOUDON R.	La Place du désordre
BOUDOT P.	Nietzsche en miettes
BOUGLÉ C.	Essais sur le régime des castes
BOUHDIBA A.	La Sexualité en Islam

COLLECTION « QUADRIGE »

BOUTANG P.	Ontologie du secret
BRAUDEL F. et LABROUSSE E.	Histoire économique et sociale de la France
	T. I : 1450-1660
	T. II : 1660-1789
	T. III : 1789-années 1880
	T. IV.1-2 : Années 1880-1950
	T. IV.3 : Années 1950-1980
BRÉHIER E.	Histoire de la philosophie, T. I
BRÉHIER E.	Histoire de la philosophie, T. II
BRÉHIER E.	Histoire de la philosophie, T. III
BUBER M.	Moïse
CANGUILHEM G.	Le Normal et le pathologique
CHAILLEY J.	Histoire musicale du Moyen Age
CHARNAY J.-P.	La Vie musulmane en Algérie
COHEN-TANUGI L.	Le Droit sans l'Etat
CORTOT A.	La Musique française de piano
CROUZET M.	L'Epoque contemporaine
CROZET R.	L'Art roman
DERRIDA J.	La Voix et le phénomène
DESCARTES R.	Méditations métaphysiques
DEUTSCH H.	La Psychologie des femmes, T. I
DEUTSCH H.	La Psychologie des femmes, T. II
DUHAMEL O.	La Gauche et la V° République
DUMÉZIL G.	Du mythe au roman
DURAND G.	L'Imagination symbolique
DURKHEIM E.	Les Règles de la méthode sociologique
DURKHEIM E.	Le Suicide
DURKHEIM E.	Les Formes élémentaires de la vie religieuse
DURKHEIM E.	Education et sociologie
DURKHEIM E.	De la division du travail social
DURKHEIM E.	L'Evolution pédagogique en France
DURKHEIM E.	Leçons de sociologie
DURKHEIM E.	Le Socialisme
DURKHEIM E.	L'Education morale
FEBVRE L.	Martin Luther, un destin
FESTUGIÈRE A.-J.	Epicure et ses dieux
FOCILLON H.	L'Art des sculpteurs romans
FOCILLON H.	La Vie des formes
FOUCAULT M.	Naissance de la clinique
FOULQUIÉ P.	Dictionnaire de la langue pédagogique
FREUD S.	L'Homme aux loups
GANDHI	Autobiographie
GINOUVÈS R.	L'Art grec

COLLECTION « QUADRIGE »

GODECHOT J.	La Contre-Révolution, 1789-1804
GUITTON J.	La Justification du temps
HAMSUN K.	La Faim
HAYEK F. A.	La Route de la servitude
HEERS J.	Le Clan familial au Moyen Age
HEIDEGGER M.	Qu'appelle-t-on penser ?
HYPPOLITE J.	Figures de la pensée philosophique, T. I et II
JACCARD R.	La Tentation nihiliste
JANKÉLÉVITCH V.	Philosophie première
JANKÉLÉVITCH V.	Henri Bergson
JOHNSTON W.	L'Esprit viennois
KANT E.	Critique de la raison pratique
KANT E.	Critique de la raison pure
KAUTSKY K.	Le Bolchevisme dans l'impasse
LACOSTE Y.	Géographie du sous-développement
LAGACHE D.	La Jalousie amoureuse
LAGACHE D.	L'Unité de la psychologie
LALANDE A.	Vocabulaire technique et critique de la philosophie, en 2 vol.
LAMARCK J.-B. DE	Système analytique des connaissances positives de l'homme
LAPLANCHE J.	Hölderlin et la question du père
LE BON G.	Psychologie des foules
LEFEBVRE H.	Le Matérialisme dialectique
LÉONARD E. G.	Histoire générale du protestantisme
	T. I : La Réformation
	T. II : L'Etablissement
	T. III : Déclin et renouveau
LEROI-GOURHAN A.	Les Religions de la préhistoire
LEVINAS E.	Le Temps et l'autre
LÉVI-STRAUSS C.	L'Identité *(Séminaire)*
LOVY R.-J.	Luther
MAIMONIDE M.	Le Livre de la connaissance
MAISTRE J. DE	Ecrits sur la Révolution
MARÇAIS G.	L'Art musulman
MARION J.-L.	Dieu sans l'être
MARION J.-L.	Sur la théologie blanche de Descartes
MARX K.	Le Capital, livre I
MAUSS M.	Sociologie et anthropologie
MERLEAU-PONTY M.	La Structure du comportement
MONTAIGNE	Les Essais, livre I
MONTAIGNE	Les Essais, livre II
MONTAIGNE	Les Essais, livre III
MORENO J.-L.	Psychothérapie de groupe et psychodrame
MOUNIN G.	Dictionnaire de la linguistique

COLLECTION « QUADRIGE »

MOUSNIER R.	Les XVIe et XVIIe siècles
MOUSNIER R. et LABROUSSE E.	Le XVIIIe siècle
NISBET R. A.	La Tradition sociologique
PARISET F.-G.	L'Art classique
PERROY E.	Le Moyen Age
PIAGET J.	Sagesse et illusions de la philosophie
PIÉRON H.	Vocabulaire de la psychologie
PIRENNE H.	Mahomet et Charlemagne
POULANTZAS N.	L'Etat, le pouvoir, le socialisme
PRIGENT M.	Le Héros et l'Etat dans la tragédie de Pierre Corneille
ROMILLY J. DE	La Tragédie grecque
ROSSET C.	Schopenhauer, philosophe de l'absurde
ROSSET C.	L'Esthétique de Schopenhauer
ROSSET C.	L'Anti-Nature
ROSSET C.	La Philosophie tragique
SARTRE J.-P.	L'Imagination
SCHNERB R.	Le XIXe siècle
SCHOPENHAUER A.	Aphorismes sur la sagesse dans la vie
SCHOPENHAUER A.	De la volonté dans la nature
SEIGNOBOS C.	Histoire sincère de la nation française
SENGHOR L. Sedar	Anthologie de la nouvelle poésie nègre et malgache
SFEZ L.	La Politique symbolique
SIEYÈS E.	Qu'est-ce que le Tiers Etat ?
SIRINELLI J.-F.	Génération intellectuelle, khâgneux et normaliens
SOBOUL A.	La Révolution française
STERN H.	L'Art byzantin
SUZUKI, FROMM, DE MARTINO	Bouddhisme Zen et psychanalyse
TAZIEFF H.	Les Volcans et la dérive des continents
VAN TIEGHEM P.	Dictionnaire des littératures, vol. 1 : A-C
VAN TIEGHEM P.	Dictionnaire des littératures, vol. 2 : D-J
VAN TIEGHEM P.	Dictionnaire des littératures, vol. 3 : K-Q
VAN TIEGHEM P.	Dictionnaire des littératures, vol. 4 : R-Z
VAN TIEGHEM P.	Les Grandes Doctrines littéraires en France
VAX L.	La Séduction de l'étrange
VERNANT J.-P.	Les Origines de la pensée grecque
WALLON H.	Les Origines du caractère chez l'enfant
WALLON H.	L'Enfant turbulent
WALLON H.	Les Origines de la pensée chez l'enfant
ZAZZO R.	Les Jumeaux, le couple et la personne
ZWEIG S.	Montaigne